AF533148

Goya für alle — Einführung in die *Caprichos*

Meisterwerke der spanischen Kunst im Kontext ihrer Zeit
Band 8

Helmut C. Jacobs
Nina Preyer

Goya für alle

Einführung in die *Caprichos*

Königshausen & Neumann

Umschlagabbildung:
Francisco de Goya: *Capricho 71* (1799). Radierung, 21,5 x 15 cm. Morat-Institut für Kunst und Kunstwissenschaft, Freiburg im Breisgau. Foto: Bernhard Strauss.

Gefördert durch die Deutsche Forschungsgemeinschaft (DFG)
JA 1703/6-1; JA 1703/6-2; JA 1703/6-3

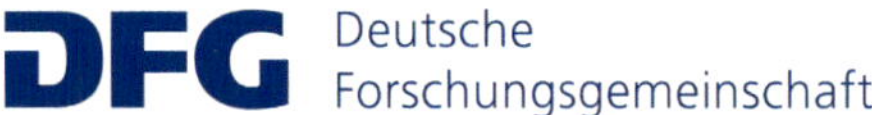

Bibliografische Information der Deutschen Nationalbibliothek

Die Deutsche Nationalbibliothek verzeichnet diese Publikation in der Deutschen Nationalbibliografie; detaillierte bibliografische Daten sind im Internet über http://dnb.d-nb.de abrufbar.

Gedruckt auf säurefreiem, alterungsbeständigem Papier
Umschlag: skh-softics / coverart

Printed in Germany
ISBN 978-3-8260-6845-4
www.koenigshausen-neumann.de
www.libri.de
www.buchhandel.de
www.buchkatalog.de

Inhaltsverzeichnis

Vorwort 7

1 Goyas *Caprichos* 9

2 Die *Caprichos* und ihre Deutung im Kontext ihrer Zeit 14

3 Literaturhinweise zur Vertiefung und weiterführenden Lektüre 174

Vorwort

Goya für alle – Einführung in die ‚Caprichos' bildet den Abschluss des von der DFG geförderten Projekts *Die zeitgenössischen Kommentare zu Goyas Caprichos. Edition, Übersetzung, Deutung*. Es schließt an die beiden folgenden im Verlag Königshausen & Neumann erschienenen Bücher an: *Die handschriftlichen Kommentare zu Goyas ‚Caprichos'. Edition, Übersetzung, Deutung* (2017) von Helmut C. Jacobs, Mark Klingenberger und Nina Preyer sowie *Goyas ‚Caprichos' in handkolorierten Radierungen aus dem 19. Jahrhundert. Edition, Analyse, Deutung* (2019) von Helmut C. Jacobs und Nina Preyer. In dieser *Einführung in die ‚Caprichos'* werden die wichtigsten Ergebnisse des Forschungsprojekts zur Deutung der *Caprichos* zusammengeführt und in allgemein verständlicher Form dargestellt, um ein größeres, interessiertes Publikum mit Goyas Radierungen und den diesbezüglichen Forschungsergebnissen bekannt zu machen.

Goya für alle – Einführung in die ‚Caprichos' besteht aus drei Teilen von unterschiedlichem Umfang: In *1 Goyas ‚Caprichos'* werden grundlegende Informationen über die Entstehungsgeschichte, die Thematik, die Struktur der Radierungen und ihre frühe Rezeption gegeben. In *2 Die ‚Caprichos' und ihre Deutung im Kontext ihrer Zeit* folgen die 80 Radierungen mit den einführenden Erläuterungen, wobei auf der linken Seite jeweils ein *Capricho* und auf der rechten Seite der Text dazu abgedruckt ist. In dieser Erläuterung wird die Radierung kurz beschrieben und die Bildlegende erklärt, das Thema im Kontext der Epoche Goyas bestimmt und die Deutungsansätze vorgestellt und erklärt. In *3 Literaturhinweise zur Vertiefung und weiterführenden Lektüre* werden Publikationen zu den *Caprichos* aufgelistet, deren Lektüre empfohlen wird.

Der *Deutschen Forschungsgemeinschaft* (DFG) gilt unser herzlicher Dank für die großzügige Unterstützung des Forschungsprojekts zu Goyas *Caprichos*, ebenso Herrn Franz Armin Morat und dem *Morat-Institut für Kunst und Kunstwissenschaft* (Freiburg im Breisgau) für den Abdruck der Erstausgabe der *Caprichos*.

1 Goyas *Caprichos*

Francisco de Goya y Lucientes (1746-1828) gilt im Bewusstsein einer breiteren Öffentlichkeit als der bedeutendste Maler und Grafiker Spaniens des 18. und frühen 19. Jahrhunderts. Zu Goyas wichtigsten und am häufigsten rezipierten Werken zählen die 1799 erschienenen *Caprichos*, 80 Aquatinta-Radierungen, in denen die zeitgenössische spanische Gesellschaft in ihren unterschiedlichen Facetten in sozialkritischer und satirischer Absicht dargestellt wird. Der Zyklus sollte zunächst den Titel *Sueños* (*Träume*) tragen und mit *Capricho 43* beginnen, was sich aus der mit 1797 datierten zweiten Vorzeichnung zu *Capricho 43* ergibt. Von beiden Ideen nahm Goya später Abstand. Dennoch gibt der ursprüngliche Titel Aufschluss über den Inhalt der Radierungen: In der Epoche der spanischen Aufklärung war der *Sueño* in Spanien eine weitverbreitete literarische Gattung mit meist satirischen Inhalten, die sich beispielsweise in den moralischen Wochenschriften der zweiten Hälfte des 18. Jahrhunderts oft findet. Außer dem Titel seines Werks und der Abfolge der Radierungen hat Goya auch die ursprünglich geplante Anzahl von 72 Blättern, die sich in einem Manuskript einer nicht veröffentlichten Ankündigung der Serie findet, verändert, nämlich auf 80 erhöht. Schließlich nannte Goya die Sammlung *Caprichos*, doch war sie unter seinen Zeitgenossen auch als *Sátiras de Goya* (*Goyas Satiren*) bekannt.
Wann Goya mit der Arbeit an den *Caprichos* begonnen hat, weiß man nicht genau, vermutlich war es 1796, vielleicht sogar schon etwas früher. Im Februar 1799 hat er jedenfalls den kompletten Zyklus von 80 Radierungen zum öffentlichen Verkauf angeboten und in Zeitungsannoncen beworben. Doch schon nach wenigen Tagen nahm er die *Caprichos* – wahrscheinlich aufgrund des Einflusses der Inquisition – aus dem Handel und verkaufte sie nachweislich nur noch unter der Hand in seinem Atelier, auch an ausländische Sammler, die ihn persönlich aufsuchten, um ein Exemplar zu erwerben. Goyas *Caprichos* sind Bild-Text-Kombinationen – unter jedem Bild befindet sich eine Bildlegende, mit Ausnahme von *Capricho 43*, in dem sie in das Bild selbst integriert ist. Das *Capricho* als grafische Gattung weist durchaus eine große Nähe zur Literatur auf. In Goyas *Caprichos* wird diese Annäherung zwischen Bild und Text um so offensichtlicher, als dass beide Medien präsent sind. Die Bezüge zwischen Radierung und Bildlegende sind dabei oft ambivalent und vieldeutig: So dient die Bildlegende mal dazu, die auf der Radierung dargestellte Szene zu kommentieren und zu erklären, mal aber auch dazu, vom eigentlichen Bildinhalt abzulenken und ihn so zu verschleiern. Die Radierungen sind zumeist so komplex gestaltet, dass der heutige Betrachter, der mit den soziopolitischen Kontexten des 18. Jahrhunderts nicht vertraut

ist, ihr Thema und ihren gesellschaftskritischen Sinn nicht mehr erkennen und deuten kann. Ähnliches gilt für die Bildlegenden, die trotz ihrer Kürze und Paradoxien für die meisten von Goyas Zeitgenossen sogleich verständlich gewesen sein dürften. Sie müssen heute oft erst mühsam erschlossen werden, da uns die damaligen Ereignisse und Zeitumstände nicht mehr vertraut sind. Oftmals handelt es sich um Zitate aus Sprichwörtern oder literarischen Texten, die heute kaum noch bekannt sind – und deren Gehalt als Anspielung auf eine bestimmte Deutung der Radierung erst herausgearbeitet werden muss. Gerade die Spannung zwischen Bild und Text eröffnet erst den Raum für die Vieldeutigkeit der Radierungen, wobei verschiedene Interpretationen gleichwertig nebeneinander existieren können.

Die frühe Wahrnehmung der *Caprichos* begann schon in ihrem Erscheinungsjahr 1799. So erwähnt beispielsweise Manuel Ascargorta, der Hausverwalter und Sekretär der Condesa-Duquesa de Benavente, die *Caprichos* in einem Brief an seine Herrin und hebt ihren satirischen Charakter hervor. Der mit Goya befreundete Kupferstecher Pedro González de Sepúlveda (1744-1815) notiert zwischen dem 14. und 21. Februar 1799 über die *Caprichos*, sie enthielten Hexendarstellungen, doch wirkten sie auf ihn viel zu freizügig. Anlässlich des Umstands, dass einige Exemplare der *Caprichos* 1811 nach Cadiz gelangt waren, wo man sie zum Verkauf anbot, verfasste der Valenzianer Gregorio González Azaola eine längere Besprechung der Radierungen, die am 27. März 1811 im *Semanario patriótico* in Cádiz erschien. Darin fasst er die *Caprichos* als grafisches Pendant zur satirischen Dichtung auf und hebt ihren allgemeingültigen Charakter hervor.

Doch zu den frühesten Reaktionen auf die *Caprichos* gehören vor allem die handschriftlichen Kommentare, die von Goyas Zeitgenossen (vielleicht sogar zum Teil unter seiner Mitwirkung) zu den Radierungen verfasst worden sind. Bei den handschriftlichen Kommentaren handelt es sich um eine Abfolge von bis zu 80 Kommentierungen zu den jeweiligen *Caprichos*. Hierbei ist es wichtig, die Begriffe *Kommentar* und *Kommentierung* voneinander zu unterscheiden: Als *Kommentierung* wird der jeweils auf ein einzelnes *Capricho* bezogene Text bezeichnet. Die Gesamtheit aller *Kommentierungen* zu den *Caprichos* in einem Manuskript wird als *Kommentar* bezeichnet. Dass die Manuskripte in den ersten Jahrzehnten des 19. Jahrhunderts in Form von Manuskripten unter der Hand kursierten und zunächst nicht veröffentlicht wurden, ist ohne Weiteres verständlich, wenn man sich klar macht, dass die brisanten Inhalte der *Caprichos* im Bild oft nur angedeutet werden. Während die Radierungen so als harmlose satirische Kunstwerke verstanden werden konnten, wurden in den handschriftlichen Kommentaren die *Caprichos* als Kritik an sozialen Missständen interpretiert. Wie gefährdet Goya war, von der Inquisition verurteilt zu werden und im Gefängnis oder auf dem Richtplatz zu enden, zeigt sich erst bei genauerer Betrachtung etlicher *Caprichos*, die keineswegs so harmlos waren, wie es

auf den ersten Blick zu sein scheint. Erst aus heutiger Sicht kann ermessen und gewürdigt werden, wie mutig Goya angesichts der möglichen Repressionen und negativen Konsequenzen war, die *Caprichos* im Jahre 1799 zu veröffentlichen.
Gerade angesichts der Komplexität der Bild-Text-Kombination der *Caprichos* ist der Drang zur Entschlüsselung und Deutung nur zu verständlich, selbst für Goyas Zeitgenossen, die doch eigentlich mit den Zeitumständen, in denen die *Caprichos* entstanden sind, vertraut waren. Es entsteht der Eindruck, dass Goyas *Caprichos* als eine Art Rätsel aufgefasst wurden, das es nun mittels treffenden, pointierten und gewitzten Kommentierungen zu lösen galt. Dies erklärt auch den Reichtum an Varianten und die große Sorgfalt, mit der viele handschriftliche Kommentare verfasst wurden. So sind die einzelnen Kommentierungen, aber auch die Kommentare in ihrer Gesamtheit eigene kleine sprachliche Kunstwerke geworden, die direkt auf die Radierungen samt Bildlegenden bezogen werden können, deren Spannungsgehalt aufgreifen, Deutungsangebote beinhalten und sich gleichsam als Metakommentare zu den *Caprichos* lesen lassen. Mit jedem handschriftlichen Kommentar, der zirkulierte, erweiterte sich somit der Diskussions- und Interpretationsraum der *Caprichos*, denn jede Kommentierung ist das Resultat einer intensiven Auseinandersetzung eines Rezipienten mit dem jeweiligen *Capricho* Goyas.
Die meisten Kommentare wurden von Zeitgenossen Goyas geschrieben und verfolgen das Ziel, das Thema oder die Hauptaussage eines *Capricho* sprachlich auszudrücken und damit das Visuelle oder die Bild-Text-Kombination in eine sprachliche Form zu überführen. Jede Kommentierung ist dabei letztlich das Ergebnis eines Interpretationsprozesses, der stark von den subjektiven Erfahrungen des jeweiligen Autors beeinflusst ist: Sie basiert auf den Erkenntnissen, die der Kommentator durch seine direkte Betrachtung der Radierung erwirbt. Auch wenn der Autor mit Goya befreundet und dessen Deutungsansatz gekannt haben sollte, kann er aufgrund seiner eigenen Assoziationen in seinen Kommentierungen Motive in den Fokus rücken, die sonst eher unbeachtet blieben, und so auch andere Interpretationen für den Betrachter eröffnen. In diesem Sinne macht jede Kommentierung das jeweilige *Capricho* zu einem noch komplexeres Bild-Text-Gefüge, das den Betrachter dazu anregen soll, mithilfe der Deutungsangebote aus dem Bild selbst, der Bildlegende oder auch der Kommentierung zu einer eigenen Interpretation der Radierungen zu finden.
Die *Caprichos* wurden aber auch nach Goyas Tod, noch bis weit ins 19. Jahrhundert hinein, kommentiert. Hier lässt sich beobachten, dass die Autoren häufig Brücken geschlagen haben zwischen den ihnen bekannten Kontexten zur Entstehungszeit der Radierungen und ihren eigenen Lebenssituationen. Häufig zielen diese Interpretationen darauf ab, die Aktualität und Zeitlosigkeit der *Caprichos* hervorzuheben. Die Kommentierung

dient dem Betrachter der *Caprichos* aber nicht nur als zusätzliche Hilfe, die ihm die Sinnerschließung der Radierungen erleichtern soll, sondern zielt auch darauf ab, seinen Blick und seinen Geist für Aspekte zu öffnen, die er zwar in den *Caprichos* sehen, deren Bedeutung er aber nicht ohne weitere Kenntnisse erschließen kann. Erst die systematische Erfassung, kritische Edition, Übersetzung und Analyse aller Kommentierungen in unserem Forschungsprojekt machte es möglich, sowohl die Vielzahl an komplexen Lesarten der Radierungen als auch die Genese der handschriftlichen Kommentare herauszuarbeiten. So ließ sich unter anderem aufzeigen, dass nicht Goya selbst den ersten Kommentar als Deutungsschlüssel zu seinen *Caprichos* verfasst hat, sondern dass er sich nach der Veröffentlichung des politisch brisanten Kommentars Ayala [A], in dem mächtige Personen namentlich genannt werden, dazu gezwungen sah, mit Hilfe seiner Freunde einen eigenen Kommentar als Gegendarstellung und Replik zu entwerfen und zu verbreiten, um seinen Ruf als königlicher Hofmaler zu wahren. Es handelt sich um den Kommentar Kollektiv [K], an dem mehrere Verfasser beteiligt waren. Der berühmte Kommentar Prado [P] ist hingegen eine von Goya eigenhändig abgeschriebene Fassung des Kommentars Kollektiv [K]. Die handschriftlichen Kommentare dienten geradezu als eine Art Diskussionsforum für die in den *Caprichos* enthaltenen aufklärerischen Themen und Botschaften.

Zu den frühen Rezeptionsformen der *Caprichos* gehörte neben den handschriftlichen Kommentaren auch die Handkolorierung einzelner Sets der Erstausgabe. Als Handkolorierung bezeichnet man die manuelle kunstvolle Einfärbung eines monochromen Bildes, hier einer Druckgrafik, mit Wasserfarben oder Aquarellfarben, entweder als Lasur, also mit einem durchscheinenden Farbauftrag, oder als Gouache, also mit einem deckenden Farbauftrag. Handkolorierte Radierungen waren im 18. und 19. Jahrhundert keine Seltenheit, sondern vor allem bei satirischen Radierungen in mehreren europäischen Ländern weit verbreitet. In gewisser Weise repräsentierten die kolorierten Blätter in allen vier kolorierten Sets, die wir im Rahmen des Forschungsprojekts analysiert haben, die individuelle Sichtweise des Künstlers, der die Kolorierungen vorgenommen hat, denn er entscheidet durch seine Farbgebung darüber, welche Motive der schwarz-weiß gehaltenen Radierung in den Fokus gerückt werden sollen. Hierdurch oder auch durch das Hinzufügen oder Übermalen von Motiven entwickeln die Koloristen neue Lesarten, die sich selbst in den zeitgenössischen Kommentierungen nicht finden.

Beschränkte sich das Verbreitungsgebiet der *Caprichos* im 19. Jahrhundert zunächst noch hauptsächlich auf Spanien selbst, Frankreich, England und Deutschland, so verstärkte sich die Rezeption im Laufe der zweiten Hälfte des 20. Jahrhunderts in erheblichem Maße und nahm weitreichende internationale, ja sogar globale Dimensionen an. Ein bemerkenswertes Phänomen ist aber nicht nur die sich immer mehr intensivierende Interpretationslust der nachfolgenden Generationen, sondern auch, dass die *Caprichos* zu einer Inspirationsquelle für neue Kunstwerke in Bildkunst, Literatur, Musik und digitalen Medien geworden sind.

Capricho 1

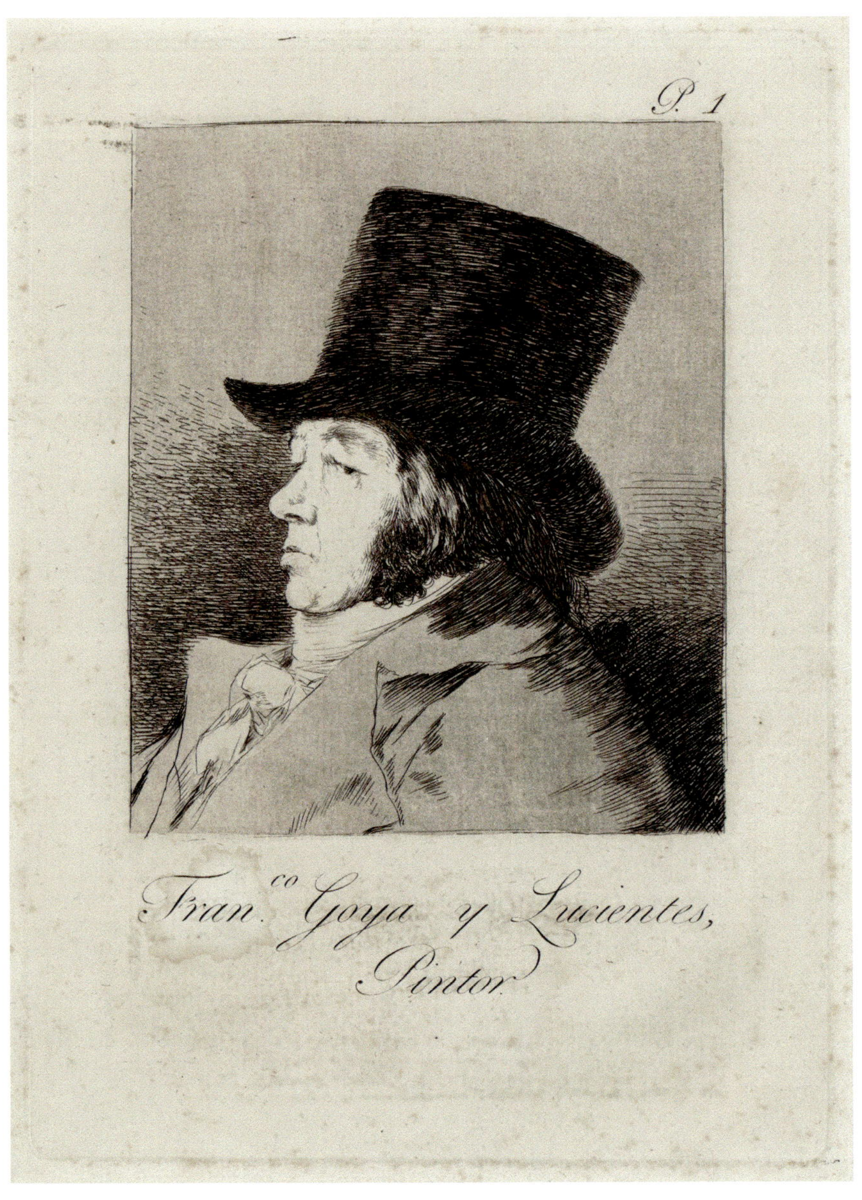

Betrachtet man die *Caprichos* insgesamt, so mag man sich fragen: Wieso ist das erste Blatt ein Selbstporträt des Malers? Ist es nicht arrogant, als erstes ein Bild von sich selbst zu präsentieren? Tatsächlich kann man davon ausgehen, dass Goya, der ursprünglich vorhatte, *Capricho 43* als Titelblatt an den Anfang der Serie zu setzen, sich bewusst für ein Selbstporträt im Seitenprofil entschieden hat, aber nicht aus Arroganz, sondern vielmehr, um einen Hinweis auf den Charakter seines Werks zu liefern. Indem Goya sich in modischer Ausgehkleidung mit Zylinder und Plastron, einer einem Halstuch ähnlichen, breit gebundenen Krawatte, ohne die Attribute seines Berufsstandes darstellt, weist er sich in *Capricho 1* als Bürger, nicht als Künstler aus. Im Jahr 1799, als Goya die *Caprichos* zum Verkauf anbot, war der Zylinder keineswegs ein antiquiertes Kleidungsstück, sondern eine moderne Kopfbedeckung mit politischer Brisanz, denn er galt als Ausdruck einer liberalen, bürgerlichen oder sogar subversiv-revolutionären Gesinnung, zumal er dem in der jungen Demokratie der Vereinigten Staaten von Amerika beliebten Quäkerhut ähnelte. Wäre Goya 1799 mit einem Zylinder durch die Straßen von London flaniert, wäre er wohl verhaftet worden – in Madrid war man liberaler. Die angedeutete Nähe Goyas zum Bürgertum wird dadurch verstärkt, dass er auch in der Bildlegende zwar seinen Namen und Beruf anführt, jedoch seinen Adelstitel *Don* und sein ehrenvolles Amt als königlicher Hofmaler ausblendet, und sich somit vom spanischen Hof distanziert. Durch das Seitenprofil erzeugt er nicht nur Distanz zum Betrachter, dem er nicht direkt frontal in die Augen blickt, sondern auch zur zeitgenössischen Gesellschaft, deren Missstände er in den nachfolgenden *Caprichos* thematisiert und die er hier mit ernster Strenge, sogar mürrisch und missmutig zu betrachten scheint. Dieser Aspekt wird auch in den handschriftlichen Kommentierungen hervorgehoben: In der Kommentierung Ayala [A01] „Verdadero retrato suyo de gesto Satirico." (Wahrhaftiges Porträt seiner selbst, mit satirischer Miene) wird beispielsweise nicht nur darauf hingewiesen, dass es sich um ein realistisches, authentisches Selbstporträt handelt, sondern auch Goya als kritischer Satiriker seiner Epoche charakterisiert. In anderen Kommentierungen wird dieser Aspekt durch den Hinweis auf die Befindlichkeit des Malers ergänzt. Beispielsweise wird in der Kommentierung Stirling Maxwell [SM01] mit der Wendung „de gesto maligno" (mit bösartiger Miene) seine Boshaftigkeit hervorgehoben, in den Kommentierungen der StirlingMaxwell-Linie, Gruppe I, mit „de mal humor" (mit schlechter Laune) sein Missmut. Letztere verweist auf die Vier-Säfte-Lehre, nach der man Melancholie und Boshaftigkeit als typisch für die Haltung eines Satirikers ansah.

Capricho 2

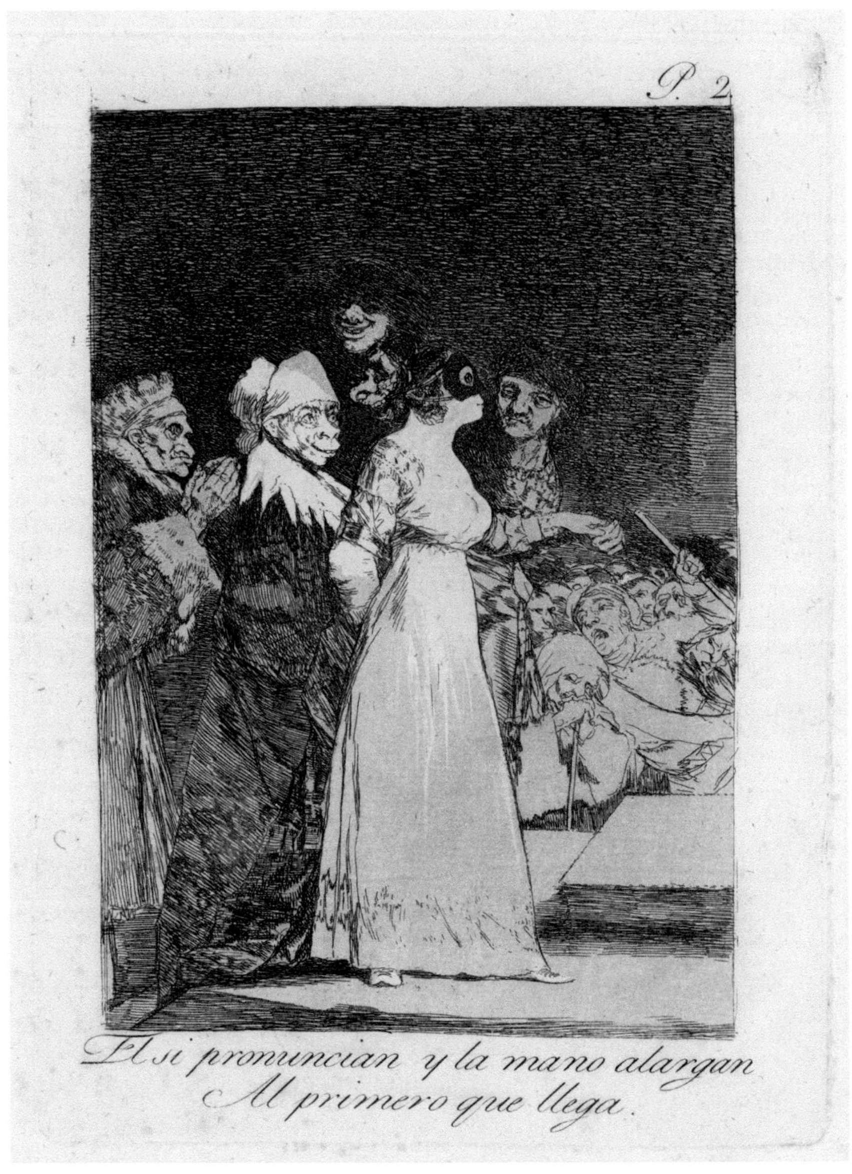

Eine Hochzeit stellt man sich eigentlich anders vor – aber genau die ist auf der Radierung dargestellt. Befremdlich ist nicht nur, dass der Mann deutlich älter ist als die Braut, sondern auch die johlende Menge im Hintergrund und die skurrilen, hässlichen Gestalten, die die Braut umringen. Die junge Frau trägt eine venezianische Halbmaske vor den Augen und eine Maske mit großer Nase auf dem Hinterkopf. Ihr starr nach vorne gerichteter Blick signalisiert: Sie ist alles andere als glücklich.

Das Thema dieser Radierung sind die *matrimonios desiguales*, die ungleichen Ehen, die zumeist aus ökonomischen Gründen geschlossen wurden und die man heute als Zwangsheirat bezeichnen würde. Junge Mädchen wurden gegen ihren Willen auf Geheiß ihrer bedürftigen Eltern mit erheblich älteren, reichen Männern verheiratet, damit nicht nur die junge Frau finanziell abgesichert war, sondern auch ihre Familie von der Zweckehe profitieren konnte. In der zweiten Hälfte des 18. Jahrhunderts wurde in den Kreisen der spanischen Aufklärer die moralische und pädagogisch-didaktische Dimension dieser Art von Ehe heftig diskutiert und in zahlreichen literarischen Texten satirisch dargestellt. Die Bildlegende „El si pronuncian y la mano alargan / Al primero que llega." (Sie sagen ja und geben die Hand dem Erstbesten, der kommt) ist ein Zitat aus einem dieser Texte, einem satirischen Gedicht von Gaspar Melchor de Jovellanos (1744-1811). Goya war mit diesem liberalen Reformpolitiker befreundet und hat ihn zweimal porträtiert.

Goyas Zeitgenossen erläutern in ihren Kommentierungen noch weitere Details dieser fragwürdigen Tradition: In der Kommentierung Ayala [A02] erfährt man, dass besonders hübsche Frauen und Kammerdienerinnen aus dem Gefolge der Königin Maria Luisa Opfer der ungleichen Ehen werden. In den Kommentierungen Kollektiv [K02] und Prado [P02] wird dagegen Kritik daran geübt, dass Frauen sich leichtfertig für eine solche ungleiche Ehe hingeben – aus der Hoffnung heraus, so ihren gesellschaftlichen Stand und ihr Ansehen zu verbessern und in größerer (finanzieller) Freiheit leben zu können. In anderen Kommentierungen wird eine Diskussion darüber angeregt, inwiefern die Eltern an der Situation ihrer Tochter schuld sind, wenn sie die Initiatoren solcher Hochzeitsarrangements sind. In wieder anderen Kommentierungen wird die Frau hingegen keineswegs als Opfer dargestellt – hier werden ihre Masken als Sinnbild ihrer ‚Doppelköpfigkeit' gedeutet und erläutert, dass sie sich nur scheinbar ziere, in Wahrheit jedoch ihren künftigen Ehemann gleich nach der Hochzeit hintergehe.

Capricho 3

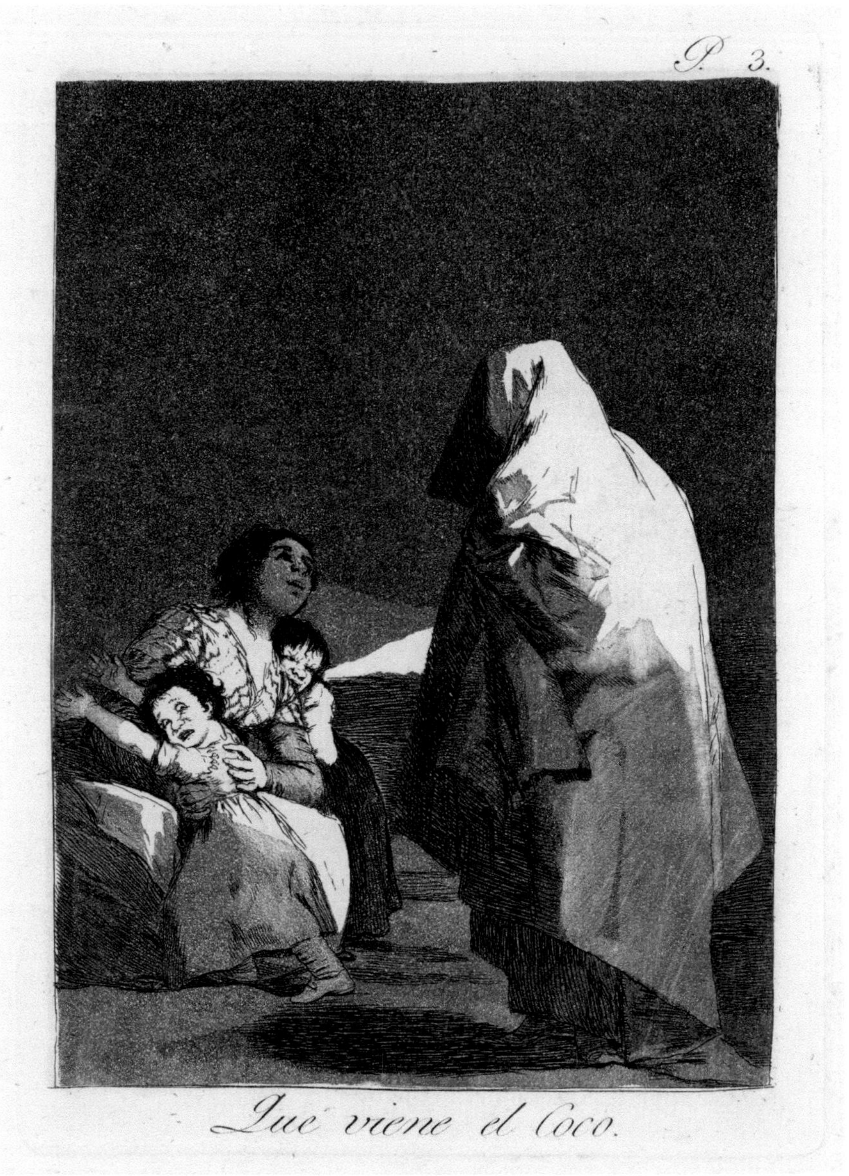

Auf den ersten Blick könnte man vermuten, dass es sich bei dem vollständig in eine Kutte gehüllten Mann vielleicht um einen Menschenhändler handelt, der das kleine erschreckte Mädchen rauben will. Um einen Menschenhändler handelt es sich der Bildlegende zufolge nicht, wohl aber um einen sogenannten *coco*: „Que viene el Coco." (Auf dass der Kinderschreck kommt). Als *coco* kann entweder ein *Kinderschreck* beziehungsweise eine bestimmte Geste, mit der man Kindern einen Schrecken einjagt, gemeint sein, oder auch ein *Liebhaber*. Genau dieses Wortspiel nutzt Goya in *Capricho 3*: Passend zur ersten Bedeutung nehmen zwei Kinder vor dem in einen Umhang gehüllten *coco* reißaus und flüchten verängstigt in die Arme ihrer Mutter. Passend zur zweiten Bedeutung kümmert sich diese jedoch kaum um sie, sondern schaut sehnsuchtsvoll, mit geradezu verklärtem Blick ihren *coco* an.
Um die beiden konträren Bedeutungen von *coco* kreisen auch die handschriftlichen Kommentierungen zu *Capricho 3*: In der Kommentierung Kommentierter Probedruck [KP03b] heißt es: „Ay que biene el coco y era su padre" (Aufgepasst, da kommt der Kinderschreck, und es war sein Vater), so dass also der Vater selbst den Kinderschreck spielt. Somit wird hier Kritik an einer Form der frühkindlichen Erziehung geübt, die auf Einschüchterung und Angst basiert. Angeprangert wird, dass dies der falsche Weg sei, um sich den Respekt der Kinder zu verschaffen, und dass sie so zum Aberglauben verleitet, statt zu selbstbewussten Menschen erzogen werden. In der Kommentierung Ayala [A03], die „Las madres meten miedo á sus hijos con el coco, para hablar con sus amantes." (Die Mütter machen ihren Kindern mit dem Kinderschreck Angst, um mit ihren Liebhabern zu sprechen) lautet, wird Kritik an Müttern geübt, die ihren Kindern mit Erzählungen über den *coco* (Kinderschreck) bewusst Angst einflößen, um eigennützige Ziele wie das ungestörte Treffen mit einem *coco* (Liebhaber) verwirklichen zu können. In vielen Kommentierungen findet sich durch den in Klammern verzeichneten Zusatz *Inquisición* (Inquisition) noch eine weitere Lesart. Hier wird die Radierung nicht mehr als Kritik an bestimmten Erziehungsmethoden gedeutet, sondern der *coco* als Symbol von Täuschung, Ängstigung und Unterdrückung der Menschen allgemein interpretiert, deren Sinnbild die Inquisition ist.

Capricho 4

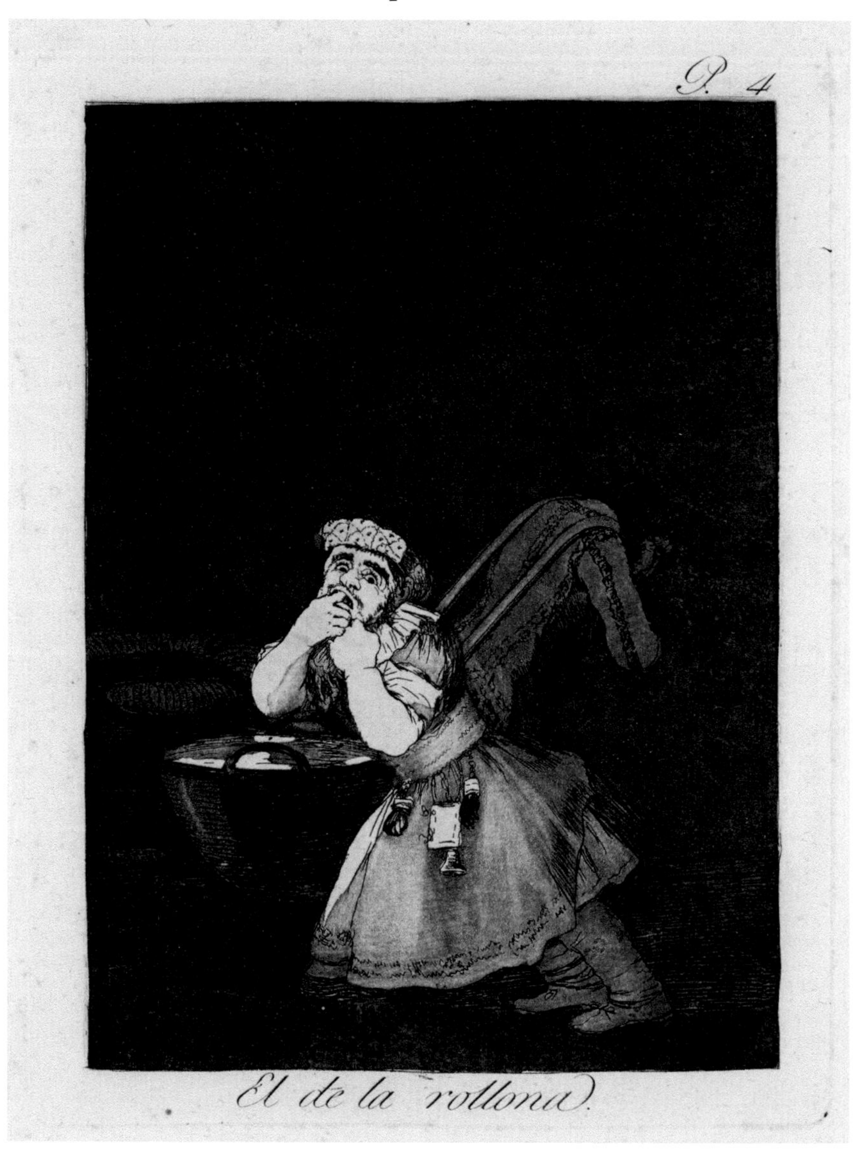

Diese Radierung dürfte einen heutigen Betrachter wohl am ehesten ratlos machen. Bereits die Bildlegende „El de la rollona." (Das vom Kindermädchen) bedarf einer Erläuterung, die nur mithilfe von Wörterbüchern aus dem 17. und 18. Jahrhunderts gelingt: Es handelt sich um eine sprichwörtliche Wendung für ein verhätscheltes Kind, das von einem Kindermädchen oder einer Amme betreut wurde. Jedoch ist in *Capricho 4* kein Kind abgebildet, sondern ein bärtiger Mann in Kinderkleidung, der von einem anderen Mann an seiner Lauflernhilfe gezogen wird, der er sich entgegenstemmt, um in die andere Richtung zu laufen. Er trägt einen Sturzhelm (wie man ihn damals Kindern umband, um sie vor Verletzungen zu bewahren) und um die Taille einen Amulettgürtel, an dem eine Dachspfote, ein Evangelienbüchlein, ein Glöckchen und eine Jakobsmuschel aus Gagat hängen. Solche Amulette, die die Kinder vor dem bösen Blick, Blitzschlag oder anderem Schaden bewahren sollten, finden sich als Attribute auf den meisten Infantenporträts der Habsburger im 17. Jahrhundert und machen die allzu berechtigte Angst vor der hohen Kindersterblichkeitsrate spürbar. Goya greift in *Capricho 4* das Thema des Aberglaubens mittels der Amulette auf und erweitert es um einen neuen Aspekt, der im Kreise der spanischen Aufklärer diskutiert wurde: Die Kinder der Adligen sollten nicht unfähigen Kindermädchen überlassen werden, die sie dumm halten, sondern zu verantwortungsvollen Erwachsenen erzogen werden. In der Kommentierung Norton Simon [NS3-04] werden die Folgen einer vernachlässigten Erziehung beschrieben: „Los hijos de los grandes se crian siempre / niñotes; chupandose el dedo; atibarandose / de comidas; arrastrados por los lacayos; lle-/nos de diges; supersticiosos, aun cuando ya / son barbados." (Die Söhne der Granden wachsen wie verhätschelte Mädchen auf; sie lecken sich die Finger, fallen über Speisen her, sie gehen nicht, außer wenn Lakaien sie hinter sich herziehen und mit Amuletten beladen; sie haben Bärte und bewahren dennoch die ganzen Leichtgläubigkeiten der Kindheit).
Eine politische Deutung der Radierung findet sich in der Kommentierung Otro Comentario [OC2-04]: „Alucion á la monarquia que bajo el cetro de / Carlos IV necesitaba andadores" (Anspielung auf die Monarchie, die unter dem Zepter Karls IV. Gehhilfen benötigte). Dies könnte sich auf die persönlichen Schwächen des Königs oder Aspekte seiner politischen Arbeit beziehen, die aber nicht näher spezifiziert werden.

Capricho 5

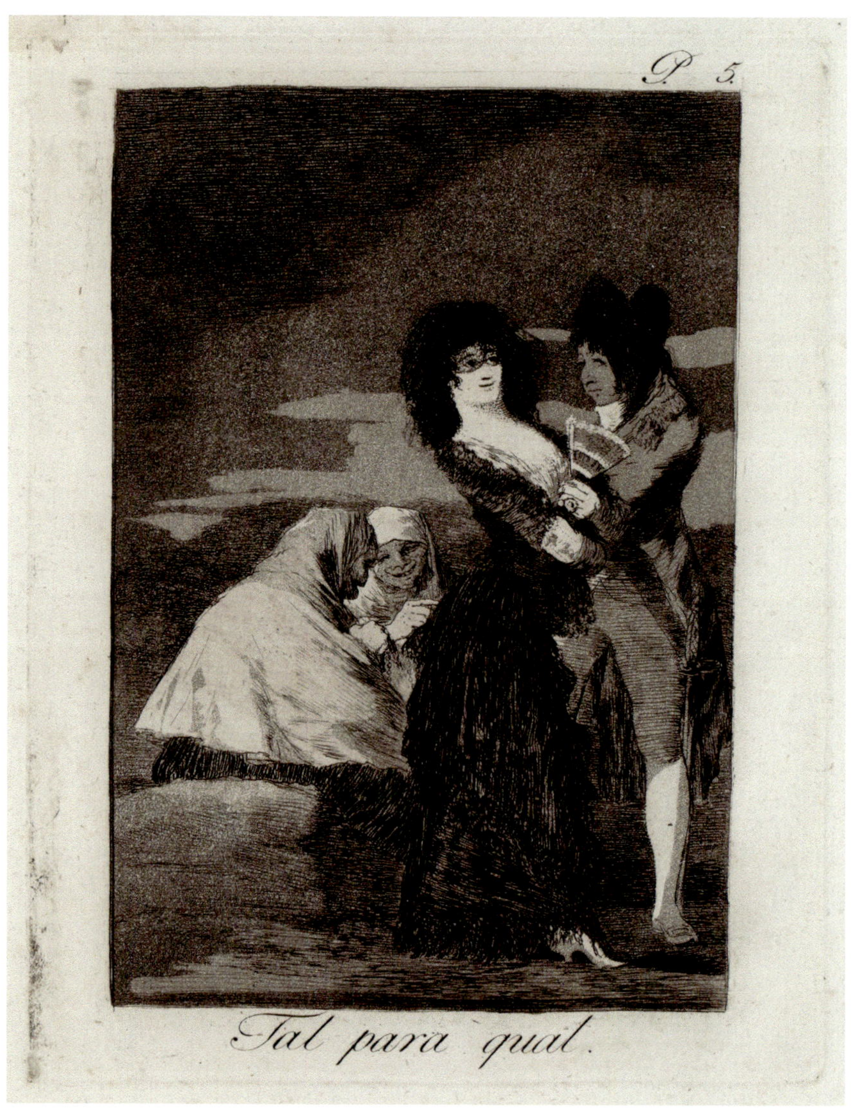

Offensichtlich flirten hier ein Mann und eine Frau aus der Oberschicht miteinander in der Öffentlichkeit. Neben dem jungen Mann und der jungen Frau lassen sich im Hintergrund zwei alte Frauen ausmachen, die wohl über die beiden tuscheln, denn eine von ihnen weist mit ihrem Zeigefinger auf sie. Worüber sie schwatzen und lachen, informiert die Kommentierung Vorzeichnung [V05]: „Las viejas se salen de risa p.^{r} q.^{e} / saben q^{e} el, no lleba un quarto" (Die alten Frauen biegen sich vor Lachen, weil sie wissen, dass er keinen Pfennig hat). Die Bildlegende lautet „Tal para qual." (Gleich und Gleich gesellt sich gern). Dies ist der Anfang des traditionellen Sprichworts *Tal para qual, Pedro para Juan*, dessen man sich bediente, um die Beziehung oder Gleichheit zwischen zwei verachtenswerten Dingen zum Ausdruck zu bringen.
In vielen Kommentierungen findet sich, ausgehend von der Kommentierung Ayala [A05], eine politische Lesart der Radierung: Hier wird die junge Frau als Königin Maria Luisa identifiziert, der junge Mann als Manuel de Godoy. In anderen Kommentierungen wird im Zusammenhang mit diesen beiden mächtigen Persönlichkeiten an eine Begebenheit erinnert, die sich Anfang der neunziger Jahre des 18. Jahrhunderts in Madrid zugetragen haben soll: Wäscherinnen hätten sich am Manzanares, dem Fluss, der durch Madrid fließt, über die Königin und Godoy lustig gemacht und seien dafür gerügt und sanktioniert worden.
Einige Zeitgenossen Goyas haben *Capricho 5* hingegen wiederum als Kritik an einer schlechten Erziehung gedeutet. In den Kommentierungen Kollektiv [K05], Prado [P05] und zahlreichen weiteren Kommentierungen wird die ethisch-moralische Frage beantwortet, ob die Laster der Frauen oder die der Männer schwerer wiegen: Beide stünden sich in nichts nach, da die schlechte Erziehung beide Geschlechter betreffe. So heißt es beispielsweise in der Kommentierung Kollektiv [K05]: „Los vicios de unos y otros vienen de la mala educacion, donde / quiera q.^{e} los hombres sean perversos las mugeres lo serán tambien. Tan bue-/na cabeza tiene la Señorita q.^{e} se representa en esta estampa, como el / pisaverde q.^{e} esta dando conversacion: y en cuanto á las dos viejas / tan infame es la una como la otra." (Die Laster der einen wie der anderen kommen von der schlechten Erziehung. Überall wo die Männer verdorben sind, werden es die Frauen auch sein. Das Fräulein, das auf dieser Radierung dargestellt wird, hat das gleiche im Kopf wie der Geck, der sich mit ihr unterhält, und was die beiden alten Frauen angeht, so ist die eine genauso ruchlos wie die andere).

Capricho 6

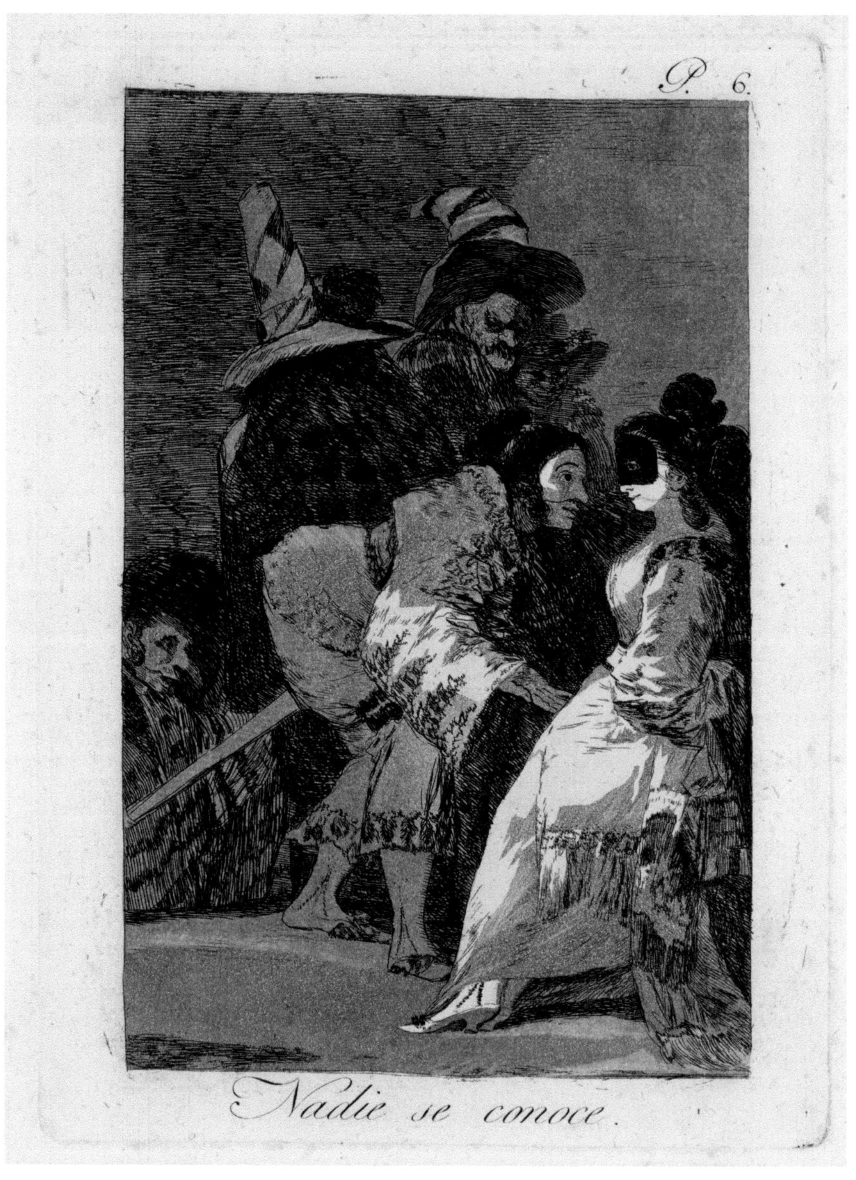

Die junge Frau rechts, die die venezianische Halbmaske trägt, steht offensichtlich im Zentrum des Interesses der merkwürdig gekleideten Männer: Wird sie zum Tanz aufgefordert? Der erste Eindruck täuscht hier ausnahmsweise nicht, obwohl es thematisch um die Täuschung geht: *Capricho* 6 zeigt einen der Ende des 18. Jahrhunderts in Madrid beliebten Maskenbälle. Die Bildlegende „Nadie se conoce." (Niemand kennt sich) ist doppeldeutig: Die Maskierten erkennen sich gegenseitig nicht, aber man kennt sich selbst auch nicht. Das Spiel von *engaño* (Täuschung) und *desengaño* (Desillusionierung) war schon ein Jahrhundert zuvor ein beliebtes Thema in der Barockliteratur.
In der Kommentierung Ayala [A06] „El mundo es una mascara" (Die Welt ist ein Maskenspiel) wird eine Lebensweisheit über Sein und Schein in der Welt geäußert, wobei ausgeführt wird, dass der falsche Schein sich besonders im Gesichtsausdruck, der Kleidung und der Stimme, also im Tonfall und Inhalt des Gesagten zeigt. Indem der Mann im Vordergrund als weibischer General identifiziert wird, der einer Dame den Hof macht, wird das Thema in Bezug zur Travestie als Rollenwechsel der Geschlechter gesetzt. Die Männer im Hintergrund werden als Gehörnte charakterisiert, was auf außereheliche Liebesbeziehungen der Ehefrauen oder Prostitution verweist.
Besonders pikant ist auch die homoerotische Lesart, die die Kommentierung Stirling Maxwell [SM06] mit Bezug auf den Mann am linken Bildrand, der eine Maske mit einer sehr langen Nase trägt, enthält: Das Schwert wird hier nicht nur als Phallus gedeutet, sondern ist durch den Hinweis, der andere habe es im Hintern, sogar eine Anspielung auf anale Sexualpraktiken. In manchen Kommentierungen der Prado-Linie, Gruppe IV, findet sich die Abkürzung „D. G. R. y.", die man auf die Identität des Mannes im Vordergrund beziehen kann: *D. G.* als *Don Godoy* und *R.* als *Reina* (Königin).
In den Kommentierungen der Stirling-Maxwell-Linie, Gruppe I, wird hingegen eine weitere Lebensweisheit zum sozialen Umgang der Menschen miteinander zum Ausdruck gebracht, die die Paradoxie von Schein und Sein auf die Spitze treibt: Wer aufrichtig ist, gelange nur auf Umwegen (*torcido*) zum Ziel, während demjenigen, der nicht aufrichtig ist, also nicht den geraden Weg wählt, die Dinge geradewegs (*derecho*) gelängen.

Capricho 7

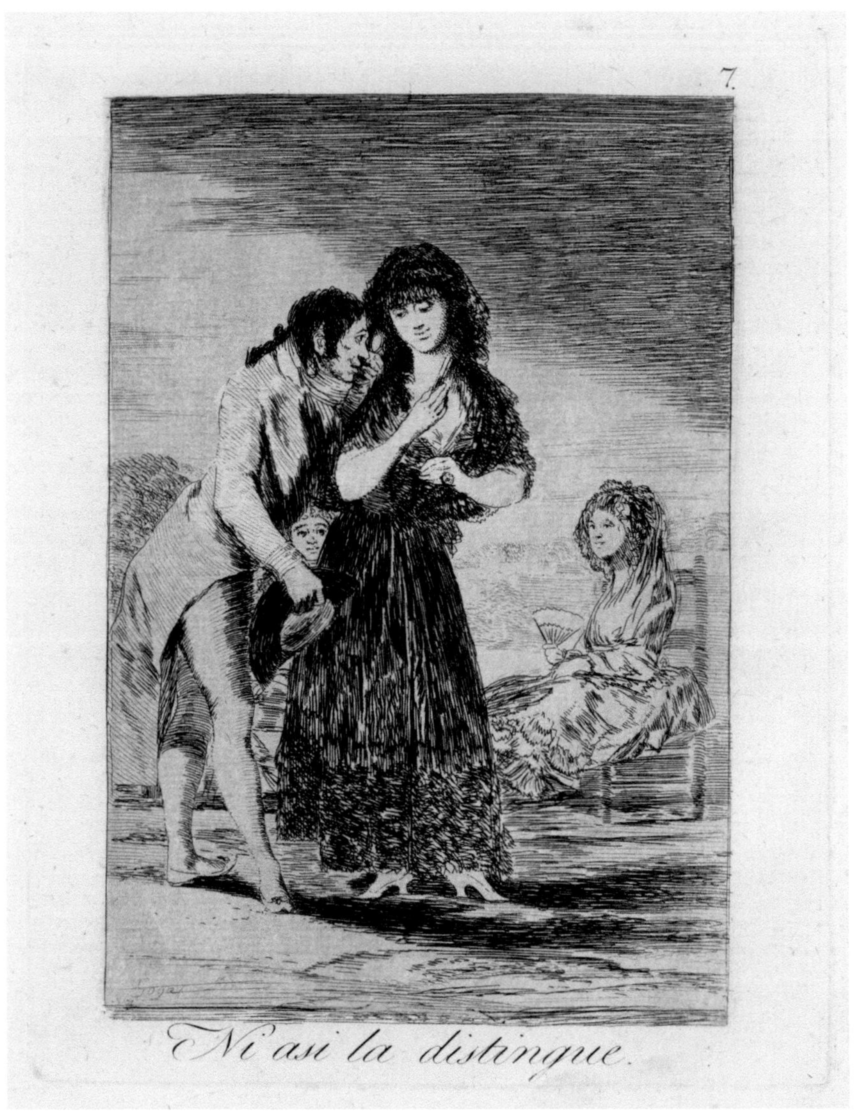

Hier nimmt ein Mann, mit Hut in der rechten Hand und Stielbrille in der linken, eine junge Frau genau in Augenschein, bevor er mit ihr ausgeht, um sie besser kennenzulernen. Im Hintergrund sitzt eine Frau, die einen Fächer hält und die Szene beobachtet. Die Bildlegende „Ni así la distingue." (Selbst so kann er sie nicht erkennen) kann beispielsweise eine Äußerung der Frau mit dem Fächer sein oder einer Person außerhalb des Bildes, die den Mann charakterisiert.

In den achtziger Jahren des 18. Jahrhunderts entwickelte der Londoner Optiker George Adams die Stielbrille, die unter der Bezeichnung *Lorgnette* oder *Lorgnon* bekannt wurde und rasch in ganz Europa weite Verbreitung fand und seit 1785 auch in Madrid en vogue war. Sie galt als modisches Accessoire, das Adligen oder reichen Bürgern diente, um sich von anderen abzuheben. Goyas Darstellung der Lorgnette ist also auch als Kritik an der Oberflächlichkeit derjenigen, die dem äußeren Schein dieser Mode verfallen sind, zu verstehen.

In der Kommentierung Ayala [A07] geht es darum, dass man sich des Verstandes bedienen muss, um zu erkennen, wie die Menschen wirklich sind. Ein optisches Hilfsmittel wie ein Lorgnon ist sinnlos, wenn das Urteilsvermögen fehlt. Die eigene Sinnestäuschung, die durch Begehren und Verliebtheit hervorgerufen wird, sollte durch den Gebrauch des Verstandes überwunden werden. Die Kommentierung Stirling Maxwell [SM07] ist noch deutlicher und schonungsloser: Hier heißt es ganz allgemein über die Männer, ihre Wollust und ihr sexuelles Verlangen würden sie so verblenden, dass sie selbst mit einem Augenglas nicht erkennen könnten, dass es sich bei der Frau um eine Prostituierte handelt.

Einige Zeitgenossen Goyas konkretisieren hingegen die Fähigkeiten, die man braucht, um die wahre Natur der Dinge oder der Menschen erkennen zu können. So lautet die Kommentierung Kollektiv [K07] beispielsweise: „para conocer lo q.ᵉ ella es, no basta / el anteojo, se necesita practica y juicio, y esto es lo que le fal-/ta al pobre caballero." (Um zu erkennen, was sie ist, genügt das Lorgnon nicht, man braucht Erfahrung und Urteilskraft, und dies ist genau das, was dem armen Kavalier fehlt). Man benötigt also praktische Erfahrung (*práctica*), etwa im sozialen Umgang miteinander, oder auch Weltgewandtheit sowie ein gutes Urteilsvermögen (*juicio*).

Capricho 8

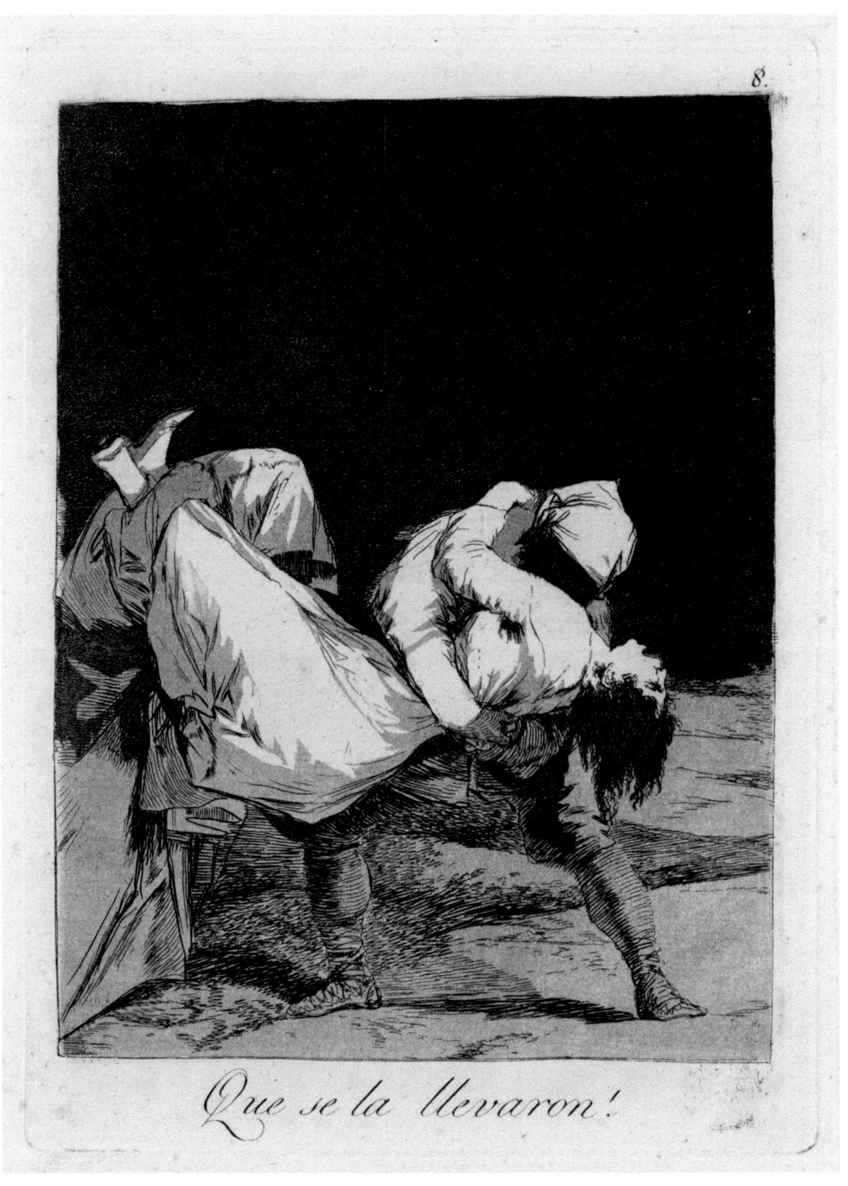

Man könnte meinen, hier wird der Leichnam einer Frau weggetragen, möglicherweise zu einer Beerdigung. Tatsächlich aber zeigt *Capricho 8* die gewaltsame Entführung einer Frau. Sie liegt in den Armen der beiden vermummten Menschenräuber, ihr Haar hängt herab.
Die Bildlegende lautet „Que se la llevaron!" (Auf dass sie sie mitgenommen haben!). Hierbei handelt es sich um ein Zitat aus dem Theaterstück *La más ilustre fregona* (*Die berühmteste Magd*) von José de Cañizares (1676-1750). Es ist die Antwort auf die Frage, was mit der Protagonistin geschieht, und entscheidend bei dieser Szene ist, dass Constanza mit ihrer Entführung durch Don Tomás einverstanden ist.
Die Kommentierung Ayala [A08] beinhaltet die allgemeine Aussage, dass eine Frau, die sich nicht selbst zu beschützen weiß, dem erstbesten Mann gehört, der sie erwischt. Kritisiert wird hier das Verhalten der Frau, die für ihr Schicksal selbst verantwortlich gemacht wird. In der Tat ist die Körperhaltung der Frau auf *Capricho 8* ambivalent dargestellt: Während ihr Gesichtsausdruck auf eine abwehrende Haltung deutet, umklammert sie mit ihren Armen fest den Mann, der sie wegträgt, anstatt ihn abwehrend von sich zu weisen.
In anderen Kommentierungen hingegen wird versucht, die Entführer zu identifizieren. In der Kommentierung Stirling Maxwell [SM08] werden sie als einfache Landleute beschrieben, die ihre Gesichter mit Ruß oder Pech geschwärzt haben; in anderen, so beispielsweise in der Kommentierung Biblioteca Nacional de España [BNE08], als ein Kleriker, der sich in eine Frau verliebt hat, und ein Schäferknecht, den er als Gehilfen engagiert hat: „Un Eclesiastico que tiene un amor ilicito, bus-/ca un gañan que le ayuda al rapto de su querida." (Ein Geistlicher, der eine unerlaubte Liebschaft hat, sucht einen kräftigen Schäferknecht, der ihm bei der Entführung seiner Geliebten hilft). Hier wird nicht nur der sexuelle Missbrauch eines Repräsentanten der Kirche kritisiert, der die Liebe der Frau gewaltsam erzwingen will, sondern auch, dass er für die Schmutzarbeit auf einen körperlich starken Helfershelfer, zurückgreift, der sich für eine solche Tat hergibt.
In den beiden Kommentierungen Sánchez Gerona [SG08] und Parra [PA08] sind die Männer, die die Frau rauben, die personifizierte Lasterhaftigkeit, die sich der Frauen bemächtigt. Dies könnte man in dem Sinne verstehen, dass die Lasterhaftigkeit die Frauen sinnbildlich fortträgt.

Capricho 9

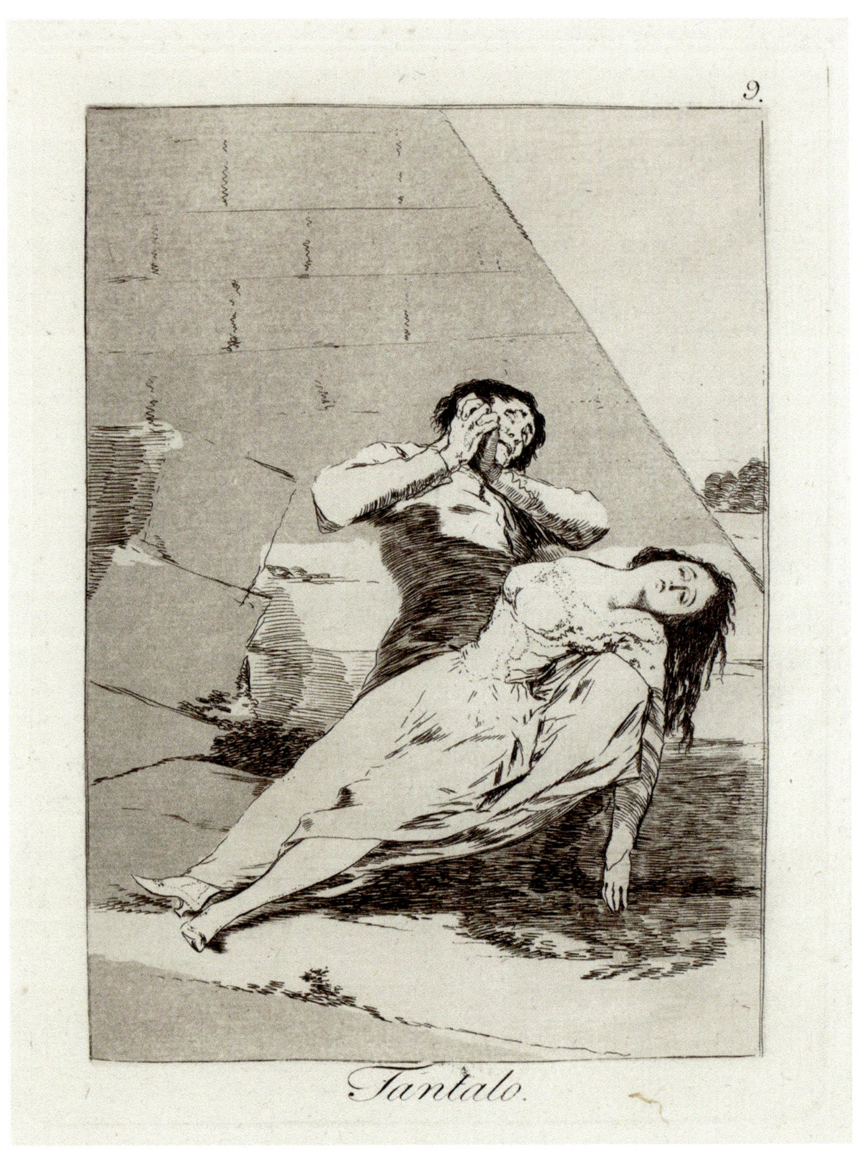

Auf den ersten Blick wirkt die Darstellung wie eine Klageszene, denn *Capricho 9* erinnert an klassische Pietà-Darstellungen, also Bilder, auf denen Maria voller Schmerz den Leichnam von Jesus Christus auf dem Schoß hält. An die Stelle Marias tritt bei Goya allerdings der Mann, an die Stelle des gekreuzigten Jesus die Frau. Eine Pietà-Darstellung bietet generell die Möglichkeit, existentiellen Schmerz darzustellen. Auch dies wird von Goya durch die Inszenierung einer theatralischen Geste des Schmerzes parodiert. Die Bildlegende lautet „Tantalo.“. Nach dem griechischen Mythos wollte Tantalos, Sohn des Zeus und einer Nymphe, die Allwissenheit der Götter auf die Probe stellen. So schlachtet er seinen Sohn Pelops und setzt ihn den Göttern als Speise vor, um zu prüfen, ob sie dies erkennen. Pelops wird von den erzürnten Göttern wiederbelebt, Tantalos aber in die Unterwelt verbannt. Immer wenn er trinken will, weicht das Wasser zurück, so wie die mit Früchten behangenen Äste eines Baums zurückschnellen, sobald er nach ihnen greift. Die Gemeinsamkeit der Radierung mit den Tantalosqualen besteht darin, dass der Mann nicht bekommt, was zum Greifen nah scheint. In der spanischen Literatur des Siglo de Oro war Tantalus ein Symbol für Liebesqual und unerfüllte Liebe.

In vielen Kommentierungen heißt es, die Frau entziehe sich dem Mann durch ihre Leblosigkeit, als Reaktion (Ohnmacht) oder Folge (Tod) in Bezug auf sein Verhalten ihr gegenüber: Er sei kein guter Liebhaber, sondern ein alter Mann, der ein junges Mädchen geheiratet hat, aber nicht mehr über die sexuelle Potenz verfüge, sie zu befriedigen. Demnach zeigt die Radierung die fatalen Folgen der arrangierten Ehe.

In der Kommentierung Norton Simon [NS3-09] wird die Frau ausdrücklich als schlecht charakterisiert: „Una mala hembra, al lado de un viejo q.[e] / no la satisface, tiene deliquios: es como el / que tiene sed; esta junto al agua, y no pu-/ede gustarla.“ (Eine schlechte Frau an der Seite eines Alten, der sie nicht befriedigt, ist ohnmächtig, es ist so, als würde sich der Durstige nahe am Wasser befinden und es nicht genießen können). Demnach bleibt die Frau in der arrangierten Ehe sexuell unbefriedigt, worauf sie reagiert, indem sie sich der Situation entzieht, wodurch wiederum auch der Mann unbefriedigt bleibt. Konsequenterweise fühlt sich der Mann wie Tantalus, da eine junge, schöne Frau auf seinem Schoß liegt, ohne dass er sich an ihr erfreuen kann.

Capricho 10

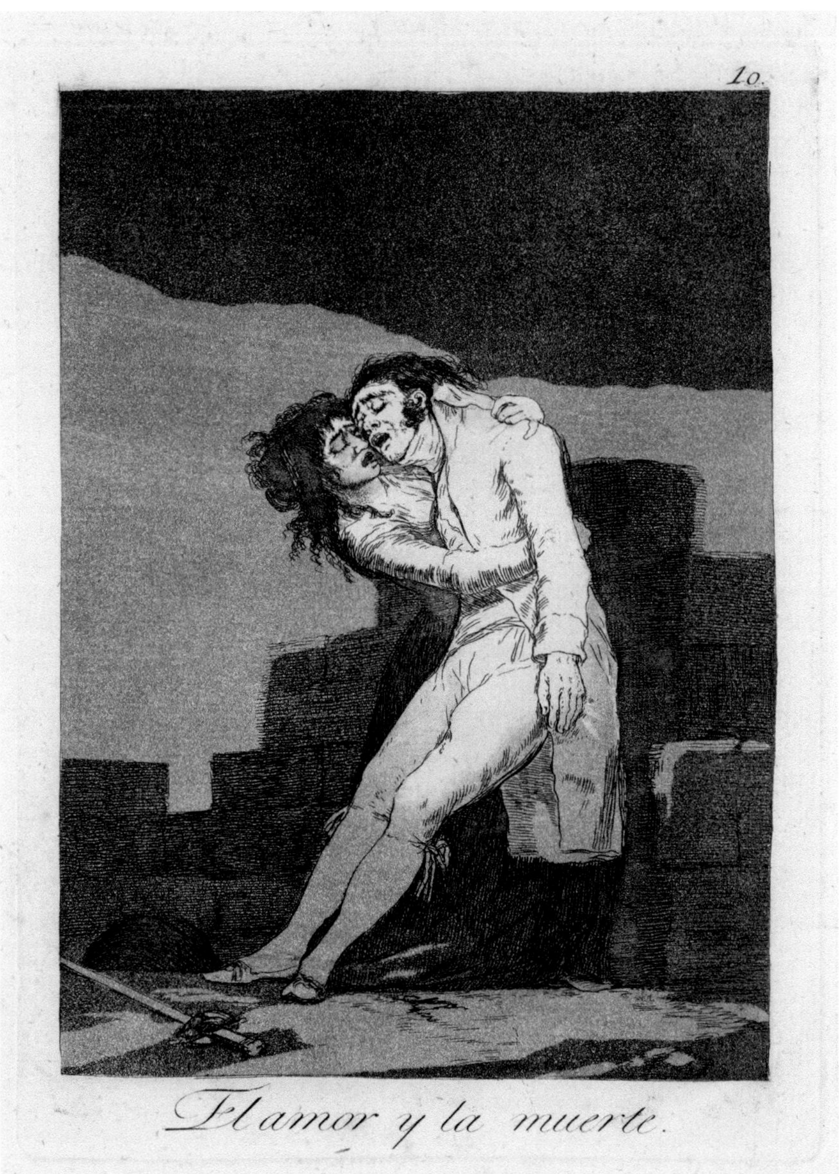

In *Capricho 10* umklammert eine Frau ihren schwer verletzten oder toten Geliebten und hält ihn so aufrecht. Das am Boden vor ihnen liegende Schwert deutet darauf hin, dass dieser sich wohl duelliert hat. Durch die Bildlegende „El amor y la muerte." (Die Liebe und der Tod) wird bereits ein mögliches Motiv für das Duell genannt: die Liebe. Um die Abschaffung des Duells bemühten sich im Laufe des 18. Jahrhunderts mehrere spanische Könige, die entsprechende Verbotsgesetze erließen, teils sogar unter Androhung der Todesstrafe für Provokateur und Provozierten gleicherweise. Die Kommentierung Ayala [A10] enthält eine allgemeine Empfehlung, wie sich Männer am besten zu verhalten haben, um sich nicht unnötig in Gefahr zu bringen: „No conviene sacar la espada muchas veces: los amores exponen á pendencias y desafíos." (Es ist nicht ratsam, häufig das Schwert zu ziehen: Die Liebschaften geben Anlass zu Streitereien und Duellen). Demnach sollte man sich möglichst wenig duellieren, denn es lohne sich nicht, dies um einer Liebschaft willen zu tun. Der Text ist allerdings doppeldeutig und erlaubt auch eine sexuelle Lesart, versteht man die Wendung „sacar la espada" als erotische Metapher. Demnach führt ein promiskuitives Sexualverhalten der Männer zwangsläufig zu Streitereien und Duellen. Von daher sollte der Mann, so der Ratschlag, lieber sexuelle Zurückhaltung üben.
In einigen Kommentierungen wird *Capricho 10* als eine tragische Szene aus einem Theaterstück von Pedro Calderón de la Barca (1600-1681) aufgefasst, so etwa in der Kommentierung Kollektiv [K10]: „Ve aqui un amante de Calderon que por no saberse / reir de su competidor, muere en brazos de su querida y la pierde / por su temeridad. No conviene sacar la Espada muy amenudo." (Sieh her, ein Liebhaber bei Calderón, der, weil er nicht über seinen Konkurrenten zu lachen vermochte, in den Armen seiner Geliebten stirbt und sie wegen seiner Tollkühnheit verliert. Es ist nicht ratsam, oft das Schwert zu ziehen.). Damit wird der Darstellung die Aktualität genommen, da sie einem Autor des 17. Jahrhunderts zugewiesen wird. Zudem wird das Thema auf der Theaterbühne verortet, was sprachlich durch den auffordernden Satzbeginn „Ve aqui" (Sieh hier) ausgedrückt wird. Man wird damit direkt dazu aufgefordert, die Szene zu betrachten. Dies impliziert den Ratschlag an den Betrachter von *Capricho 10*, es selbst besser zu machen, was in der Wirkung tatsächlich der Funktion der Katharsis im aristotelischen Theater entspricht.

Capricho 11

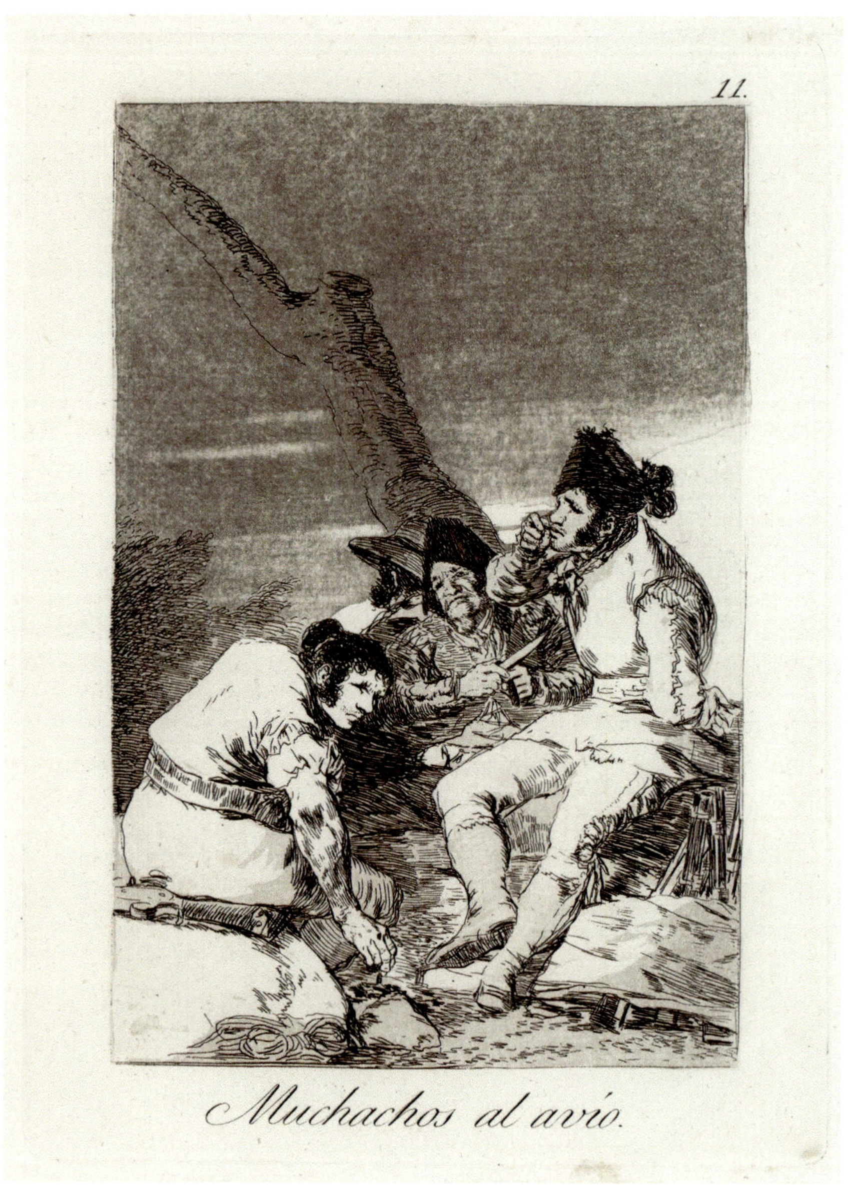

Auf den ersten Blick könnte man die Szene für ein Picknick halten – entdeckt man jedoch die Gewehre vorne rechts im Bild, erscheint diese Interpretation wenig passend. Vier Männer lagern vor einem Baumstamm und rauchen Zigaretten oder Zigarren. Die Bildlegende lautet „Muchachos al avío." (Jungs, an die Arbeit). Der Begriff *avío* bezeichnet im weitesten Sinne die Vorbereitungen zu einem Unternehmen, das man in die Tat umsetzen will.

In zahlreichen Kommentierungen werden die Männer als andalusische Schmuggler identifiziert, die, wenn sich ihnen eine günstige Gelegenheit bietet, auch zu Straßenräubern (*bandidos*) werden können. Hier werden zwei Themen der Kriminalität in Spanien während des 18. Jahrhunderts und in der ersten Hälfte des 19. Jahrhunderts miteinander verbunden: der Schmuggel und das Bandenwesen der Straßenräuber, das man als *bandolerismo* bezeichnete. Der Tabakhandel, auf den die Zigaretten oder Zigarren hindeuten, war im 18. Jahrhundert ein einträgliches Gewerbe, in dem auch Schmuggler eine große Rolle spielten. Der Tabak kam aus Havanna und wurde in Sevilla verarbeitet und von dort aus verschickt. Die Regierung hielt mit einem Tabakmonopol die Preise für Tabak künstlich hoch, so dass der Tabakschmuggel über die Grenzen von Gibraltar und Portugal eine große Rolle spielte, aber auch Tabaktransporte von Sevilla aus häufig von Räubern überfallen wurden, insbesondere auf den Verbindungswegen zwischen Andalusien und Kastilien. Oft steckten die Schmuggler und Räuber auch mit den Tabakzöllnern unter einer Decke und machten gemeinsame Sache, um lukrative Gewinne zu erzielen.

In anderen Kommentierungen findet sich eine politische Lesart der Radierung, denn hier werden die Personen als Mitglieder der Regierung identifiziert, die sich auf Kosten anderer in erheblichem Maße private Vorteile und materiellen Gewinn verschaffen: Die Regierungsmitglieder rauben demnach die Leute genauso aus wie Zigeuner. Die Situation der Zigeuner war ein Thema, das im Zuge der sozialen Reformen im 18. Jahrhundert viel diskutiert wurde. Wilhelm von Humboldt (1767-1835) beobachtet 1799 während seiner Spanienreise die Wandlungen im Umgang mit den Zigeunern und notiert in seinem Reisetagebuch: „Die Regierung macht Anstalten, die Zigeuner mehr zu cultiviren, und mit der übrigen Nation zu amalgamiren. Seit einigen Jahren ist durch eine eigne *Pragmatica* verboten, sie *Gitanos* zu nennen. Sie heissen *Castellanos nuevos*. Auch genießen sie aller Bürgerrechte".[1]

1 Wilhelm von Humboldt: „Tagebuch der Reise nach Spanien 1799-1800", in: *Wilhelm von Humboldts Tagebücher*. Herausgegeben von Albert Leitzmann. Zweiter Band. 1799-1835. Berlin: B. Behr's Verlag 1918 (= Wilhelm von Humboldts Gesammelte Schriften, 15), S. 47-355, hier S. 254.

Capricho 12

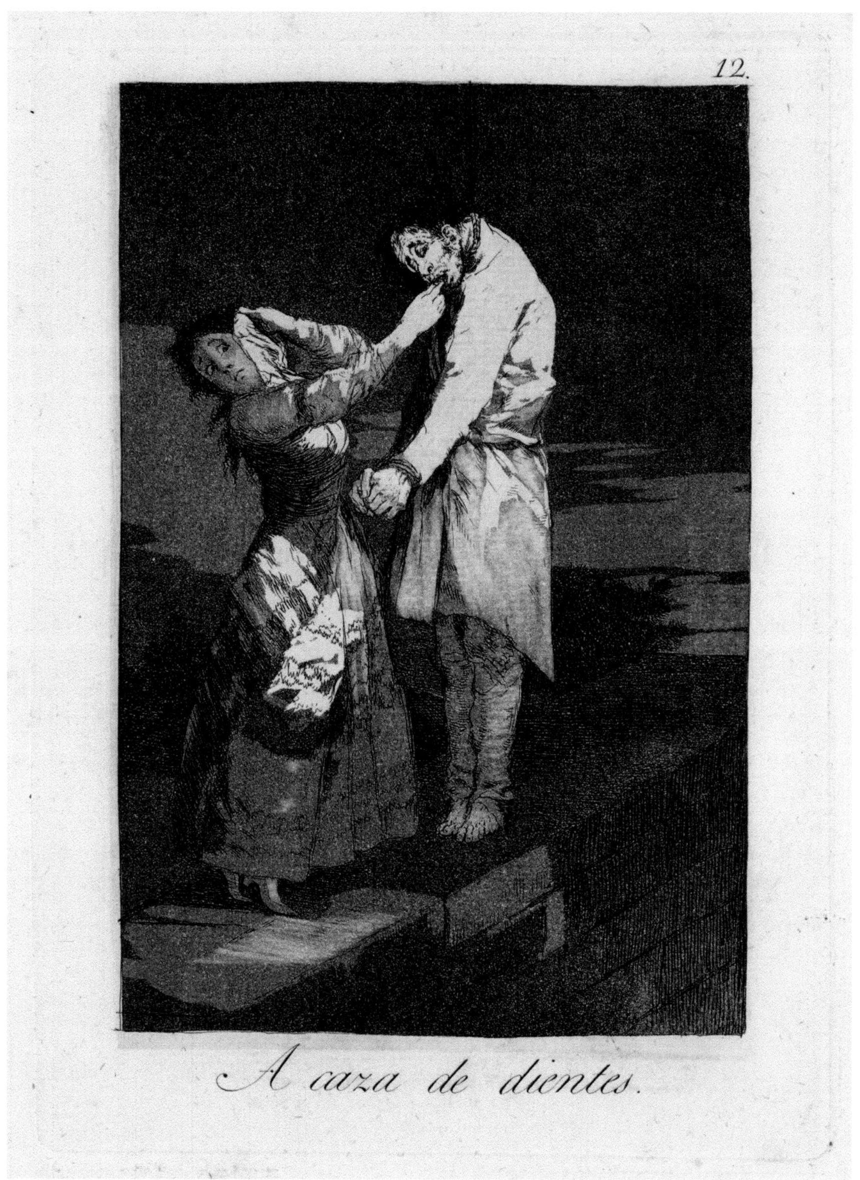

Diese Radierung dürfte in den meisten Betrachtern Ekel auslösen: Eine junge Frau, die ein Taschentuch als Atem- und Sichtschutz hernimmt, fummelt offensichtlich im Mund eines erhängten Mannes herum.
Die Bildlegende lautet „A caza de dientes." (Auf der Jagd nach Zähnen). Doch warum sollte sie ihm die Zähne herausreißen? Hat er Goldzähne, die sie zu Geld machen will? Mitnichten: Zahnersatz in Form von Goldzähnen gab es damals noch nicht. Das Thema der Radierung ist ein in Spanien tief verwurzelter Aberglaube, der auch zu Goyas Zeit noch weit verbreitet war: Es hieß, dass man jemanden durch einen Liebestrank, in den man einen zu Pulver zermahlenen Backenzahn eines Erhängten hineinmischt, in sich verliebt machen könne. Doch die junge Frau, die sich hier aus Liebessehnsucht an dem Erhängten zu schaffen macht, ist nicht die einzige, denn vor ihr war schon ein anderer Leichenfledderer tätig: Der kleine Zeh am linken Fuß des Erhängten fehlt – ein solcher galt als beliebter Glücksbringer. In Goyas Heimat Aragón bedeutet *tener hueso de ahorcado* (den Knochen eines Erhängten haben), dass man in allen Dingen, die man tut, sehr erfolgreich ist. In den handschriftlichen Kommentierungen wird der Aberglaube explizit kritisiert. Allerdings stehen hier nicht nur die verliebten Frauen im Fokus der Kritik, sondern das ganze Volk einschließlich der Männer. In wenigen Kommentierungen wird hingegen mehr über die Hinrichtungsart und weniger über den Aberglauben debattiert. Die Todesstrafe war ein Thema, das im 18. Jahrhundert im Kreise der spanischen Aufklärer heftig diskutiert wurde. In Spanien wurden zwei Hinrichtungsarten praktiziert: die Garrotte (Würgschraube) oder das Erhängen. Die Garrotte, bei der man dem Delinquenten durch eine drehbare Eisenschraube den Hals zuschnürte und durch einen Eisenstift gleichzeitig das Genick brach, wurde als humanste Hinrichtungsart angesehen; sie war den Adligen vorbehalten. Das Erhängen am Galgen, das Goya in *Capricho 12* zeigt, galt als erniedrigendste Hinrichtungsart für Delinquenten aus dem niederen Volk, zumal das Erhängen nicht immer sofort den Tod herbeiführte und bisweilen vom Henker durch tatkräftiges Herunterziehen des Todeskandidaten beschleunigt oder überhaupt erst ermöglicht werden musste. Die Todesurteile wurden nach einem ritualisierten Verfahren auf öffentlichen Plätzen vollstreckt. *Capricho 12* ist also nicht nur eine Kritik am Aberglauben, sondern auch eine deutliche Kritik an der Todesstrafe und ihren Folgen.

Capricho 13

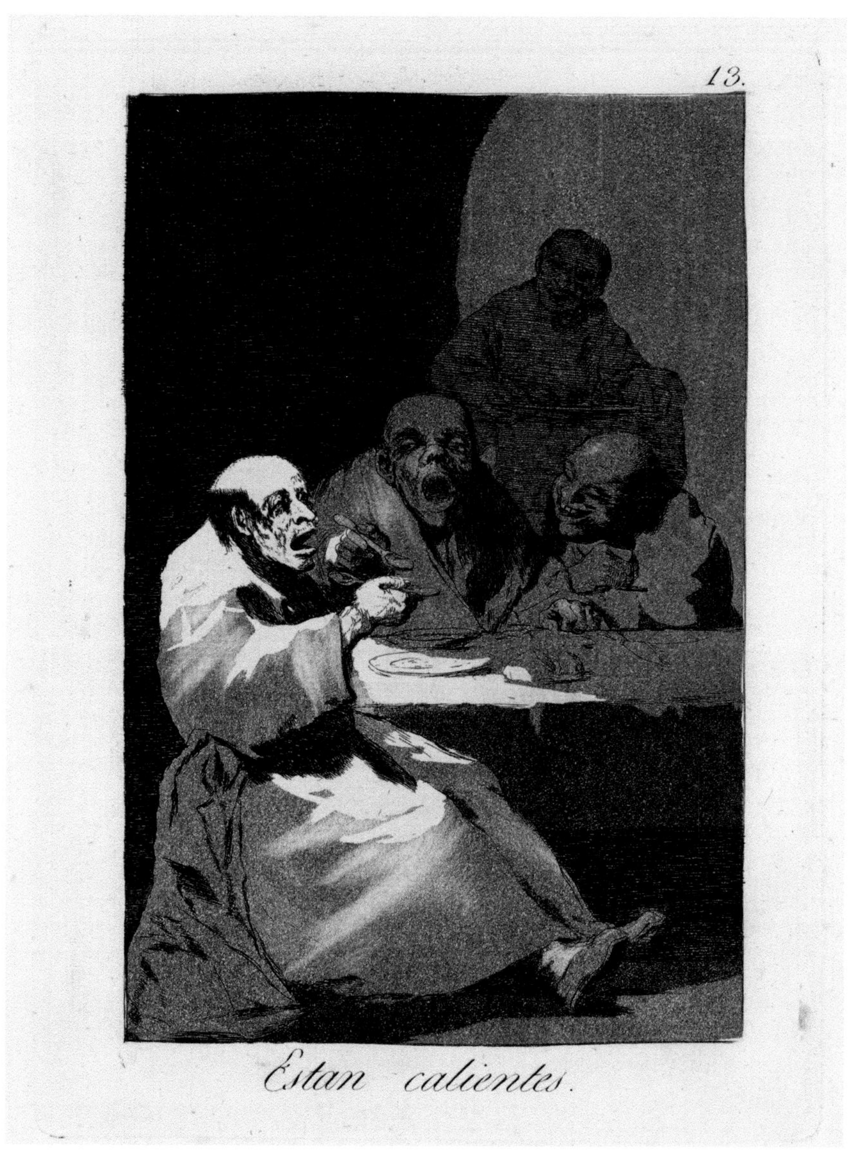

Auf den ersten Blick scheint man hier ein Sauf- und Fressgelage alter hässlicher Männer zu sehen. Tatsächlich zeigt *Capricho 13* drei Mönche, in Kutten und mit Tonsur, die am Tisch sitzen und gierig essen. Die Bildlegende „Estan calientes." (Sie sind heiß) ist insofern doppeldeutig, als der Begriff *caliente* allgemein *heiß* und im sexuellen Sinne *geil* bedeutet. Die Bildlegende kann man so auf das Essen oder auf die Essenden beziehen. Eine sexuelle Lesart der Radierung würde bedeuten, dass die Mönche gegen das Zölibat verstoßen.
In vielen Kommentierungen wird die Radierung mit der Bemerkung „Caridad religiosa" versehen. Dieser Begriff bedeutet im christlichen Sinne *Nächstenliebe* und ist eine der sieben Tugenden. Ähnlich wie *heiß* lässt sich jedoch auch *Nächstenliebe* sexuell deuten. *Caridad* kann außerdem als *Labung* oder *Verköstigung* verstanden werden und die Kritik beinhalten, dass Mönche, statt gegenüber den Armen und Hungernden Wohltätigkeit im christlichen Sinne zu üben, ihr Ansinnen nur noch auf die eigene Völlerei konzentrieren.
In den meisten Kommentierungen wird die Gier der Mönche kritisiert und Mäßigung gefordert, so beispielsweise in der Kommentierung Kollektiv [K13]: „Tal prisa tienen de engullir que se las tragan hirviendo. / Hasta en el uso de los placeres son necesarias, la templanza / y moderacion." (Solche Eile haben sie, es aufzuessen, dass sie es kochend heiß verschlingen. Selbst bei den Gelüsten sind Mäßigung und Genügsamkeit notwendig.). Die *templanza* (Mäßigung) ist diejenige der sieben Tugenden, die den positiven Gegensatz zur *gula* (Völlerei) als eine der sieben Todsünden darstellt. Der Gedanke der Mäßigung bei der Befriedigung auch der sexuellen Begierde findet sich auch in einer der erotischen *Fábulas futrosóficas* von Leandro Fernández de Moratín (1760-1828), hier bezeichnet als „economía". Hiermit war im 18. Jahrhundert eine Art Selbstbeschränkung gemeint, als eine bewusste Lebenshaltung, die darauf abzielt, ein ausgewogenes Verhältnis zwischen Bedürfnissen, Wünschen und Trieben auf der einen Seite und dem Aufwand und der Intensität, die zu ihrer Befriedigung nötig sind, auf der anderen Seite herzustellen. Demnach geht es hier vornehmlich um einen Aspekt der aufklärerischen Erziehung, im Besonderen um die rationale Selbstkontrolle und Selbstreflexion des Subjekts.

Capricho 14

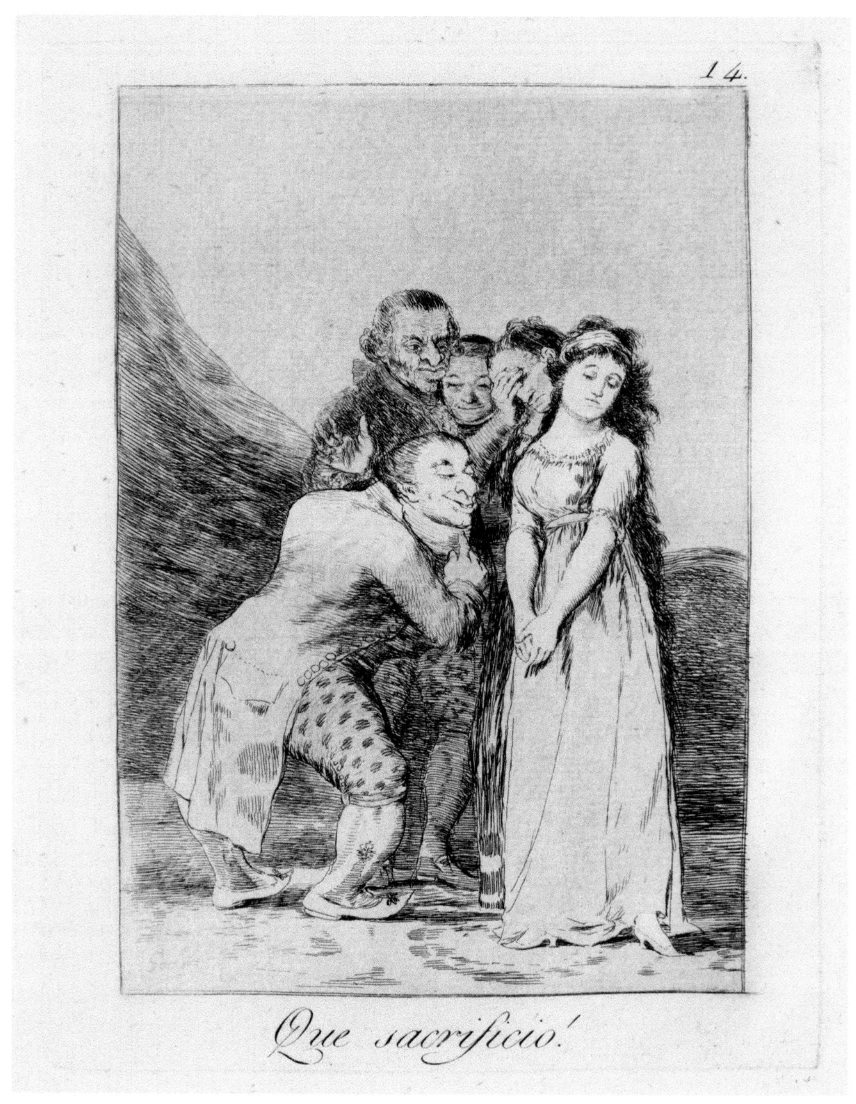

Ein buckliger, hässlicher Mann steht vor einer hübschen jungen Frau, seiner Angetrauten, die den Kopf zur Seite dreht, um ihren künftigen Ehemann nicht ansehen zu müssen. Der o-beinige Alte starrt ihr auf die Brüste. Die Bildlegende lautet „Que sacrificio!" (Was für ein Opfer!). *Capricho 14* hat die *matrimonios desiguales* (ungleiche Ehen) zum Thema, die bereits in *Capricho 2* behandelt wurden. Während in *Capricho 2* eher die Beweggründe der jungen Frau diskutiert wurden, eine solche Ehe einzugehen, werden hier familiäre Umstände beleuchtet, die sie in diese Situation zwingen.
In einigen Kommentierungen geht es um den Gegensatz zwischen dem Unglück der Frau, die verheiratet werden soll, und dem Reichtum des künftigen Ehemanns, so beispielsweise in der Kommentierung Ayala [A14]: „Como ha de ser el novio no es de los mas apetecibles, pero es rico y acosta de la libertad de / una niña infeliz compra á veces su Socorro una familia hambrienta." (Wie muss der Bräutigam sein, er gehört nicht zu den Begehrenswertesten, aber er ist reich, und auf Kosten der Freiheit eines unglücklichen Mädchens erkauft sich eine hungrige Familie manchmal seine Unterstützung). Die notleidende Familie der jungen Frau profitiert von dem Arrangement. Doch diese verliert nicht nur ihre Freiheit, sondern wird zudem noch unglücklich. Im Kreise der spanischen Aufklärer ist dies ein viel diskutiertes Thema.
Teilweise geht die Kritik noch weiter, so etwa in der Kommentierung Stirling Maxwell [SM14]: „Reprende los casamientos de muchachas con viejos jorobados / por el vil interes, en que siempre interviene algun tio / cura, ò amigo de la joben, que se sonrie de la boda." (Er missbilligt die aus schändlichem Eigennutz geschlossenen Hochzeiten zwischen jungen Mädchen und alten Buckligen, bei denen immer irgendein Onkel, Priester oder Freund des Mädchens die Finger im Spiel hat, der die Hochzeit belächelt). Hier werden Familienangehörige (Onkel), Kleriker (Priester) oder Bekannte (Freunde) und Kuppler erwähnt, die solche Heiratsarrangements einfädeln und dann darüber lächeln und spotten. Sie verursachen also nicht nur den Schaden, sie amüsieren sich auch noch über das, was sie angerichtet haben.
In manchen Kommentierungen wird im sozialpolitischen Sinne nach den Motiven für die Ehearrangements gesucht: Hier wird in Frage gestellt, ob die Eltern wirklich dieses Schicksal für ihre Tochter wollen oder nicht vielmehr Opfer ihrer Armut sind.

Capricho 15

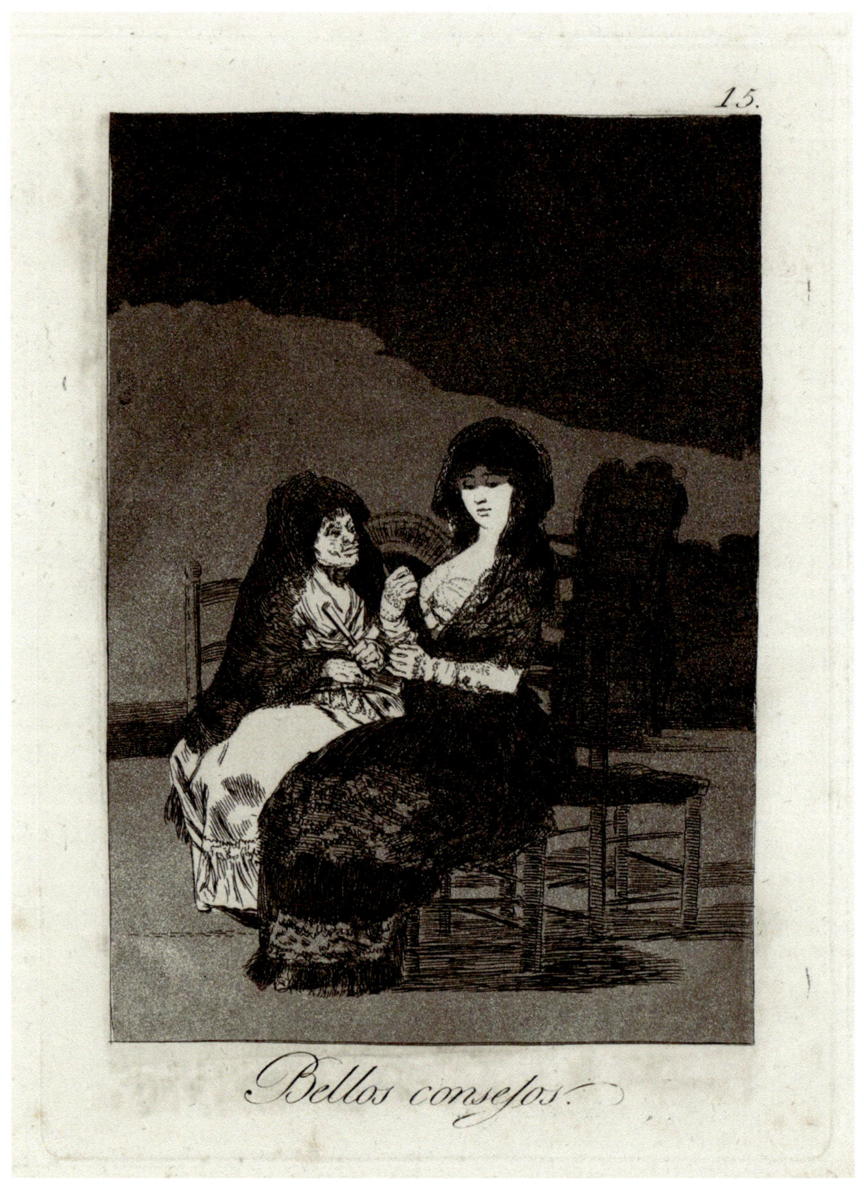

Capricho 15 zeigt eine alte und eine junge Frau, die miteinander reden. Die Bildlegende lautet „Bellos consejos." (Schöne Ratschläge), und dürfte sich auf das beziehen, was die alte Frau der jungen sagt. In den meisten Kommentierungen wird ein Beziehungsgeflecht zwischen drei Personen konstruiert, nämlich derjenigen, die Ratschläge erteilt (die alte Frau), derjenigen, die die Ratschläge wörtlich befolgt (die junge Frau), und schließlich dem künftigen Mann der jungen Frau. Dieser ist nicht abgebildet, da sein Liebeswerben zu einem späteren Zeitpunkt stattfinden wird, wie es beispielsweise in der Kommentierung Ayala [A15] heißt: „Los consejos son dignos de quien los dá; y lo peor es que la Señorita va á seguirlos al / pie de la letra. ¡Desdichado de aquel que cargue con ella!" (Die Ratschläge sind so wertvoll wie der, der sie gibt. Das Schlimmste ist, dass das Fräulein sie buchstäblich befolgen wird. Unglücklich ist der, der sie sich aufbürdet!). Es wird also nicht nur die Szene auf der Radierung in den Blick genommen, sondern auch deren künftige Konsequenzen. Damit lässt sich als Thema der Radierung die Kritik an eigennützigen Erziehungsmethoden benennen: Anstatt dass die alte Frau die junge verantwortungsvoll zu einem selbstständigen Menschen erzieht, verfolgt sie eigennützig ihre Ziele als Kupplerin, ohne auf das Wohlergehen der jungen Frau Rücksicht zu nehmen. Die junge Frau nimmt die Ratschläge der Alten kritiklos an – Folge und Zeichen ihrer schlechten Erziehung. Unter dieser leidet jedoch nicht nur die junge Frau, sondern das Leid erstreckt sich auch auf ihren Zukünftigen, da er sich eine unselbstständige Frau aufbürdet, mit der er nicht glücklich werden kann.

In der Kommentierung Stirling Maxwell [SM15] werden die Frauen als Mutter und Tochter identifiziert. Es wird hervorgehoben, dass die Mutter ihre Tochter bewusst zugrunde richtet, indem sie sie verkuppelt. Hier wird weniger Kritik an einer verantwortungslosen Erziehung geübt als vielmehr an das Thema der ungleichen Ehen angeknüpft, die aus eigennützigen Gründen von Verwandten der Braut forciert werden.

Allein in der Kommentierung Otro Comentario [OC2-15] wird die junge Frau als Josefa Tudó (1779-1869), der Geliebten und späteren Ehefrau des mächtigen Premierministers Manuel de Godoy, identifiziert und die Radierung damit in einen gesellschaftlichen und politischen Kontext gestellt. Demnach würde die Tudó hier Ratschläge von einer erfahrenen Alten entgegennehmen, wie sie die Affäre mit dem verheirateten Godoy gestalten soll.

Capricho 16

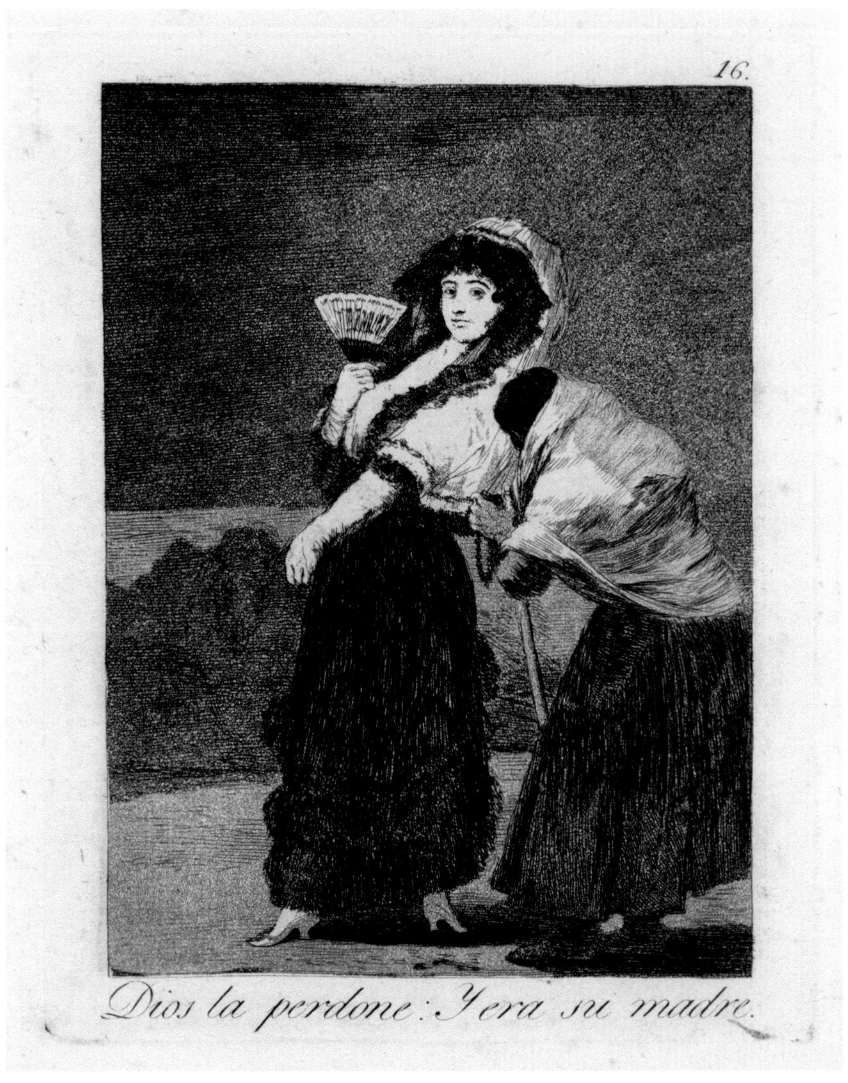

In *Capricho 16* sieht man eine modisch gekleidete junge Frau mit einem Fächer in der Hand, die über eine alte, auf einen Stock gestützte Frau mit einem Rosenkranz hinwegschaut. Die Bildlegende ermöglicht es, die Beziehung zwischen den Frauen zu ergründen: „Dios la perdone: Y era su madre." (Möge Gott ihr verzeihen: Und es war ihre Mutter.). Bei der alten Frau handelt es sich um eine Bettlerin, die von der eigenen Tochter ein Almosen erbittet und abgewiesen wird. Mit der Floskel *Perdonad por Dios* (Verzeiht in Gottes Namen) musste derjenige, der nichts geben wollte, die Bettlerin oder den Bettler um Entschuldigung bitten, andernfalls wurde man beschimpft. In den meisten Kommentierungen wird mit dieser Floskel gespielt, denn sie wird nicht auf die Bettlerin, sondern auf die junge Frau bezogen, indem man Gott darum bittet, ihr zu verzeihen, dass sie ihre eigene Mutter verleugnet und ihr sogar ein Almosen verweigert.
In zahlreichen Kommentierungen wird der Lebensweg der jungen Frau skizziert, auf den sich in der Radierung selbst keine Hinweise finden: Erzählt wird die Geschichte einer jungen Frau, die vom Land in die Stadt zieht und dort ihr Glück sucht. Sie macht in Cádiz eine Ausbildung und geht danach in die Hauptstadt Madrid, wo sie sprichwörtlich das große Los zieht. Offenkundig ist auch die Mutter vom Land in die Stadt Madrid gezogen, wo sie durch Betteln ihren Lebensunterhalt verdient. Verortet wird die Szene am Prado, damals die beliebteste Flaniermeile in Madrid, die zahlreiche Bettler anzog, die hier die Passanten um ein Almosen baten. Das Thema der Radierung wäre folglich die Kritik an der Auflösung der Familie und die Aufkündigung der Solidarität der Generationen zueinander, infolge des ökonomischen Erfolgs und des sozialen Aufstiegs der jüngeren Generation.
Manche Kommentatoren hingegen stellen *Capricho 16* in engen Bezug zu *Capricho 15*: Nicht nur, dass auf beiden Radierungen eine Mutter und ihre Tochter dargestellt werden – die junge Frau hält auch auf beiden Blättern einen Fächer in der Hand, ein traditionelles Zeichen dafür, dass sie dem Liebeswerben der Männer nicht abgeneigt ist. Das Thema wäre demnach immer noch die schlechte Erziehung und Kuppelei durch die Mutter – wobei in *Capricho 16* die möglichen Folgen ihres eigennützigen Verhaltens dargestellt werden: Nämlich dass sich ihre nun reiche Tochter ihr gegenüber ebenso mitleidlos und ignorant verhält, wie sie sich einst ihrer Tochter gegenüber verhalten hat.

Capricho 17

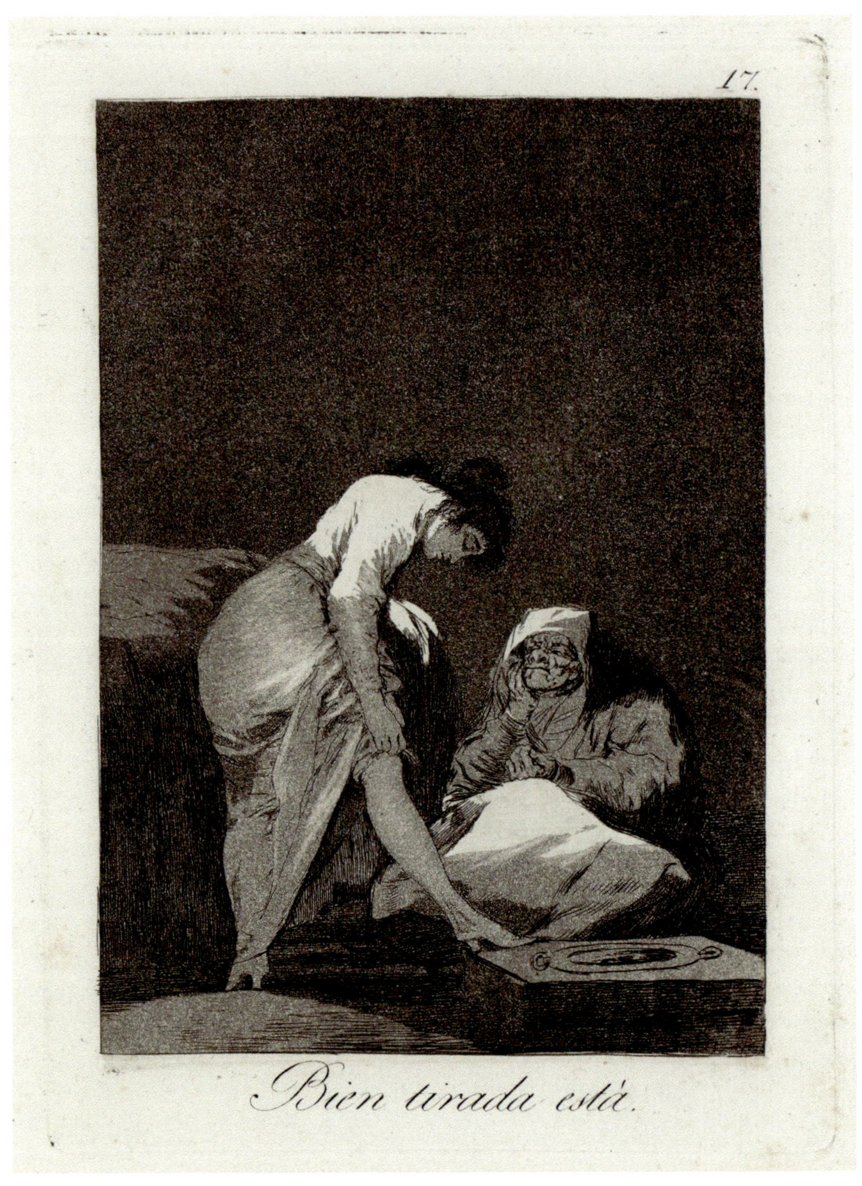

Um ihren Strumpf hochzuziehen, stellt eine junge Frau ihren Fuß auf ein Kohlebecken, den im 18. Jahrhundert in Spanien weit verbreiteten *brasero*. Hinter ihr hockt eine alte Frau auf dem Boden. Die Bildlegende lautet „Bien tirada está." und ist doppeldeutig: Bezieht man die Aussage auf den Strumpf, bedeutet sie: *Er ist gut hochgezogen*, bezieht man sie auf die junge oder die alte Frau, so ist gemeint: *Ganz schön schamlos ist sie*, denn die Entblößung des weiblichen Fußes galt im 18. Jahrhundert in Spanien als starkes erotisches Signal. Dies fand selbst in Frankreich Beachtung, wo es in Montesquieus Briefroman *Lettres persanes* (*Persische Briefe*) seinen literarischen Niederschlag fand. Der Perser Rica gibt in einem seiner Briefe den Bericht eines Franzosen wieder, der ein halbes Jahr durch Spanien gereist ist: „Ils permettent à leurs femmes de paraître avec le sein découvert ; mais ils ne veulent pas qu'on leur voie le talon, et qu'on les surprenne par le bout des pieds."[2] (Sie erlauben ihren Frauen, mit unbedecktem Busen zu erscheinen; aber sie wollen nicht, dass man ihre Ferse sieht oder sie mit der Fußspitze überrascht).

In Bezug auf die Radierung sind zwei mögliche Figurenkonstellationen denkbar: Entweder handelt es sich um eine ältere Frau, die mit guten Absichten ein junges, unschuldiges Mädchen behütet und ihm rät, die Strümpfe als Zeichen seines Anstandes hochgezogen zu tragen, oder es handelt sich bei der Alten um eine Kupplerin, die dem jungen Mädchen, das in diesem Fall als Prostituierte identifiziert werden muss, rät, die Strümpfe hochgezogen zu tragen, um so den Anschein zu erwecken, anständig und sittsam und somit besonders attraktiv zu sein.

Ein Indiz, das für die zweite Lesart spricht, ist der sogenannte *brasero* (Kohlebecken). Anders als französische Kommentatoren dachten, ist *brasero* keinewegs nur der Begriff für das Kohlebecken, mit dem man die Wohnung beheizte, sondern galt im übertragenen Sinne auch als Bezeichnung für die Vagina oder die sexuelle Erregung einer Frau. In Bezug auf die Radierung kann dies wohl als Anspielung auf die Prostitution der jungen Frau verstanden werden kann. Demnach legt *Capricho 17* offen, dass junge Prostituierte mittels vorgetäuschter Sittsamkeit gern Männer anlocken, um sie auszunehmen.

2 Montesquieu: *Lettres Persanes*. Texte établi, avec introduction, bibliographie, notes et relevé de variantes, par Paul Vernière. Paris: Garnier 1960, S. 166 (Lettre LXXVIII).

Capricho 18

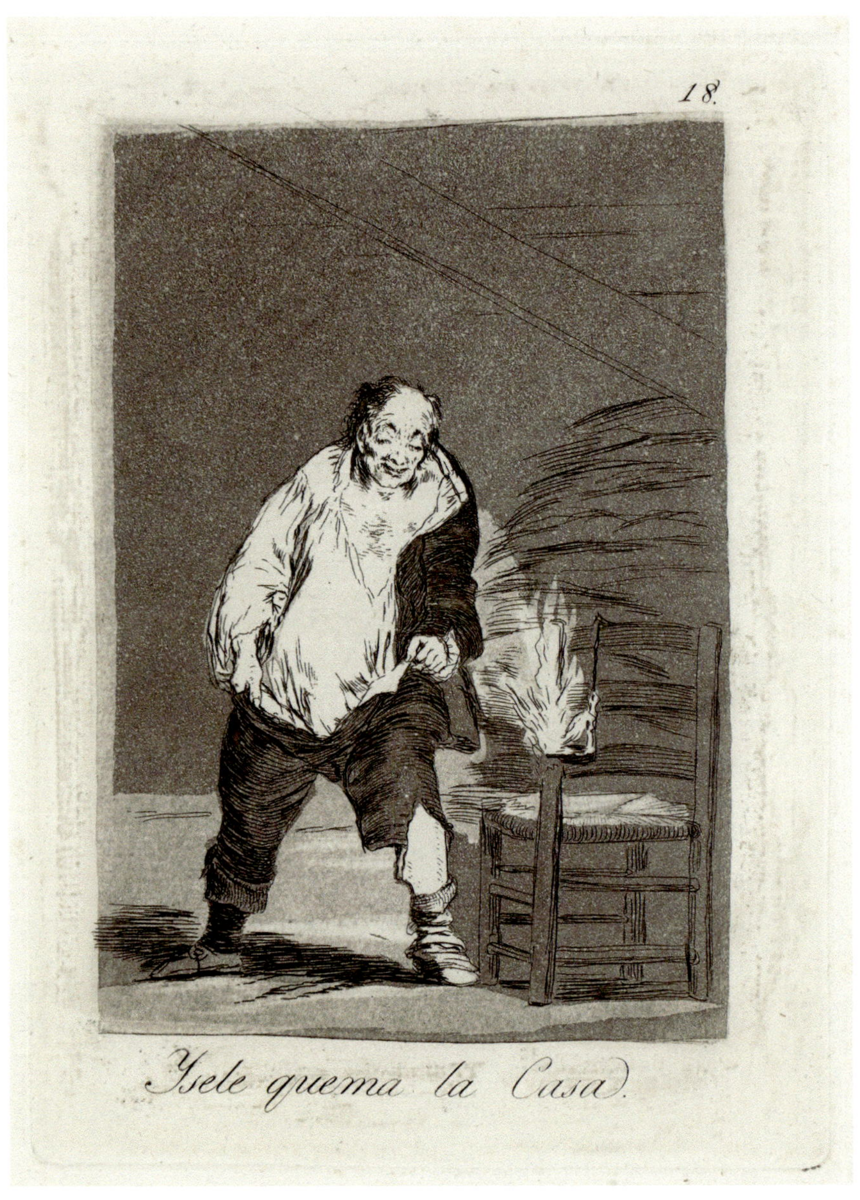

Betrachtet man *Capricho 18*, sieht man einen alten Mann, dem gerade die Hose runterrutscht und der verwirrt herumtorkelt – und der sich vielleicht fragt, warum neben ihm ein Feuer brennt … Die Bildlegende lautet passend dazu „Y se le quema la casa." (Und ihm brennt das Haus ab), was eindeutig auf die große Gefahr hinweist, in der der Mann schwebt.
Tatsächlich fängt hier gerade ein Korbstuhl Feuer, an den eine Öllampe gehängt und so viel zu nah an das Holz gebracht wurde. Im Hintergrund befindet sich ein Stapel Espartogras, das zum Flechten von Matten, Körben oder Stühlen verwendet wurde. Es handelt sich wohl um die Werkstatt eines Matten- und Korbflechters, ein typisches Handwerk im 18. Jahrhundert. In der Kommentierung Vorzeichnung [V18b] wird der Mann auch ausdrücklich als Korbflechter identifiziert: „El espartero Borracho q.e no acierta a desnudarse, y / dando buenos consejos a un candil yncendia / la casa." (Der betrunkene Korbflechter, dem es nicht gelingt, sich auszuziehen, und der einer Öllampe gute Ratschläge erteilt, zündet das Haus an).
In den Kommentierungen finden sich insgesamt drei verschiedene Themen, zu denen die Radierung in Bezug gesetzt wird: In der ersten Lesart wird die Trunkenheit kritisiert und deren Folgen aufgezeigt. Aufgrund der leichten Brennbarkeit des Espartograses bringt der betrunkene Mann nicht nur sich selbst in Gefahr, sondern auch seine Mitmenschen. Mit dem Hinweis darauf, dass sein Haus abbrennen werde, sollte nicht die Feuerwehr kommen und ihn retten, werden diejenigen Menschen kritisiert, die fahrlässig so viel trinken, dass sie keine Kontrolle mehr über sich haben.
In der zweiten Lesart wird Kritik an jenen alten Männern geübt, die so vor Wollust brennen, dass sinnbildlich ihr Haus in Flammen steht. Auch hier wird kritisiert, dass die Wollust sie so übermannt, dass sie regelrecht handlungsunfähig und nicht mehr Herr der Situation sind. Indirekt wird auch hier zur Mäßigung geraten.
Die dritte Lesart ist eine politische und bezieht sich auf den König. So heißt es in der Kommentierung Otro Comentario [OC2-18]: „Alusion transparente a la criti-/ca situacion de Carlos IV" (Deutliche Anspielung auf die kritische Lage Karls IV.). Doch wird hier nicht näher ausgeführt, ob es sich um persönliche oder politische Schwierigkeiten handelt.

Capricho 19

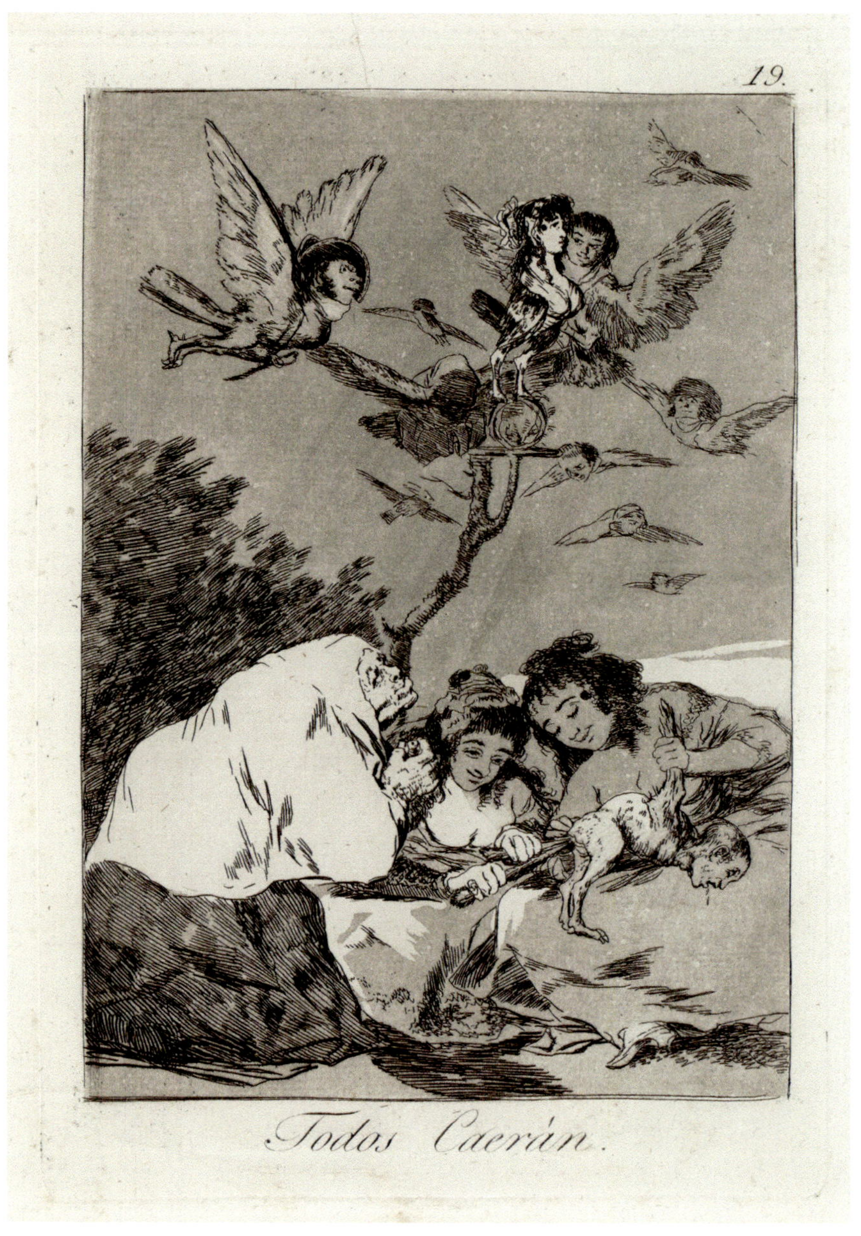

Capricho 19 mag den Betrachter erstmal ratlos machen. Was man hier sieht, ist Folgendes: Auf einem gegabelten kahlen Baum sitzt als Köder ein Vogel mit dem Kopf einer Frau. Um ihn herum flattert eine ganz Schar von Vögeln mit Männerköpfen. Unter dem Baum sitzen zwei junge Frauen und rupfen einen Vogel, der ebenfalls den Kopf eines Mannes hat. Neben ihnen sitzt eine Kupplerin, die mit einer Pfeife die Vögel anlockt. Die Bildlegende lautet „Todos Caerán." (Alle werden fallen), womit festgestellt wird, dass das Verhalten der Männer bei der Werbung um die Gunst der Frauen stets zum gleichen Resultat führt, unabhängig von ihrem sozialen Stand. Die Frauen machen keinen Unterschied zwischen den Männern: Alle werden gleichermaßen gerupft und ausgenommen. Das Thema von *Capricho 19* ist also das Wesen des Prostitutionsgewerbes.

Einige Kommentatoren heben hervor, dass der soziale Stand der Männer keinen Einfluss auf ihr Schicksal hat. Die Kommentierung Ayala [A19] lautet etwa: „Toda especie de avechuchos, militares, paisanos y frailes revolotean al rededor de una / dama medio gallina. Caen, y las mozas los sujetan por los alones, los hacen vomitar y los sacan / las tripas." (Alle Arten von schrägen Vögeln, Angehörige des Militärs, Landleute und Mönche flattern um eine Dame herum, die halb Huhn ist. Sie fallen herab, und die Mädchen packen sie an den gestutzten Flügeln, bringen sie zum Erbrechen und nehmen sie aus). So unterschiedlich die Männer auch sind – in den Fängen der Frauen ergeht es allen gleich: Sie werden ausgenommen.

In vielen anderen Kommentierungen ist der Wunsch enthalten, dass künftige Freier doch aus dem Schicksal ihrer Vorgänger lernen mögen. Gleichzeitig wird dies aber dann als unwahrscheinlich abgetan, da sich kein Freier den Reizen der Prostituierten entziehen könne. Die Schuld wird also vornehmlich den leichtfertigen Männern zugewiesen.

In einigen Kommentierungen werden die gerupften Vögel mit den Liebhabern der Königin Maria Luisa identifiziert. Juan Pignatelli, ein zeitweise einflussreicher Adliger am Hof, und der mächtige Premierminister Manuel de Godoy werden als solche namentlich genannt. Über beide kursierten Gerüchte über ein Liebesverhältnis mit der Königin. Als Voraussetzung und Hauptgründe für das Verhalten der Liebhaber der Königin werden Dummheit und Eitelkeit angeführt.

Capricho 20

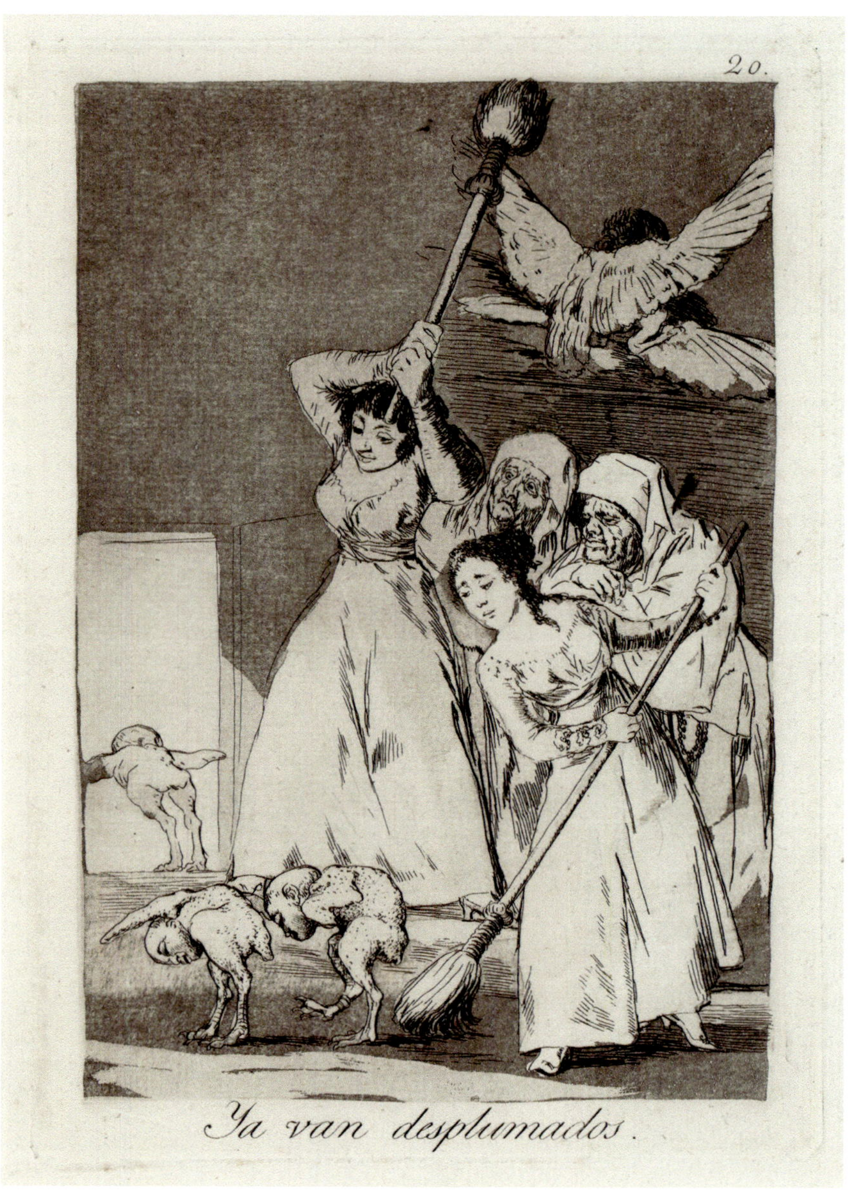

Capricho 20 ist die Fortsetzung der vorherigen Radierung: Hier werden drei Männer, in Gestalt von gerupften Vögeln mit menschlichen Köpfen, von zwei jungen Frauen mit Besenhieben aus dem Haus gejagt. Über ihnen man sieht zwei kopulierende Vögel. Die Bildlegende „Ya van desplumados." (Schon gehen sie gerupft fort) bezieht sich auf die ausgenommenen Freier. *Capricho 19* und *20* haben eine wahre Flut von gedruckten Kommentierungen ausgelöst. Offensichtlich waren die beiden Blätter beziehungsweise das Thema der Prostitution für die Rezipienten des 19. Jahrhunderts von besonders großem Interesse.
Die handschriftlichen Kommentierungen Kollektiv [K20] und Prado [P20] sowie nachfolgend alle übrigen Kommentierungen der Goya-Linie enthalten eine distanziert-mitleidlose Beschreibung: Die Gerupften verlassen möglichst bald den Ort des Geschehens, um anderen rasch Platz zu machen, die ihnen nachfolgen. Dies zeigt eine nüchterne Haltung gegenüber der Prostitution: So wie es immer Prostituierte geben wird, so wird es immer Freier geben, die ihnen auf den Leim gehen.
In der Kommentierung Ayala [A20] wird der Fokus hingegen auf die beiden Gestalten im Hintergrund gerichtet, die als ehrwürdige Patres identifiziert werden: „Despues de desplumados los avechuchos son arrojados á escobazos: uno va ya cojo y vizmado, y / dos Padres reverendisimos con sus rosarios al cinto las guardan las espaldas, y celebran las / burlas." (Nachdem sie gerupft sind, werden die schrägen Vögel mit Besenhieben hinausgeworfen: Einer geht schon, hinkend und verarztet, und zwei hochehrwürdige Patres, mit Rosenkränzen am Gürtel, geben den Frauen Rückendeckung und ergehen sich mit ihnen im Spott). Hier wird nicht nur das Prostitutionsgewerbe näher beleuchtet, sondern auch Kritik am Klerus geübt: Einerseits decken, schützen und fördern die Geistlichen die Prostitution, als wären sie Zuhälter, andererseits verspotten sie noch die Freier. *Capricho 20* kann so als Vorläufer der Reihe der *Caprichos 22* bis *24* angesehen werden, in der das Leben und Schicksal der Prostituierten in Abhängigkeit von Klerikern und Staatsbeamten explizit zum Thema gemacht wird.
In der Kommentierung Otro Comentario [OC2-20] werden die Vögel als in Ungnade gefallene Günstlinge der Königin Maria Luisa gesehen.

Capricho 21

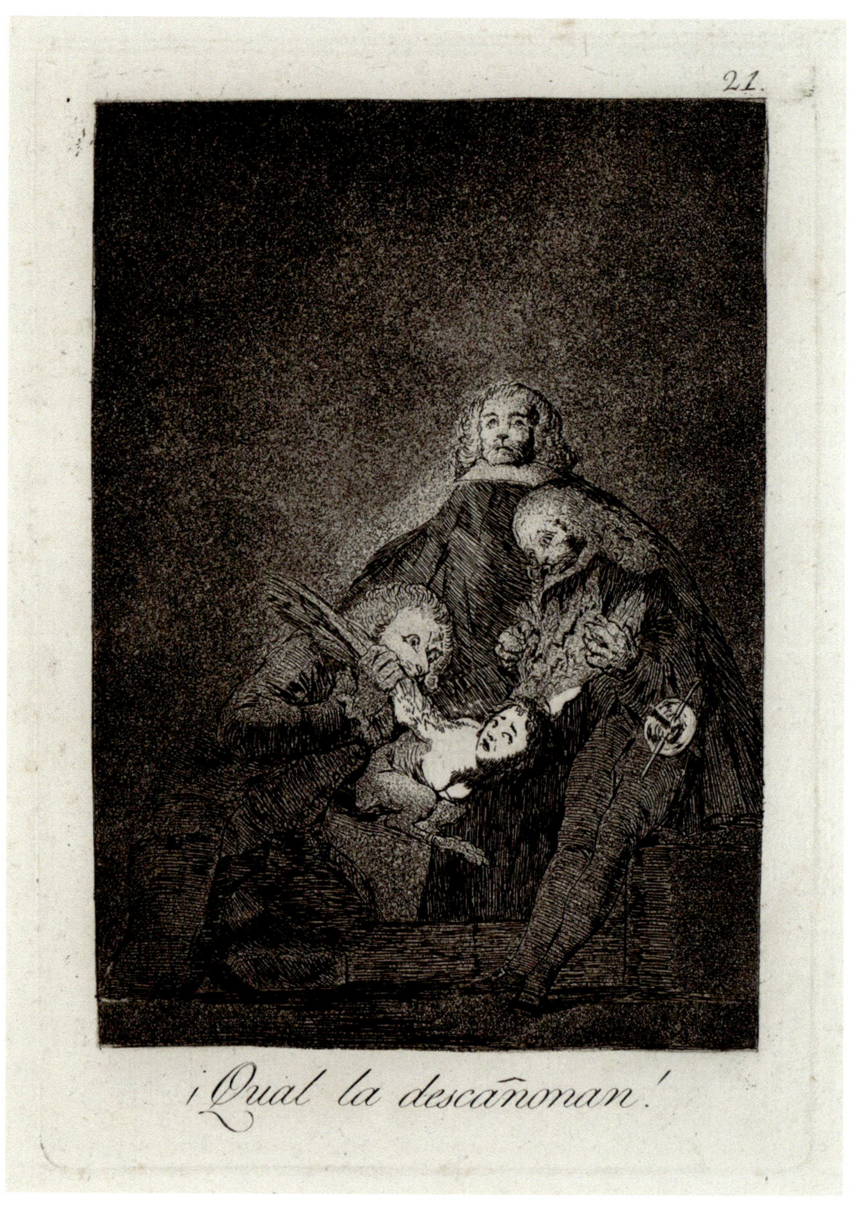

Capricho 21 lässt den Betrachter sicher ratlos zurück. Was wird hier dargestellt oder kritisiert? Drei Löwen, die wie Menschen angezogen sind, fressen einen Engel?

Die drei Männer weisen in der Tat animalische Züge auf, mit ihren katzenähnlichen Gesichtern und Klauen. Aufgrund ihrer Kleidung können sie als ein Richter, ein Gerichtsdiener und ein Amtsschreiber identifiziert werden. Letzterer trägt einen Degen. Die drei Männer umringen einen Vogel mit dem Gesicht einer Frau – zwei von ihnen sind gerade dabei, ihn zu rupfen. Hierzu passt die Bildlegende „¡Qual la descañonan!" (Wie sie sie rupfen!). Thematisch geht es in *Capricho 21* um den Amtsmissbrauch der Beamten im Umgang mit Prostituierten. Allgemein wurden die Amtsschreiber in den literarischen Texten seit dem Siglo de Oro als extrem korrupt dargestellt. Gedeckt von den ihnen vorgesetzten Richtern, machten sie Geschäfte mit den Prostituierten, die sich bei ihnen freikaufen konnten, so dass ihnen eine Verurteilung und Gefängnishaft erspart blieben. Auch zwangen sie die Prostituierten, einen Teil ihres Lohnes an sie abzugeben. Auch die Freier, die die Gerichtsdiener in flagranti erwischten, wurden von ihnen genötigt, sich freizukaufen, um der Strafverfolgung zu entgehen.

In den meisten Kommentierungen werden die Willkür und Bestechlichkeit der gesamten Justiz kritisiert. In einigen Kommentierungen wird durch den Zusatz „Reclusion de S. Fernando" (Inhaftierung in San Fernando) die dargestellte Szene in das im 18. Jahrhundert wichtigste Madrider Frauengefängnis San Fernando situiert. In diesem mussten die Prostituierten häufig Näharbeiten verrichten. In einigen Kommentierungen wird der Kreis der Justizopfer (im Sinne von vollstreckten Urteilen) ausgeweitet, indem nicht nur von Prostituierten die Rede ist, die es sich nicht leisten können, sich freizukaufen, sondern allgemein von Armen.

Thematisch setzt *Capricho 21* die Reihe von *Capricho 19* und *20* fort. Doch im Gegensatz zu diesen beiden vorherigen Radierungen sind es in *Capricho 21* nicht die Prostituierten, die ihre Freier rupfen, sondern die Prostituierten selbst sind die Opfer, denn sie werden von den Beamten ausgenommen.

Capricho 22

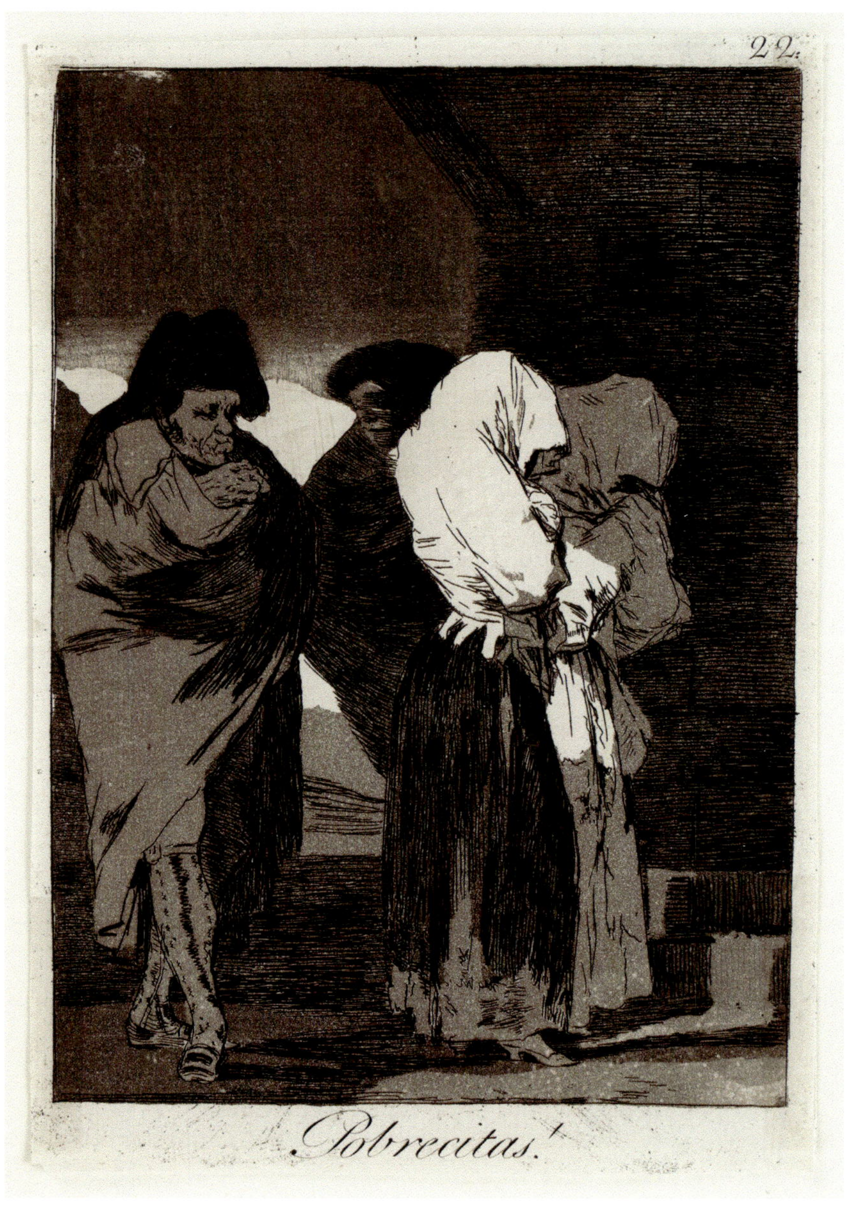

Der Betrachter mag erkennen, dass hier zwei in Umhänge gehüllte Männer hinter zwei verschleierten Frauen hergehen – der Kontext bleibt jedoch unbekannt. Die Bildlegende „Pobrecitas!“ (Arme kleine Mädchen!) hilft hier zunächst auch nicht weiter. Erst ein Blick in die Kommentierungen eröffnet dagegen gleich vier verschiedene Interpretationen der Radierung.

Die erste Lesart ist in der Kommentierung Vorzeichnungen [V22] enthalten: „Pobres, ¡quantas lo mereceran mejor? ¡pues q^{e} es esto? / que ā de ser, q.^{e} las lleban a Sn Fernando.“ (Die Armen! Wie viele verdienten es besser? Nun, was ist das? Wie muss man sein, damit man nach San Fernando gebracht wird). Hier wird *Capricho 22* als Folgeblatt von *Capricho 21* gesehen, indem Empathie für die Frauen geäußert wird, die ins Gefängnis San Fernando gebracht werden. Kritisiert werden nicht nur die desolaten Zustände im Gefängnis, sondern die Legitimität der Arrestierung der Frauen wird grundsätzlich in Zweifel gezogen. Die Schuld der Frauen wird relativiert, da die Armut sie häufig dazu zwingt, sich zu prostituieren.

In manchen Kommentierungen geht es, als zweite Lesart, um die ungleiche Behandlung armer und reicher Prostituierter vor Gericht, obwohl vor dem Gesetz alle gleich sein müssten. Die fehlende Gleichbehandlung der Repräsentanten unterschiedlicher Stände vor dem Gesetz war seinerzeit ein generelles Problem in der Rechtsprechung. Erst gegen Ende des 18. Jahrhunderts wurde im Kontext der Diskussion über die Reform des Strafrechts Cesare Beccarias Grundsatz der Gleichstellung aller Menschen vor dem Gesetz thematisiert.

In anderen Kommentaren wird thematisiert, mit welchen Mitteln im Gefängnis erzieherisch auf die Prostituierten eingewirkt wird: Es wird dargelegt, dass die Prostituierten in das Frauengefängnis San Fernando geschickt werden, wo sie, im Alter von zwölf bis achtzehn Jahren, mit Näharbeiten betraut werden. Die älteren Frauen sponnen oder stickten. Das Nähen war im 18. Jahrhundert ein integraler Bestandteil der Erziehung der Mädchen. Sie sollten so wieder zu einem normalen, geordneten Leben ohne Prostitution und Ausschweifung zurückfinden.

Die vierte Lesart eröffnet einen ganz anderen Aspekt: Die Königin Maria Luisa wird als Initiatorin der auf der Radierung dargestellten Szene genannt, in der gezeigt werde, wie sie aus Eifersucht und Rache Rivalinnen verfolgen lasse.

Capricho 23

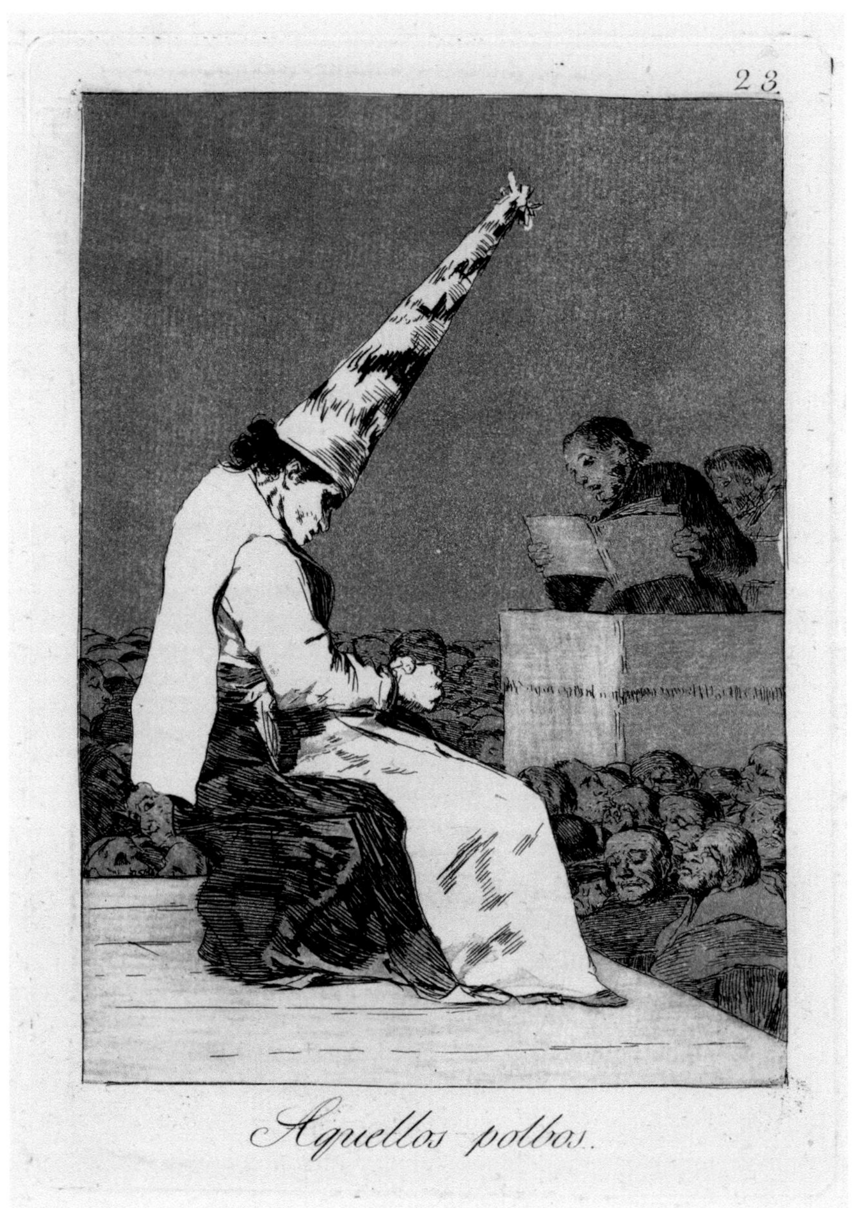

Auf *Capricho 23* ist eine Gerichtsszene, ein öffentliches Inquisitionstribunal, zu sehen. Es ist kein kollektives, sondern ein individuelles Inquisitionstribunal, das man *autillo* nannte. Eine Frau mit einem Büßerhemd (*sambenito*) und einer spitz nach oben zulaufenden Büßermütze (*coroza*) sitzt mit gefesselten Händen auf einer Holzbühne, den Blicken der neugierig gaffenden Menge ausgesetzt. Der Angeklagten wird gerade entweder die Anklageschrift oder das Urteil vorgelesen.

In den Kommentierungen der Goya-Linie wird die Frage nach der Verhältnismäßigkeit von Strafen aufgeworfen: Es wird darauf hingewiesen, dass die Frau unschuldig ist oder sich nur eines geringfügigen Vergehens schuldig gemacht hat. Die unverhältnismäßig hohe Strafe lässt sich mit Hilfe der Bildlegende erklären: „Aquellos polbos." ist der Anfang des spanischen Sprichworts *Aquellos polvos traen estos lodos* (Aus diesem Staub entsteht dieser Schlamm), was meint, dass aus einem Übel nachfolgende erwachsen werden. Die Härte der Strafe wird mit der Annahme begründet, dass in Zukunft schwerwiegendere Missetaten begangen werden. Die Doppeldeutigkeit des Begriffs *polvos* in der Bildlegende, der bis heute umgangssprachlich als Synonym für *Geschlechtsakt* benutzt wird, suggeriert, dass die Angeklagte eine Prostituierte ist, so dass *Capricho 23* als weitere Fortsetzung der thematischen Reihung von *Capricho 19 bis 22* verstanden werden kann.

In den Kommentierungen der Stirling-Maxwell-Linie hingegen wird kritisiert, dass Inquisitionstribunale bestimmten Menschen, vorwiegend Mönchen und Priestern zur Belustigung dienen. Als Motivation der Kleriker, ein solches Inquisitionstribunal zu veranstalten oder zu besuchen, wird ihr Vergnügen oder ihr eigener Vorteil und Nutzen angegeben. In der Kommentierung Stirling Maxwell [SM23] heißt es hierzu ausdrücklich: „esta es su comidilla, y agostillo" (dies ist ihr Leckerbissen und ihr Geschäftchen). Demnach ziehen auch die Kleriker einen gehörigen ökonomischen Vorteil aus der Verurteilung der Prostituierten, wie vor ihnen bereits die Gerichtsdiener und die obersten Richter.

Capricho 24

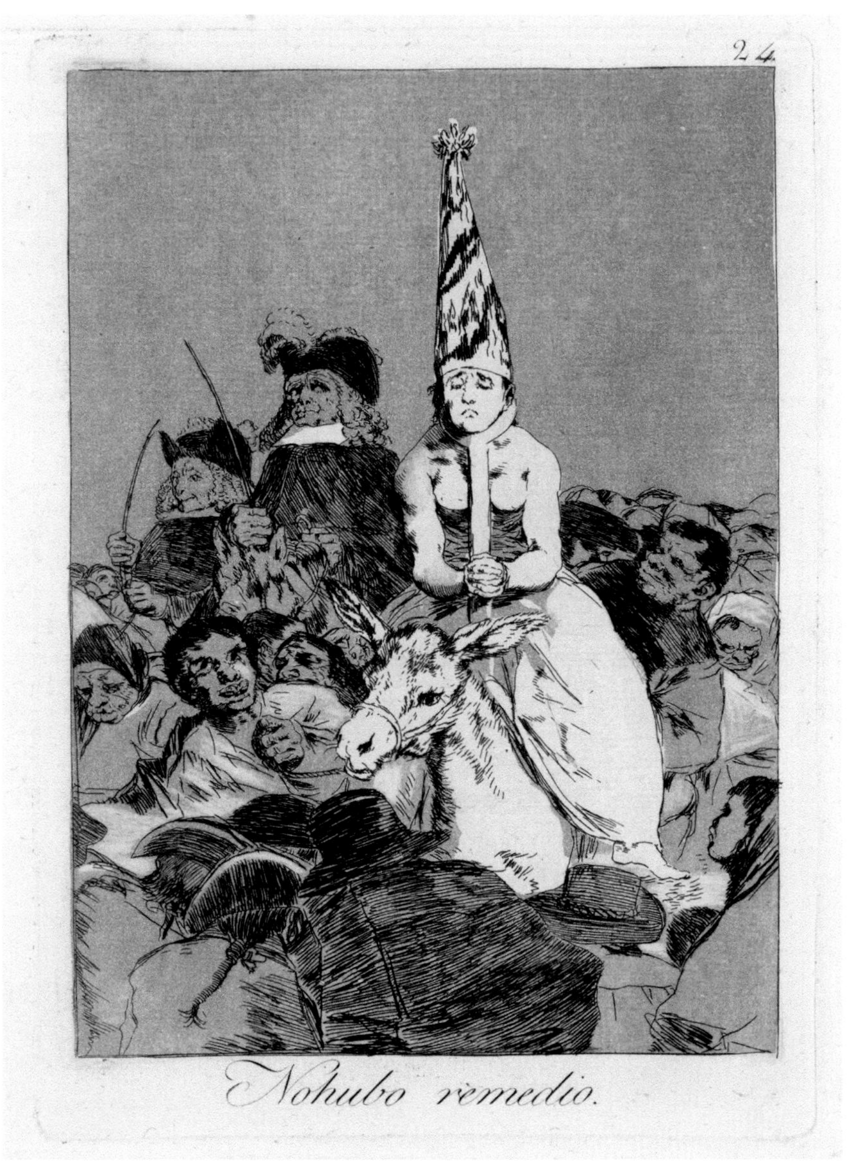

Das Thema von *Capricho 24* erschließt sich auf den ersten Blick: Es handelt sich um die Fortsetzung von *Capricho 23* – die Angeklagte wird nach ihrer Verurteilung zur Hinrichtung gebracht. Gezeigt wird die öffentliche Verhöhnung (*vergüenza pública*) der verurteilten Frau, als gerichtlich angeordnete Bestrafung. Der Exekution eines Verurteilten ging die *vergüenza pública* voraus. Die Verurteilten wurden, mit der Büßermütze (*coroza*) auf dem Kopf und auf einem Esel reitend, durch die Straßen geführt, um sie dem Gelächter und dem Spott der johlenden Menge auszusetzen. Üblich war es auch, dass der Kopf der Delinquenten mit einer Art Gabel hochgehalten wurde, um zu verhinderte, dass sie ihn senken konnten. Eine solche Gabel hatte sogar eine spezielle Bezeichnung: *pie de amigo* (Fuß des Freundes). Oft wurden die Delinquenten mit entblößtem Oberkörper von einem Gerichtsdiener gepeitscht, während vor ihnen der Stadtausrufer ihr Vergehen und ihre Strafe verkündete. Dass Goya die Frau mit nackten Brüsten abbildet, entspricht dem Usus bis zum Jahre 1792, seitdem bedeckte man die Brüste der Frauen mit einem Schleier, da man offensichtlich mehr Scham empfand als in früheren Zeiten.

Die Bildlegende lautet „Nohubo remedio." (Es gab kein Mittel dagegen). Die beiden Wörter *No* und *hubo* sind hierbei zusammengeschrieben, wie es bei Manuskripten aus dieser Zeit oft der Fall war.

In den meisten Kommentierungen wird der Lebensweg der Frau thematisiert. Ihr Schicksal scheint von Anfang an besiegelt gewesen zu sein, aufgrund ihrer Armut konnte sie sich den korrupten Gerichtsdienern nicht widersetzen, wurde vor Gericht ungerecht behandelt und zum Tode verurteilt. Es geht dabei auch um das juristische Problem der Gleichheit vor dem Gesetz. Hässlichkeit und Armut der Angeklagten werden als Gründe dafür angegeben, dass sie sich vor dem Inquisitionsgericht verantworten musste, was impliziert, dass Schönheit und Reichtum bewirken können, dass man nicht gerichtlich belangt wird. Auch wenn die Frau keineswegs unbefleckt ist, denn sie war, wie in den Kommentierungen angedeutet wird, als Prostituierte tätig, hat sie dennoch nicht solche Verbrechen begangen, die dieses Urteil rechtfertigen würden. Angesichts der unangemessenen Härte der Bestrafung wird die Prostituierte als Justizopfer schon fast wieder zur Heiligen stilisiert.

Capricho 25

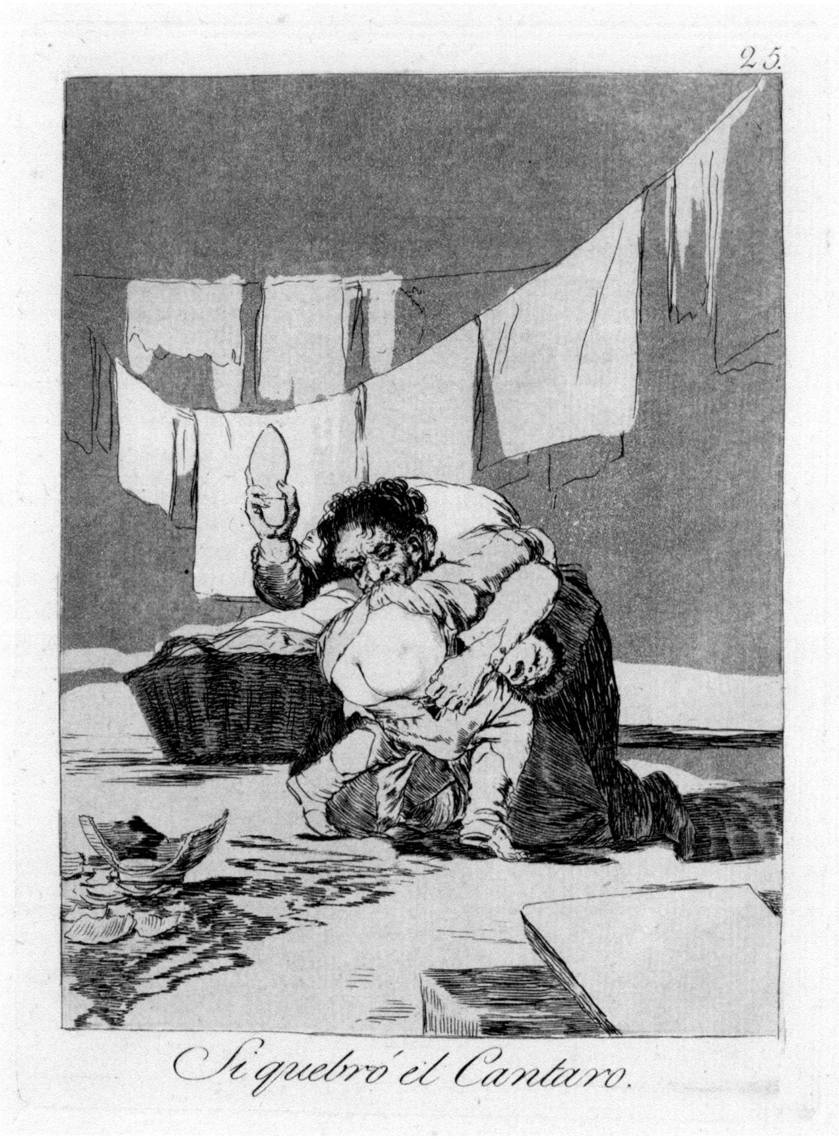

Eine Frau versohlt einem Jungen mit einem Schuh den nackten Hintern, weil er einen Krug zerbrochen hat, worauf auch die Bildlegende „Si quebró el Cantaro." (Wenn er den Krug zerbrochen hat) hinweist.
Das Thema der Radierung sind die im 18. Jahrhundert noch weit verbreiteten autoritären, auf körperliche Bestrafung ausgerichteten Erziehungsmethoden, die hier in Frage gestellt werden. Dies wird etwa in der Kommentierung Ayala [A25] deutlich ausgeführt: „Las madres colericas rompen el culo á azotes á sus hijos q.[e] estiman menos q.[e] un mal / cacharro." (Die cholerischen Mütter versohlen ihren Söhnen, die sie weniger wertschätzen als einen läppischen Wasserkrug, mit Hieben den Hintern). In einem einzigen Satz werden hier gleich mehrere Missstände im Bereich der Kindererziehung kritisiert: der Mangel an Gelassenheit sowie die Unbeherrschtheit der Mütter, die körperliche Züchtigung der Kinder durch drakonische Strafen, die Unangemessenheit der Härte der Strafe und schließlich der Mangel an mütterlicher Liebe und Wertschätzung gegenüber den eigenen Kindern. Die Wut der Frau wird auf die cholerische Ader der Mutter zurückgeführt. Dies ist insofern bedeutsam, als dass mit dem Hinweis auf das Temperament der Mutter eine Erklärung beziehungsweise Entschuldigung für ihre unangemessenen und willkürlich vorgenommenen Bestrafungen angedeutet wird.
In vielen Kommentierungen wird der Sohn als ungezogen und seine Mutter als cholerisch charakterisiert und danach gefragt, was von beiden schlimmer sei. Geht man davon aus, dass die cholerische Veranlagung pathologisch ist, so ist die Mutter genauso wenig für ihre Handlung verantwortlich wie das spielende Kind. Die Frage, was schlimmer ist, gibt zumindest Anlass zur Reflexion darüber, inwiefern vermeintlich pathologische Züge Zeichen einer schlechten Erziehung sind oder vielmehr die Folge einer bestimmten affektiven Veranlagung.
Eine politische Lesart eröffnet innerhalb der Goya-Linie allein die Kommentierung Otro Comentario [OC2-25], denn sie bezieht die Darstellung auf die angeblichen Streitereien zwischen der Königin Maria Luisa und ihrem Sohn Ferdinand, dem späteren König Ferdinand VII. Das Verhalten der Königin wird dementsprechend als cholerisch charakterisiert.

Capricho 26

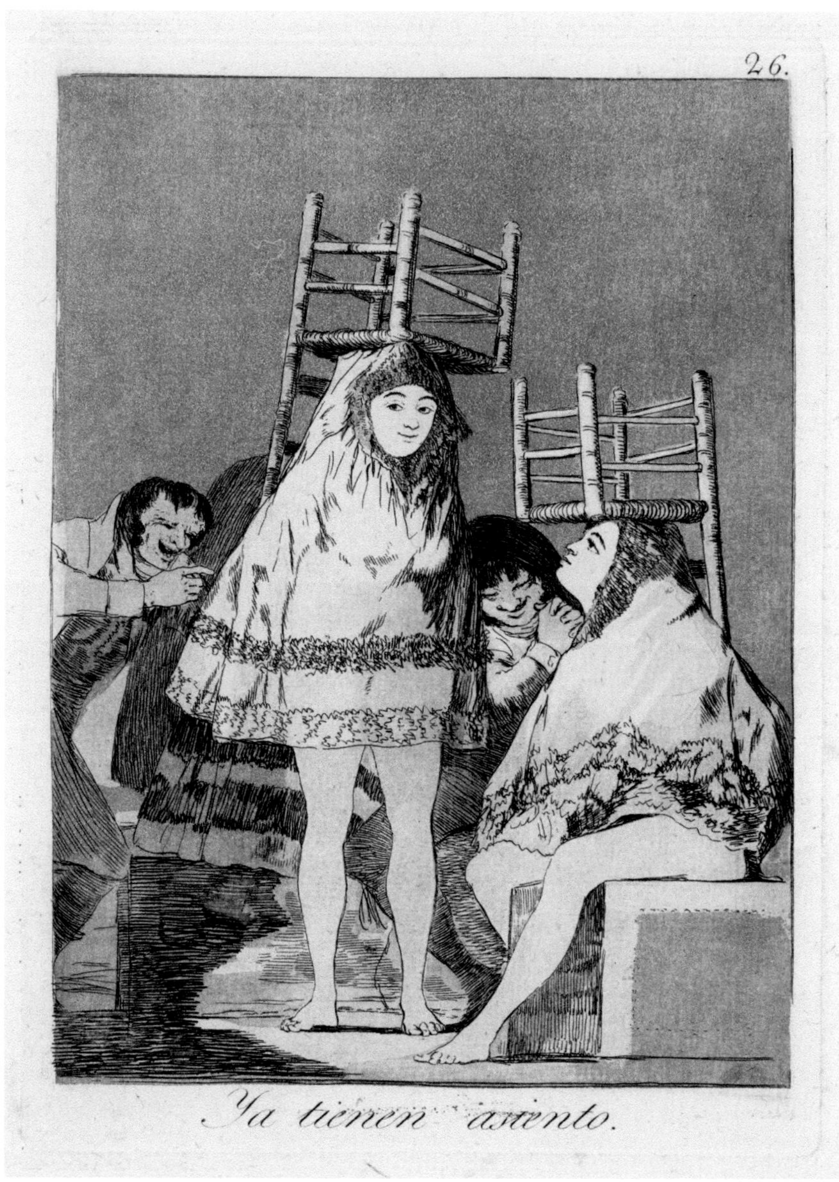

Zwei leicht bekleidete Mädchen balancieren jeweils einen umgedrehten Stuhl auf dem Kopf. Im Hintergrund stehen zwei lachende Männer. Der Sinn von *Capricho 26* erschließt sich dem Betrachter so wohl nicht, und auch Goyas Zeitgenossen scheinen mit der Deutung der Radierung ihre Probleme gehabt zu haben. So wird in der Kommentierung Vorzeichnungen [V26], die „Se emborrachan“ (Sie betrinken sich) lautet, die Szene beispielsweise als Trinkgelage gedeutet.
Die Bildlegende „Ya tienen asiento.“ deutet jedoch ein ganz anderes Thema an: Der Begriff *asiento* ist doppeldeutig, und kann zum einen *Sitzplatz*, zum andern *Gesetztheit* oder *Besonnenheit* bedeuten. So könnte man die Bildlegende wörtlich mit „Sie haben bereits einen Sitzplatz gefunden“ oder literarisch mit „Sie haben bereits Gesetztheit erlangt“ übersetzen. Das Thema der Radierung ist entsprechend die Kritik an der Unbesonnenheit der Jugend.
In vielen Kommentierungen wird betont, dass es leichtfertigen Mädchen oder Frauen an Gesetztheit fehle, und sie diese niemals erlangen konnen, wie beispielsweise die Kommentierung Ayala [A26] zeigt: „Las niñas casquivanas tendran asiento quando se le pongan sobre la cabeza.“ (Die leichtfertigen Mädchen werden Gesetztheit erlangen, wenn man ihnen einen Stuhl auf den Kopf setzt). Nur die Mädchen werden in den Blick genommen, nicht dagegen die Reaktion der beiden Männer auf sie, die auf der Radierung ebenfalls gezeigt wird.
In anderen Kommentierungen findet sich der Hinweis, dass die jungen Mädchen ihre Körper entdecken, ihre Freude am Entkleiden und die Entdeckung der sexuellen Lust jedoch ihre Wahrnehmungsfähigkeit einschränke – wodurch sie durchaus in Gefahr geraten könnten. Ein Beispiel hierfür bietet der zweite Satz der Kommentierung Biblioteca Nacional de España [BNE26]: „Muchas mugeres solo tendran juicio, ó / asiento en sus cabezas, cuando se pongan las sillas / sobre ellas. Tal es el furor de descubrir su medio cu-/erpo, sin notar que los pillastrones se burlan de ellas.“ (Viele Frauen werden Urteilsvermögen oder Gesetztheit in ihren Köpfen erlangen, wenn sie sich Stühle darauf stellen. So groß ist die Verzückung bei der Enthüllung ihrer Körpermitte, dass sie nicht bemerken, dass die Gauner sich über sie lustig machen).

Capricho 27

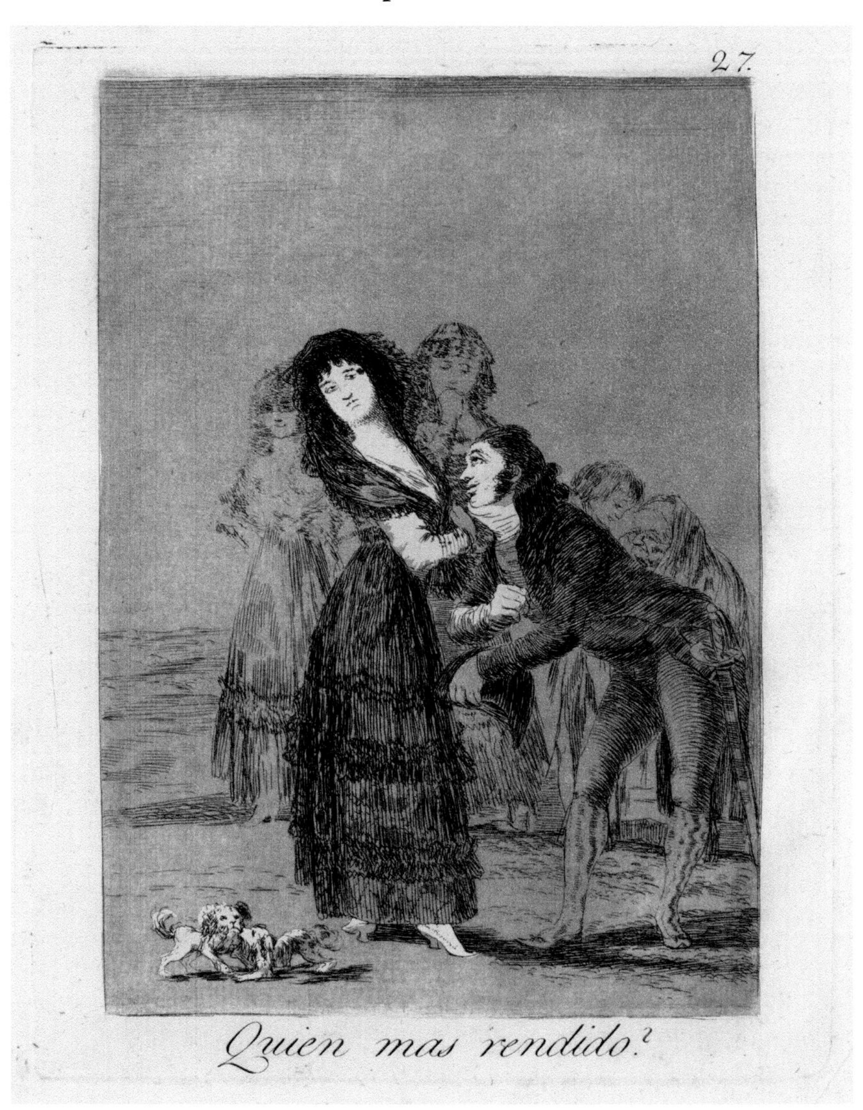

Capricho 27 zeigt einen Galan, der sich vor einer Frau verbeugt und ihr den Hof macht. An ihrer Körperhaltung und ihrem Gesichtsausdruck kann man sofort ihre ablehnende Reaktion erkennen. Die Szene wird gedoppelt durch das Techtelmechtel der Schoßhündchen, die bei den wohlhabenden Damen zu Goyas Zeiten beliebt waren. Im Hintergrund sind mehrere Frauen zu sehen, die das Geschehen beobachten. Die Bildlegende lautet „Quien mas rendido?“ (Wer ist unterwürfiger?), womit der Betrachter dazu aufgefordert wird, sich eine Meinung zu bilden: das Paar oder die beiden Schoßhunde, oder nur jeweils ein Partner ...?

In einigen Kommentierungen der Goya-Linie und der Kommentierung Ayala [A27] wird der auf der Radierung abgebildete Mann mit Goya, die Frau mit der Herzogin von Alba identifiziert, ohne dass dies weiter erläutert wird: „La Duquesa de Alva y el Autor“ (Die Herzogin von Alba und der Autor).

In den übrigen Kommentierungen lassen sich unterschiedliche Antworten auf die Frage der Bildlegende ausmachen: Nach der ersten Lesart nehmen Mann und Frau sich nichts, wie beispielsweise in der Kommentierung Prado [P27] deutlich wird: „Ni uno ni otro. El es un charlatan de amor que a todas dice lo mismo y ella / esta pensando en evacuar 5 citas q.^{e} tienedadas entre 8 y 9 y son las 7 y ½.“ (Keiner von beiden. Er ist ein Scharlatan der Liebe, der allen das Gleiche sagt, und sie denkt daran, fünf Verabredungen einzuhalten, die sie zwischen 8 und 9 Uhr hat, und es ist schon 7 Uhr 30). Der Mann, der als Liebesscharlatan charakterisiert wird, behandelt alle Frauen als Objekt seiner Begierde, indem er sie stets mit denselben Worten umgarnt. Die Frau legt sich nicht fest, denn ihr stehen potentiell viele Liebhaber zur Verfügung, und sie ist bemüht, ihre zahlreichen Verabredungen in kürzester Zeit der Reihe nach zu absolvieren.

Nach der zweiten Lesart gilt der Mann als unterwürfiger, da er sich anbiedere wie ein Hund. So lautet beispielsweise die Kommentierung Stirling Maxwell [SM27]: „Ninguno hace mas bajezas con las mugeres q.^{e} un petimetre / casquivano q.^{do} las solicita. Los perros falderos no hacen mas.“ (Niemand biedert sich bei Frauen mehr an als ein leichtfertiger Fatzke, wenn er sie umwirbt. Die Schoßhunde tun nichts anderes).

Capricho 28

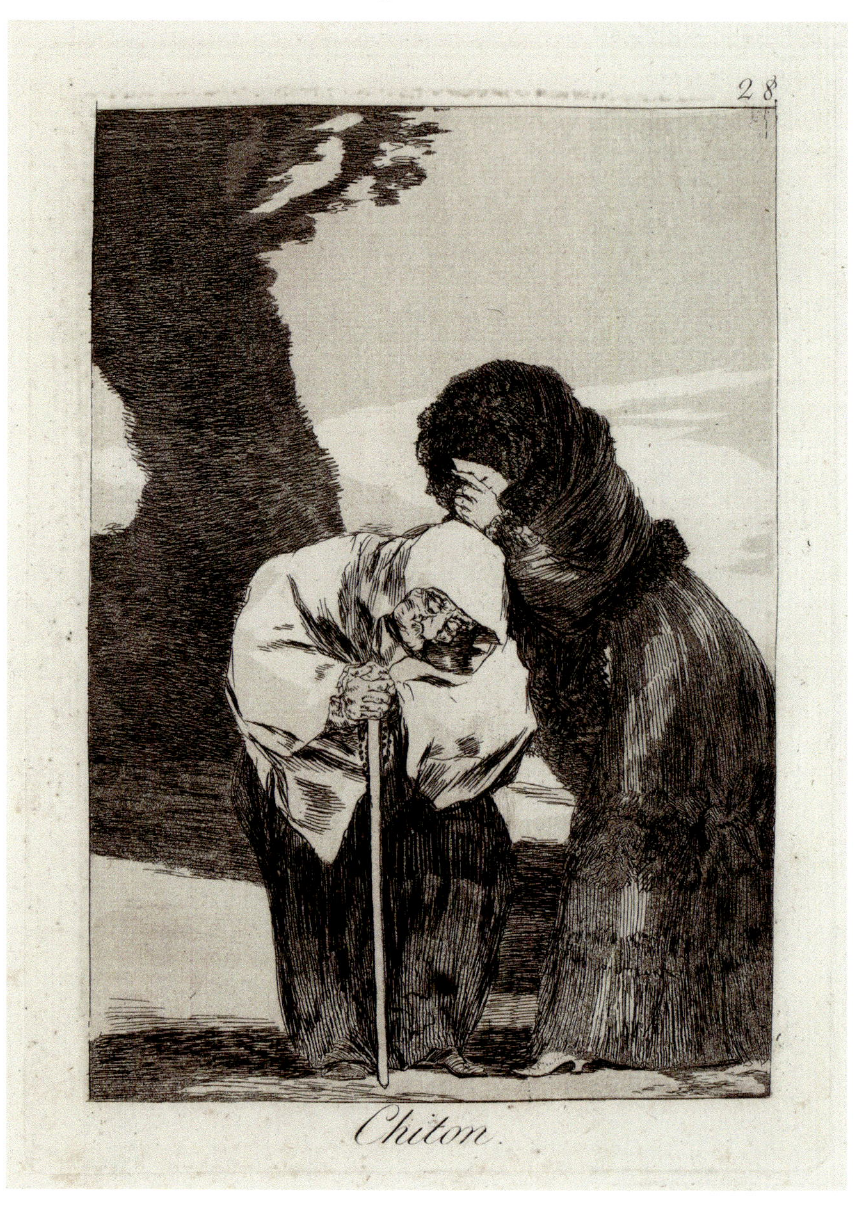

Neben einer alten Frau, die sich mit gefalteten Händen auf einen Stock stützt und dabei einen Rosenkranz festhält, steht eine verhüllte junge Frau, die sich den Zeigefinger auf den Mund legt. Um was es in *Capricho 28* geht, erschließt sich dem Betrachter nicht direkt. Entsprechend der Haltung der beiden Frauen gewinnt man den Eindruck, dass die junge Frau der alten vertrauliche Dinge mitteilt. Hierauf deutet auch die Bildlegende „Chiton.“, die man im Deutschen mit *Still* oder onomatopoetisch mit *Pst* wiedergeben kann.
Auch alle handschriftlichen Kommentierungen weisen darauf hin, dass es sich hier um eine Zusammenkunft handelt, bei der eine vertrauliche Angelegenheit besprochen wird. In der Kommentierung Ayala [A28] wird die auf der Radierung dargestellte Szene als Beispiel für eine Vorgehensweise interpretiert, die unter Frauen weit verbreitet war und beim Werben um die Gunst des Mannes zur Anwendung kam: „Las Señoras de distincion se valen á veces de aquellas viejas miserables q.[e] están á / las puertas de las Yglesias, para llebar billetes de amor“ (Die Frauen von Stand bedienen sich zum Überbringen von Liebesbriefchen manchmal der Hilfe jener erbärmlichen alten Frauen, die an den Türen der Kirchen stehen). Die alte Frau soll also Liebesbriefchen überbringen, die junge Frau ist demnach von hohem Stande und bedient sich der Alten als Botin. Das Treffen zwischen den beiden Frauen wird vor den Türen einer Kirche situiert, so dass die Liebeshändel und Kupplerdienste unter dem Deckmantel vermeintlicher Frömmigkeit abgewickelt werden.
In anderen Kommentierungen wird lediglich ausgeführt, dass die alte Frau für vertrauliche Angelegenheiten die richtige sei, so beispielsweise in der Kommentierung Kollektiv [K28]: „Excelente Madre para un encargo de confianza.“ (Genau das richtige Mütterchen für eine vertrauliche Angelegenheit). Hier steht also nur die Alte im Fokus der Betrachtung. Um welche vertraulichen Angelegenheiten es sich handelt, bleibt hingegen offen.

Capricho 29

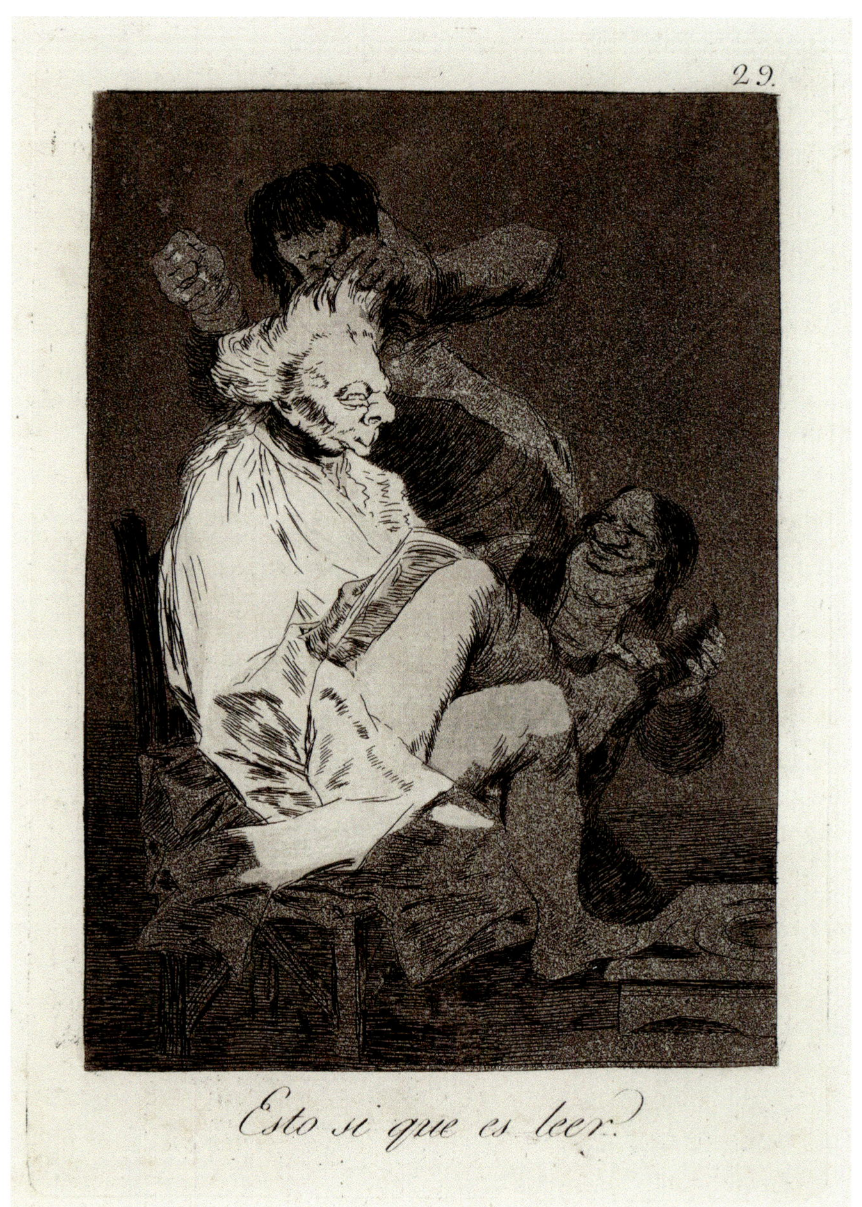

Ein alter Mann sitzt mit geschlossenen Augen und verschränkten Beinen auf einem Stuhl und hat ein offenes Buch auf seinen Knien liegen. Sein linker Fuß ruht auf einem Kohlebecken (*brasero*). Der Mann links hinter ihm frisiert ihn, der Mann rechts zieht ihm einen Schuh an oder aus. Doch was wird hier kritisiert? In welchen Kontext könnte man die Szene einordnen? Die Bildlegende lautet „Esto si que es leer." (Genau das nennt man Lesen). Die Ironie oder Absurdität erschließt sich, wenn man genau hinsieht: Der alte Mann tut nur so, als würde er lesen, denn er hat die Augen geschlossen. Hier wird also eine intellektuelle Tätigkeit vorgetäuscht, die gar nicht ausgeübt wird. In Wirklichkeit tut der Mann nichts, sondern lässt die anderen arbeiten.
In der Kommentierung Ayala [A29] wird die Darstellung der Radierung auf die höchsten Regierungsmitglieder, die Minister, bezogen, deren Arbeitsmoral und Amtsführung im Allgemeinen kritisiert werden: Statt verantwortungsvoll ihren Geschäften nachzugehen, kümmern sie sich nur um ihr eigenes Wohl. Zudem wird noch kritisiert, dass die Minister vorgeben, selbst noch in ihrer Freizeit zu arbeiten; der Witz liegt darin, dass sie sich aber auch in ihrer Arbeitszeit dem Nichtstun widmen.
In einigen Kommentierungen wird der schlafende Mann mit dem mächtigen Premierminister Manuel de Godoy identifiziert, der als notorischer Faulenzer charakterisiert wird. Dagegen wird in der Kommentierung Otro Comentario [OC2-29] eine Identifikation mit zwei anderen möglichen Personen vorgeschlagen: entweder mit dem Marqués de Revillagigedo oder dem Duque de Parque. Mit ersterem ist wohl Juan Vicente Güemes Pacheco de Padilla (1738-1799), II. Conde de Revillagigedo, gemeint, mit letzterem Vicente María de Cañas y Portocarrero, VI. Duque del Parque (1749-1824). Letzterer sei dafür bekannt gewesen, nur die Zeit des Frisierens zu nutzen, um sich zu bilden. Ironisch wird zudem darauf verwiesen, dass die wenigen Kenntnisse, die er auf diese Art und Weise erwerben konnte, schon ausreichten, dass ihn die spanische Regierung mit diplomatischen Missionen betraute.
Capricho 29 ist also eine Kritik an der geringen Bildung hochrangiger Politiker, gleichzeitig aber auch an dem Hochmut und der Geltungssucht angeblich Gebildeter. Diese werden dadurch charakterisiert, dass ihr Lektürepensum lediglich die Zeit ihrer Toilette umfasst, die sie von ihren Dienern besorgen lassen.

Capricho 30

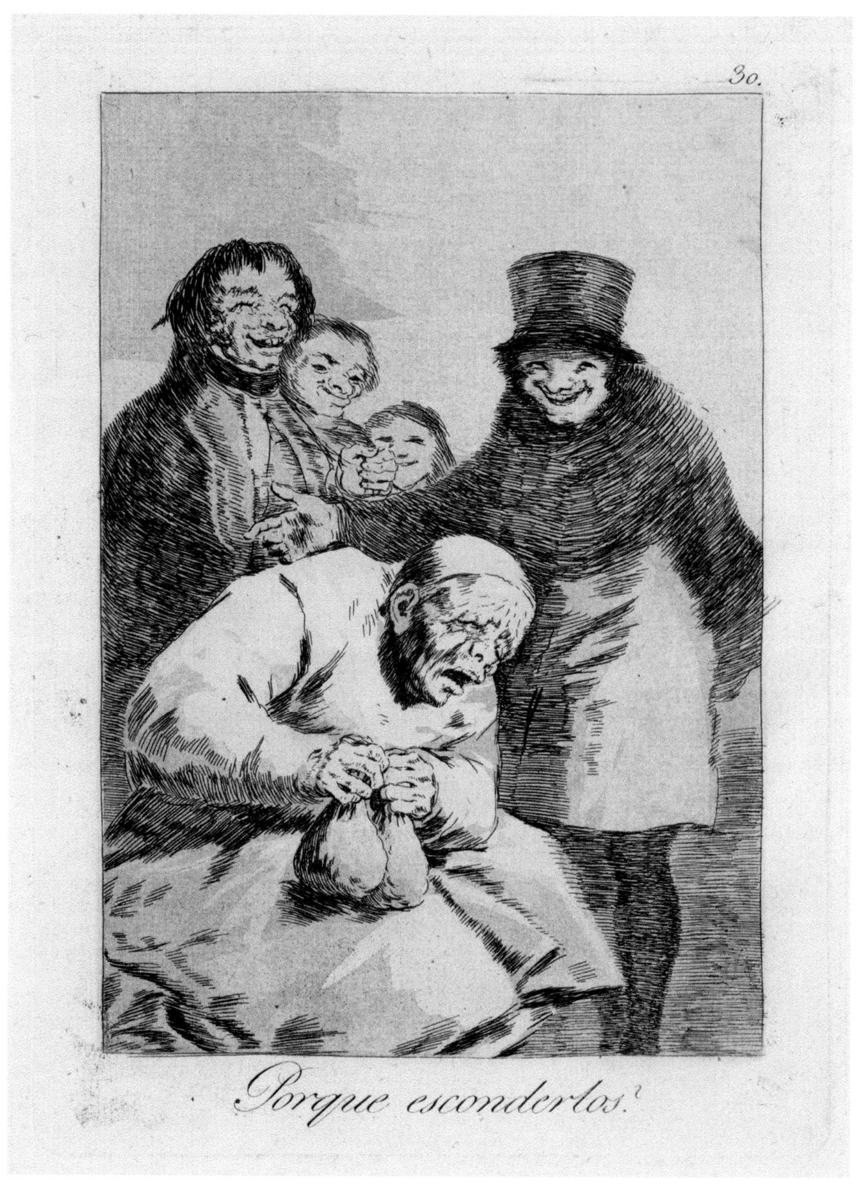

Ein alter Mann umklammert zwei Geldsäcke. Es sieht so aus, aus würden die Umstehenden den alten Mann verspotten und verlachen. Aber warum tun sie das? Die Bildlegende lautet: „Porque esconderlos?“ (Warum sie verstecken?) und bezieht sich offensichtlich auf die Geldsäcke. Doch die Bildlegende liefert erstmal keine Antwort auf die Frage nach dem Sinn und dem Kontext der Radierung.
In den handschriftlichen Kommentierungen finden sich dann mehrere Deutungen: In einigen Kommentierungen wird als Thema die Bereicherung des Klerus auf der einen Seite und der Geiz der Kleriker auf der andern Seite kritisiert. Der alte Mann wird als Bischof identifiziert, der vergeblich versucht, sein Geld zu verstecken. Die Kommentierung Ayala [A30] lautet: „Obispo avaro. Envano esconde sus talegas rodeandole Sobrinos y otros Sacristanes.“ (Geiziger Bischof. Vergebens versteckt er seine Beutel, umringt von Neffen und anderen Kirchendienern). Die Charakterisierung des Bischofs als geizig scheint befremdlich, da Geiz (*avaritia*) eine der sieben Todsünden ist und ihm damit eine wesentliche Tugend, die einen guten Christ ausmacht, fehlen würde. Wie es der Bischof überhaupt zu so viel Reichtum gebracht hat, bleibt offen. Zudem werden Neffen und Kirchendiener genannt, die es auf das Geld des Bischofs abgesehen haben. Demnach sind Neid und Missgunst (*invidia*), die eine weitere Todsünde darstellen, unter Klerikern weit verbreitet. Dass des Weiteren die Neffen des Bischofs erwähnt werden, lässt darauf schließen, dass er sich während seiner Amtszeit des Nepotismus (Vetternwirtschaft) schuldig gemacht hat.
In anderen Kommentierungen findet sich eine alternative Interpretation, in der nicht der Klerus im Fokus der Kritik steht, denn hier geht es ganz allgemein um richtiges Verhalten und eine angemessene, vernünftige Lebensführung: Es heißt hier über den Mann, dessen Alter konkret mit 80 Jahren angegeben wird, er glaube, dass er noch lange leben würde, obwohl er tatsächlich nur noch einen Monat zu leben hat. Dieser Irrglaube verleite ihn dazu, mit Argusaugen über sein Geld zu wachen, da er Angst hat, dass es ihm ausgehen könnte. Dies lässt sich als Kritik am Geiz im Alter, aber auch als Hinweis auf das Lebensmotto *Carpe diem* verstehen, was so viel meint, wie dass man das Leben genießen und nutzen sollte, statt materielle Güter für eine ungewisse Zukunft anzuhäufen, denn das letzte Hemd hat keine Taschen.

Capricho 31

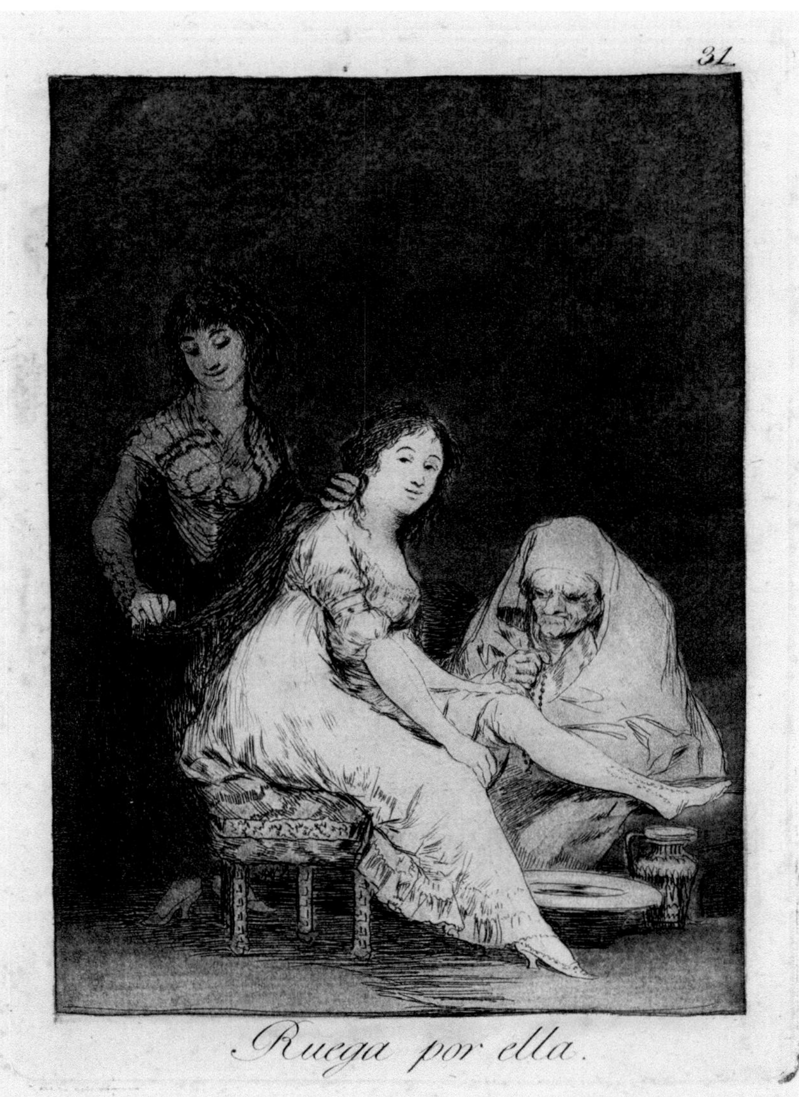

Auf *Capricho 31* streckt eine Frau ihr entblößtes Bein über einem Wasserbecken aus, eine Alte betet den Rosenkranz, eine junge Frau kämmt ihr die Haare. Die Bildlegende „Ruega por ella." (Sie betet für sie) bezieht sich auf die alte Frau. Hier stellt sich die Frage, wieso sie für die junge Frau beten muss.
In der Kommentierung Ayala [A31] wird die alte Frau als Mutter und Kupplerin identifiziert, die für das Glück ihrer Tochter betet: „Una madre que llega á ser alcagueta de su hija ruega á Dios la dé fortuna y la li-/bre de todo mal de cirujanos y alguaciles." (Eine Mutter, die zur Kupplerin ihrer Tochter wird, bittet Gott, dass er ihr Glück bringen und sie von allem Bösen von Chirurgen und Gerichtsdienern befreien möge). Zum einen wünscht sie ihr, dass sie von ungewollten Schwangerschaften und Krankheit verschont bleibt, denn mit „el mal" (das Böse), *mal francés* oder *mal de Francia* (Franzosenkrankheit) wurde im 18. und 19. Jahrhundert die Syphilis umschrieben. Zum andern betet die Mutter auch dafür, dass die Tochter nicht mit dem Gesetz in Konflikt gerät und den Gerichtsdienern in die Hände fällt. Bei der jungen Frau handelt es sich also um eine Prostituierte, die hier für ihre Liebesdienste in jeder Hinsicht vorbereitet wird. *Capricho 31* setzt also thematisch die Reihe von *Capricho 19* bis *24* über das Leben der Prostituierten fort und ergänzt sie um einen weiteren Aspekt.
In anderen Kommentierungen hingegen wird die Radierung in eine Reihe mit *Caprichos* gestellt, die die schlechte Erziehung zum Thema haben, so etwa in der Kommentierung Stirling-Maxwell [SM31]: „Una madre q.^{e} educò mal à su hija, llega à ser su alcahueta, / y reza p.^{r} q.^{e} dios la de fortuna. Bien puede rogar p.^{r} ella." (Eine Mutter, die ihre Tochter schlecht erzogen hat, wird zu deren Kupplerin und betet, damit Gott ihr Glück beschert. Beten kann sie ja viel für sie). Auch hier werden die dargestellten Personen als Mutter und Tochter identifiziert. Es wird hervorgehoben, dass die Tochter so schlecht erzogen wurde, dass ihr nur der Weg in die Prostitution bleibt, während die Mutter nur noch für das Glück ihrer Tochter beten kann.

Capricho 32

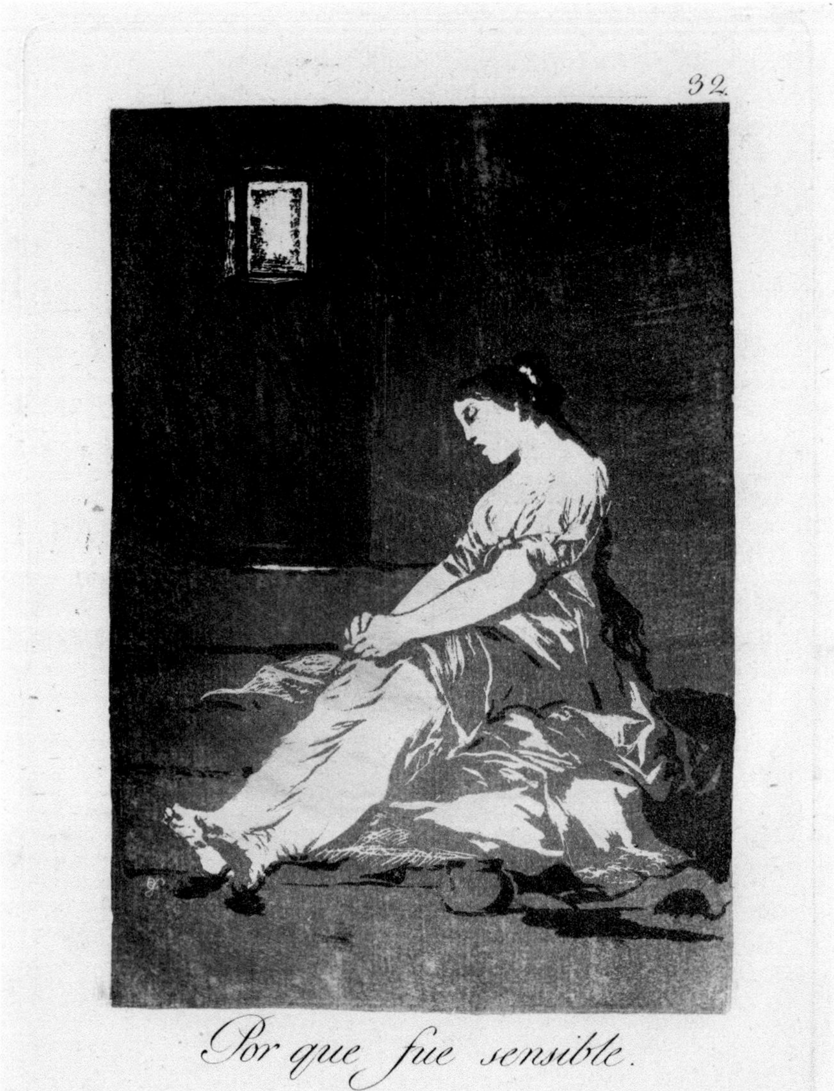

Auf *Capricho 32* ist eine Frau zu sehen, die zu schlafen scheint, jedoch dürfte es dem Betrachter schwerfallen, sich einen Kontext zu erschließen. Ruht sie sich vielleicht ein bisschen aus, bevor sie abends ausgeht? Ganz so harmlos ist die Sache leider nicht: Die junge Frau sitzt nämlich in einer dunklen Gefängniszelle. Die Bildlegende, die „Por que fue sensible." lautet, liefert einen ersten Hinweis darauf, wie es dazu kommen konnte. Folgende Übersetzungen sind möglich: *Weil sie sensibel war*, *Weil sie empfindsam war* oder auch *Weil sie empfänglich war*, *Weil sie sich zu leicht hinreißen ließ*.
Im 18. Jahrhundert wurden Mädchen, die ungewollt schwanger wurden, inhaftiert, so dass sie ihre Kinder im Gefängnis gebären mussten. Es war die übliche Praxis, die auch der Gesetzgebung entsprach, so mit unverheirateten schwangeren Frauen zu verfahren, die keine Abtreibungen vornehmen ließen. Meist wurden die Frauen im Frauengefängnis *La Galera* untergebracht, in dem desolate Zustände herrschten. Besonders brisant wird die Darstellung der jungen Frau in *Capricho 32* erst durch die Bildlegende, denn mit dem Begriff *sensible* wird ein weites Spektrum an Gründen für die Schwangerschaft des Mädchens eröffnet. Hierdurch wird eine kritische Reflexion über die moralische Beurteilung solcher Mädchen, aber auch über den Umgang mit ihnen angeregt.
In zahlreichen handschriftlichen Kommentierungen wird die Frage nach der Schuld und der moralischen Beurteilung der inhaftierten Mädchen in Form von einer allgemeinen Lebensweisheit weiter ausgeführt: Hier heißt es, dass es in der Welt Höhen und Tiefen gibt. Mit dem Hinweis auf die Macht des Schicksals wird die Frage aufgeworfen, inwieweit Menschen für ihren Werdegang verantwortlich sind.
Eine ganz andere Interpretation findet sich in der Kommentierung Ayala [A32]. Hier wird auf einen konkreten, seinerzeit aufsehenerregenden Kriminalfall in Madrid verwiesen: Die junge Frau wird als Ehefrau eines gewissen Castillo identifiziert. Mit der Ehefrau von Castillo war die zweiunddreißig Jahre alte María Vicenta Mendieta gemeint, die ihren Geliebten Santiago de San Juan dazu verleitet haben soll, ihren reichen Ehemann Francisco de Castillo am 9. Dezember 1797 zu ermorden, und ihm dabei sogar tatkräftig geholfen haben soll. María Vicenta Mendieta und Santiago de San Juan wurden am 23. April 1798 öffentlich hingerichtet.

Capricho 33

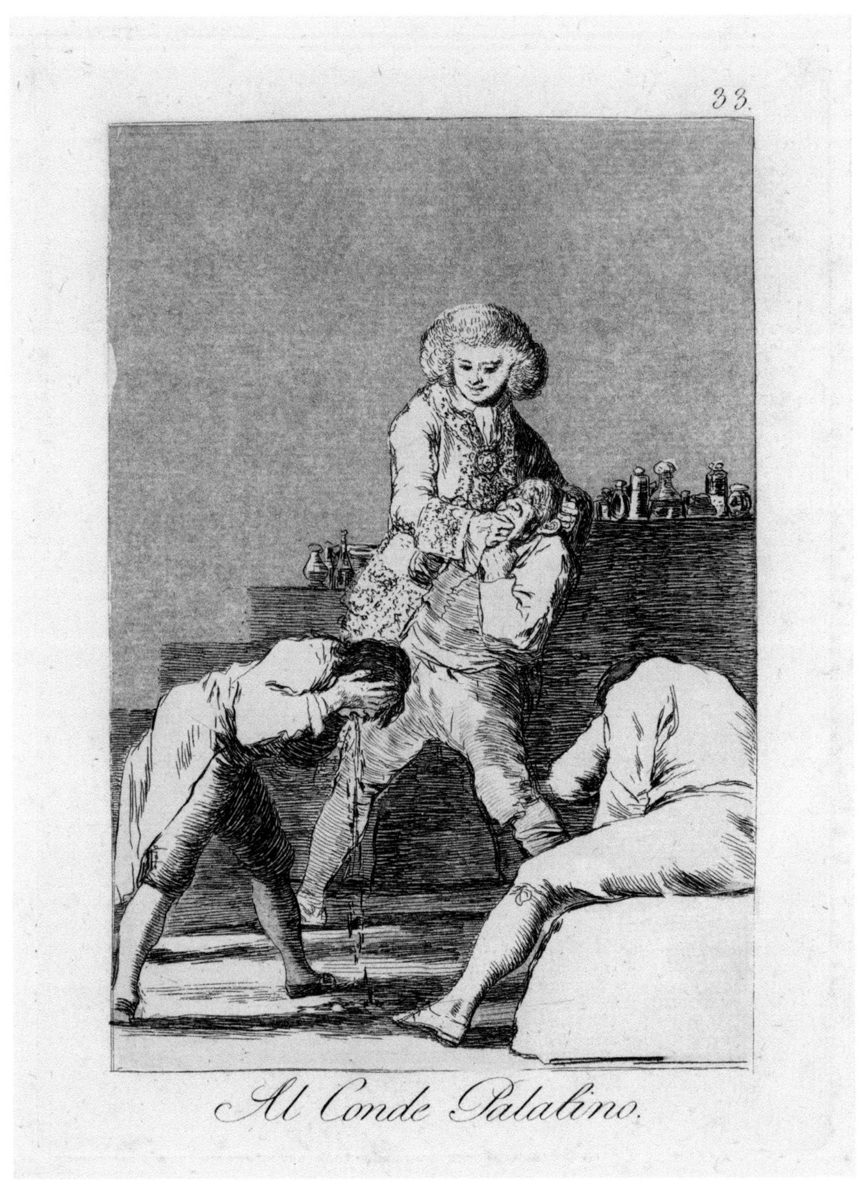

Auf *Capricho 33* sieht man Männer, die scheinbar beim Zahnarzt sind. Darauf deutet auch die Bildlegende „Al Conde Palatino." (Zum Pfalzgrafen) hin. Der *Conde Palatino* war ursprünglich die Bezeichnung für einen hohen Würdenträger am Hof von Karl dem Großen, dem auch juristische Aufgaben oblagen. In Anlehnung an das italienische Wort *palatino* (Gaumen) lässt sich auch ein direkter Bezug zum Beruf des Zahnarztes erkennen. Fragt sich nur, warum es den Patienten so schlecht geht – vielleicht weil es damals noch kein Betäubungsmittel gab?

Tatsächlich handelt es sich bei dem vornehm gekleideten Mann, der gerade einen Patienten behandelt, um einen Quacksalber. Im 18. Jahrhundert wurde die Medizin in Spanien, wie auch in Frankreich, von studierten Ärzten eher als Buchwissenschaft aufgefasst. Der praktischen Arbeit am Patienten wurde nur eine geringe Bedeutung beigemessen. Dies hatte zur Folge, dass viele Kranke Quacksalbern, Scharlatanen und Hochstaplern häufig mehr vertraut haben als gelehrten Medizinern. In der Kommentierung Ayala [A33] wird als erfolgreiche Strategie für den Verkauf von Arzneien und Mittelchen angegeben, dass die Quacksalber sich als adlig ausgeben. Somit wird die Kundschaft doppelt getäuscht: durch die Vorspiegelung falscher Adelstitel der Hochstapler und durch die Arzneien selbst, die eigentlich unwirksam sind.

In einigen Kommentierungen wird die Taktik des Scharlatans näher beleuchtet: Außer der Vorspiegelung falscher Adelstitel, die den Verkauf der Arzneien begünstigen soll, gaben sich Quacksalber auch oft als ausländische Adlige aus, die angeblich verarmt waren, wodurch sie das Mitleid und die Aufmerksamkeit ihrer Kundschaft gewinnen wollten. Ein angeblicher Arzt, der aus einem vermeintlich fortschrittlich entwickelten Land kommt, in dem andere Arzneien und Behandlungsweisen angewendet wurden, weckte offenkundig mehr Vertrauen in den Kranken als das Festhalten von ansässigen Ärzten an Büchern und alt hergebrachten Methoden. Kritik wird somit sowohl an den Vorgehensweisen der Hochstapler, als auch an der Leichtgläubigkeit der Bürger und dem mangelnden Fortschrittsdenken der Ärzte geübt.

In anderen Kommentierungen wird konstatiert, dass es nicht nur, wie es in der Kommentierung Ayala [A33] heißt, in der Medizin, sondern in allen Wissenschaften unwissende, inkompetente Scharlatane gibt, die vorgeben, für alles ein Mittel zu haben. Es wird ausdrücklich davor gewarnt, ihnen zu vertrauen.

Capricho 34

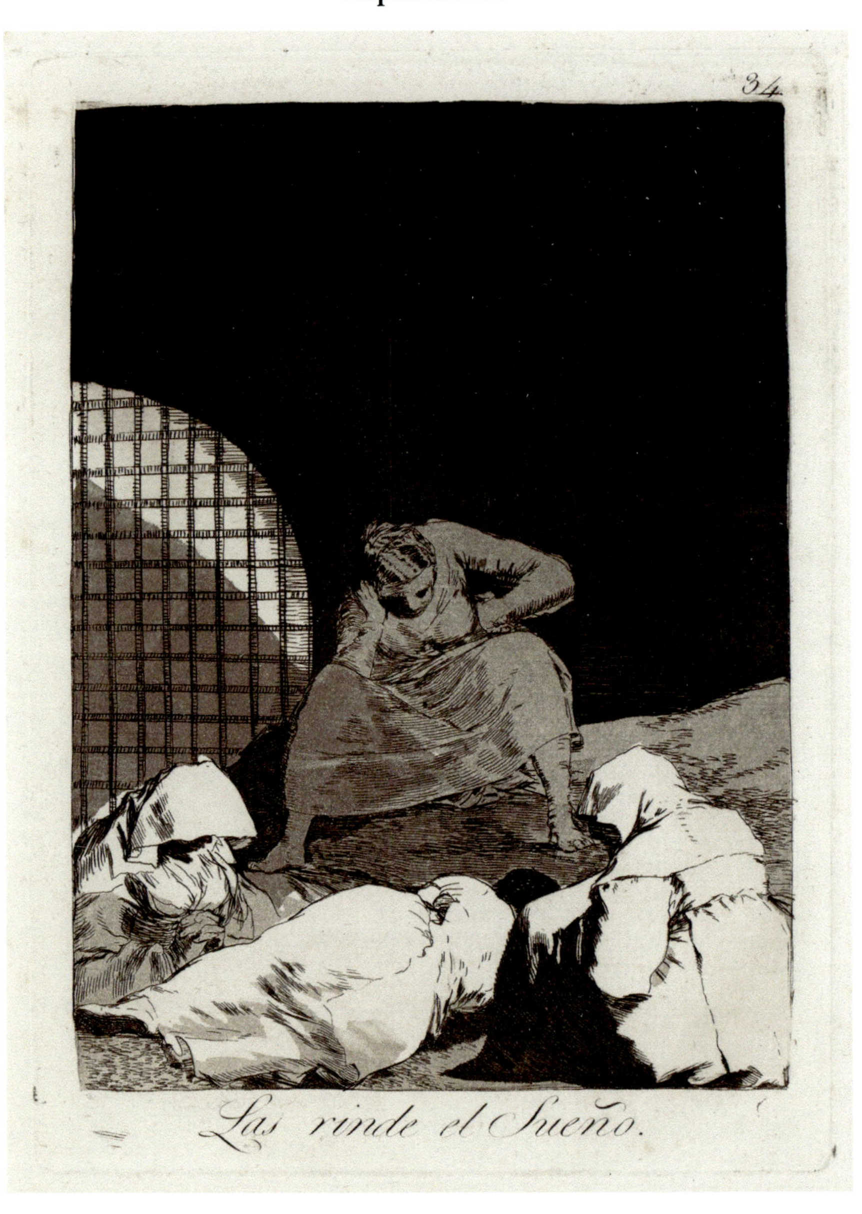

In einem dunklen Verlies sitzt eine Frau. Vor ihr befinden sich drei Frauen, von denen eine auf dem Boden liegt, während die beiden anderen hocken. Über ihre Köpfe haben sie Kapuzen gezogen. Die Bildlegende „Las rinde el Sueño." (Sie werden vom Schlaf übermannt) gibt Aufschluss über den momentanen Zustand der Frauen – es dürfte dem Betrachter dennoch schwerfallen, sich einen Kontext zu erschließen.
In der Kommentierung Ayala [A34] wird die Radierung als antiklerikale Kritik gedeutet: Es wird festgehalten, dass die Szene in einem Kloster spiele und dass Mönchen und Nonnen nichts anderes übrigbleibe, als zu schlafen, nachdem sie sich betrunken und verausgabt hätten, womit sexuelle Ausschweifungen gemeint sind. Offen bleibt, ob sich die Mönche und Nonnen nach Geschlechtern getrennt in ihren jeweiligen Klöstern betrinken und verausgaben oder ob sie es gemeinsam tun, wobei dies angesichts der eigentlich üblichen Trennung der Geschlechter in den Klöstern ungewöhnlich wäre und einem eklatanten Regelverstoß gleichkäme. Dieser Lesart folgt beispielsweise auch die Kommentierung Stirling Maxwell [SM34], in der sowohl das Gefängnis als auch das Locutorium als mögliche Orte der dargestellten Szene genannt werden. Als Locutorium wird ein Sprechzimmer in einem Benediktinerkloster bezeichnet. In diesem können Nonnen oder Mönche durch ein Gitter mit Leuten von außen kommunizieren. Hier geht die antiklerikale Kritik jedoch noch weiter, indem angedeutet wird, dass die Mönche in ein Nonnenkloster eindringen und sich mit den Nonnen vergnügen.
In den Kommentierungen Kollektiv [K34] und Prado [P34] und in der Folge in den Kommentierungen der Goya-Linie wird die Radierung weder lokalisiert noch kontextualisiert, sondern eher als Sinnbild für eine Aussage gesehen, die sich gesellschaftskritisch deuten lässt. Es wird gesagt, man solle die schlafenden Frauen nicht wecken, denn im Schlaf können die Armen und Unglücklichen Zuflucht in ihren Träumen finden und so der Realität entfliehen. Es sei ihr einziges Glück.

Capricho 35

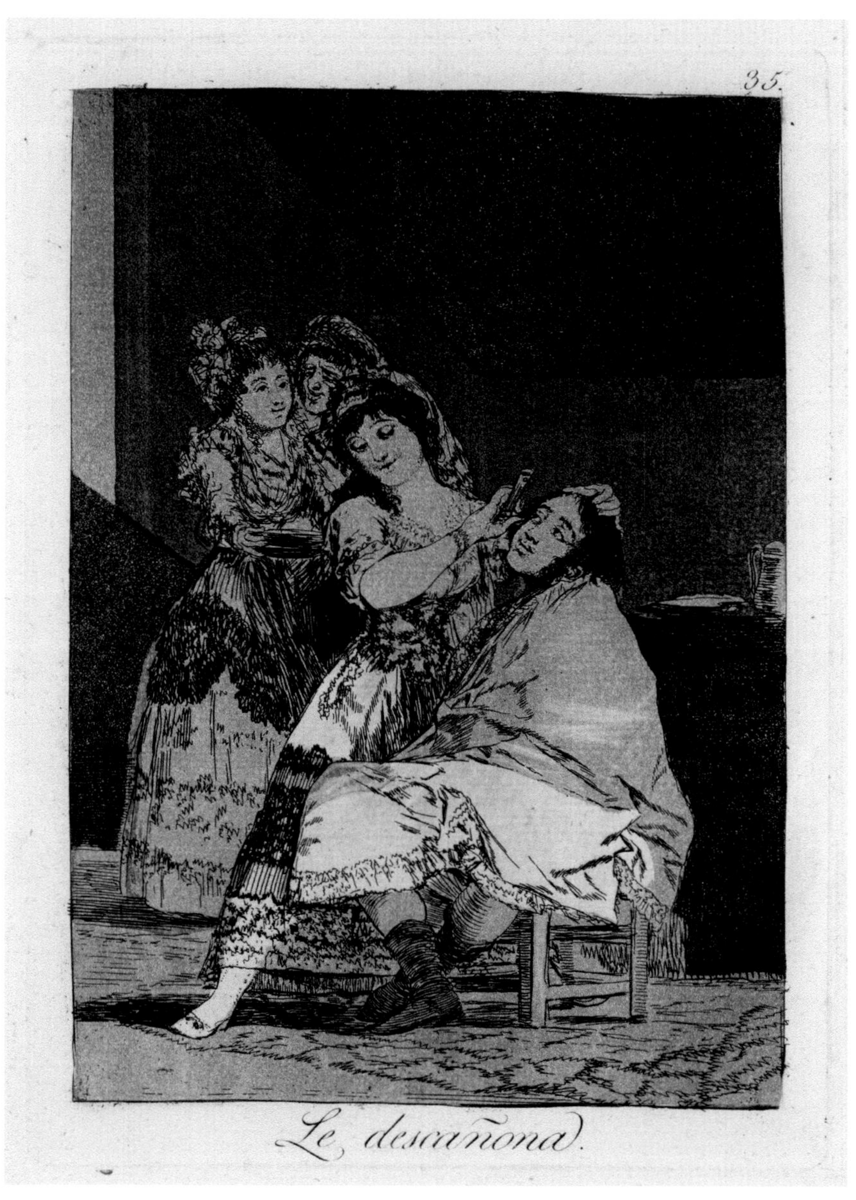

Auf *Capricho 35* wird offensichtlich ein Mann von einer Frau rasiert. Er sitzt mit gekreuzten Beinen auf einem Stuhl und schaut die junge Frau mit verliebtem Blick an – sie hält das Rasiermesser in der rechten Hand und mit der linken seinen Kopf. Die ganze Darstellung wirkt wie eine alltägliche Szene bei einem Barbier, eine gesellschaftskritische Deutung lässt sich auf den ersten Blick nicht erkennen. Erst die doppeldeutige Bildlegende „Le descañona." lässt Rückschlüsse auf das Thema der Radierung zu: Wörtlich heißt dies *Sie rasiert ihn*, im übertragenen Sinne aber meint sie *Sie nimmt ihn aus*. Es geht also um eine Frau, die einen verliebten Mann ausnimmt.
Dieses Thema wird auch in nahezu allen handschriftlichen Kommentierungen aufgegriffen. Während der Fokus in der Goya-Linie darauf liegt, dass der Mann selbst Schuld hat an seiner Situation, da er sich aus freien Stücken in die Hände einer solchen Frau begeben hat, die es nur auf sein Geld abgesehen hat, liegt er in der Stirling-Maxwell-Linie hingegen eher darauf, dass es Frauen gibt, die gezielt darauf hinarbeiten, Männer ausnehmen. Meist wird die Frau als Prostituierte identifiziert, die ihren hoffnungslos in sie verliebten Freier umgarnt. Damit wird auch diese Radierung in den Kontext des Prostitutionsgewerbes eingeordnet. Kritisiert werden sowohl die Leichtgläubigkeit der Männer, die sich von ihren Gefühlen leiten lassen, als auch die Hinterlistigkeit der Prostituierten.
In der Kommentierung Sánchez Gerona [SG35] wird hingegen eine ungewöhnliche Kommunikationssituation skizziert: „Una Mugerona Charra afeita ami Cortejo bobaliton y mele descañona lindamente" (Eine bäurische Matrone rasiert mir meinen strohdummen Verehrer und häutet ihn sanft). Die Kommentierung ist offenbar als Sprechakt einer Frau gestaltet worden, die bemerkt, dass ihr eine andere Frau ihren Liebhaber ausgespannt hat und diesen nun ausnimmt. Hier wird explizit der Verehrer der Frau als *cortejo* bezeichnet, ein spezieller Ausdruck im 18. Jahrhundert für einen Galan, der eine nicht mit ihm verheiratete Frau in der Öffentlichkeit umschwärmt, ihr Komplimente und Geschenke macht, sowie sie ins Theater, in Salons oder zu Spaziergängen begleitet. Hier wird also einerseits die Eifersucht der Frauen untereinander thematisiert, andererseits auch der Umstand, dass sie sich von solchen Galanen aushalten lassen.

Capricho 36

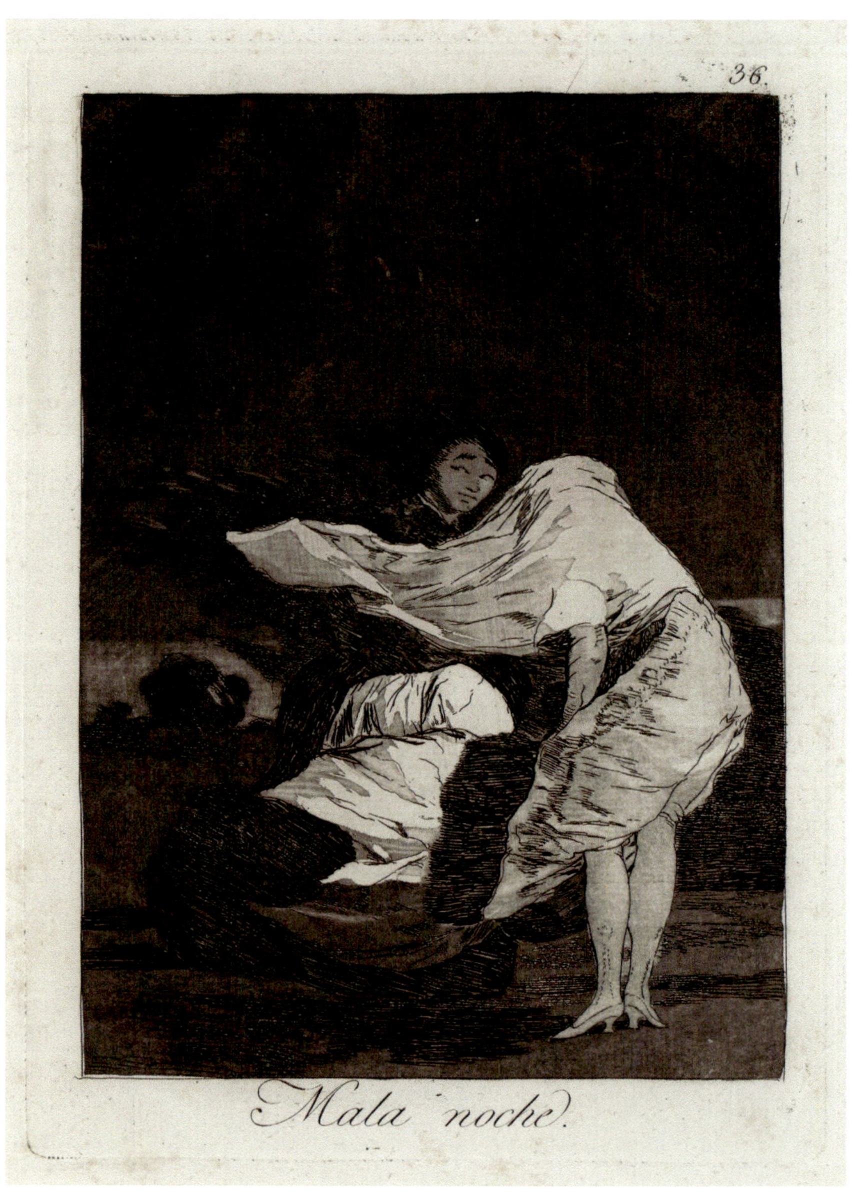

Hier werden zwei Gestalten von einem heftigen Sturm fast weggeweht, ihre Kleidung wird von einem kräftigen Windstoß wild durcheinandergewirbelt. Was jedoch das Thema von *Capricho 36* ist, bleibt zunächst offen. Die Bildlegende ist auf den ersten Blick ebenfalls wenig aussagekräftig: „Mala noche." (Schlechte Nacht). Dies ist jedoch der Anfang eines bis ins 19. Jahrhundert hinein gebräuchlichen Sprichworts: *Mala noche y parir hija* (Schlechte Nacht und eine Tochter gebären), das darauf hinweist, dass man trotz vieler Anstrengungen aufgrund von Widrigkeiten zu wenig vorteilhaften respektive schlechten Ergebnissen kommen kann. Der Hinweis auf das Gebären von Töchtern bringt zum Ausdruck, dass dies schlechter sei als das von Söhnen, die als höherwertig angesehen wurden.

Goyas Zeitgenossen haben *Capricho 36* wiederum in den Kontext des Prostitutionsgewerbes eingeordnet und entsprechend gedeutet: Einige thematisieren die widrigen äußeren Bedingungen und Schwierigkeiten, denen die jungen Frauen, die sich prostituieren, ausgesetzt sind. So wird in den meisten Kommentierungen zum Ausdruck gebracht, dass schlechtes Wetter negative Auswirkungen auf die Geschäfte habe, denn bei schlechtem Wetter bleiben die Freier zu Hause.

Andere greifen die Bildlegende als Anfang des Sprichwortes auf und beziehen diese, mit Blick speziell auf das Paket, das die eine Frau im Arm hält, wörtlich auf die Radierung: Es wird angedeutet, dass es sich bei dem Paket um ein in Decken gewickeltes Neugeborenes handeln könnte. Demnach zeigt die Radierung nicht nur die widrigen Bedingungen der Prostitution, sondern auch deren Folgen in Form einer ungewollten Schwangerschaft.

In wenigen Kommentierungen wird die dargestellte Szene politisch gedeutet und als Anspielung auf das ungebührliche Verhalten der Königin Maria Luisa aufgefasst, was auf ein Gerücht zurückgeht, nach dem die Königin wohl nachts häufiger mit ungeordneten Kleidern in den Palast zurückgekehrt sei. Dieser Umstand hat dazu geführt, dass zahlreiche Spekulationen über das Liebesleben von Königin Maria Luisa entstanden sind.

Capricho 37

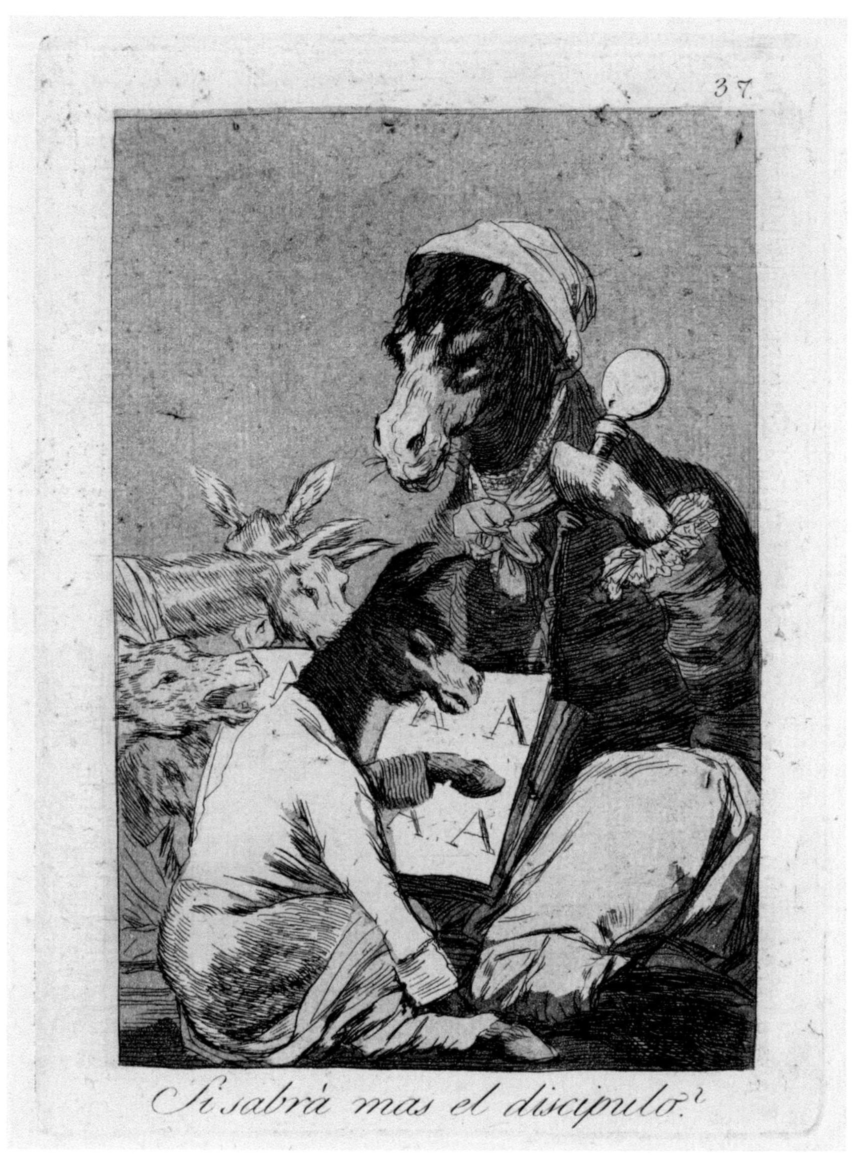

Auf *Capricho 37* ist ein großer bekleideter Esel zu erkennen, der eine Art Lupe mit dem linken Huf festhält, an deren Griff zwei zusammengeknotete Schnüre befestigt sind, so dass die Lesehilfe durchaus auch als Peitsche eingesetzt werden könnte. Er unterrichtet offensichtlich mehrere kleine Esel, die ihn umringen. Einer von ihnen sitzt vor einem großen Buch, in dem nur der Buchstabe A als Majuskel abgedruckt ist. Zu Recht könnte man vermuten, dass es sich hier um eine Satire auf die Dummheit von Lehrern und Schülern handelt.

Die Bildlegende lautet „Si sabrá mas el discipulo?" (Ob der Schüler wohl mehr weiß?). Die rhetorische Frage beinhaltet bereits eine Spitze gegen das Bildungsniveau von Lehrern. Die Kommentierung Ayala [A37] ist aphoristisch und liefert eine Antwort auf die Bildlegende: „Los Maestros burros no pueden sacar mas que borriquillos." (Die Eselmeister können nicht mehr hervorbringen als Eselchen). Kritisiert werden die unzureichenden Kompetenzen der Lehrer, die so ihre Schüler nur ungenügend ausbilden können. Darüber hinaus wird aber auch die gesellschaftliche Akzeptanz dieses Missstandes kritisiert, indem darauf hingewiesen wird, dass es wohl reicht, dass der Lehrer lediglich einen seriösen Eindruck macht, damit er als qualifiziert genug gilt, die Schüler zu unterrichten.

In manchen Kommentierungen wird der Schüler mit Manuel de Godoy identifiziert, der Lehrer mit Männern, die für die politische und diplomatische Unterweisung des jungen Günstlings verantwortlich waren. Als solche werden namentlich Acuña, Barradas und Mollinedo genannt. Pedro de Acuña y Malvar (1755-1814) war von 1792 bis 1794 Staatssekretär und seit 1794 Staatsrat. Er war ein Günstling Godoys. Antonio Barradas y Baeza war von 1791 bis 1802 Generalinspekteur der Kavallerie. Francisco de Mollinedo war Beamter im Außenministerium. Hierbei handelt es sich also um eine zeitgebundene politische Lesart, die eine genaue Kenntnis der Verhältnisse am spanischen Königshof voraussetzt.

Capricho 37 eröffnet einen Reigen von sechs Eselsdarstellungen, in denen jeweils ganz unterschiedliche gesellschaftskritische Themen in die Welt der Langohren versetzt werden.

Capricho 38

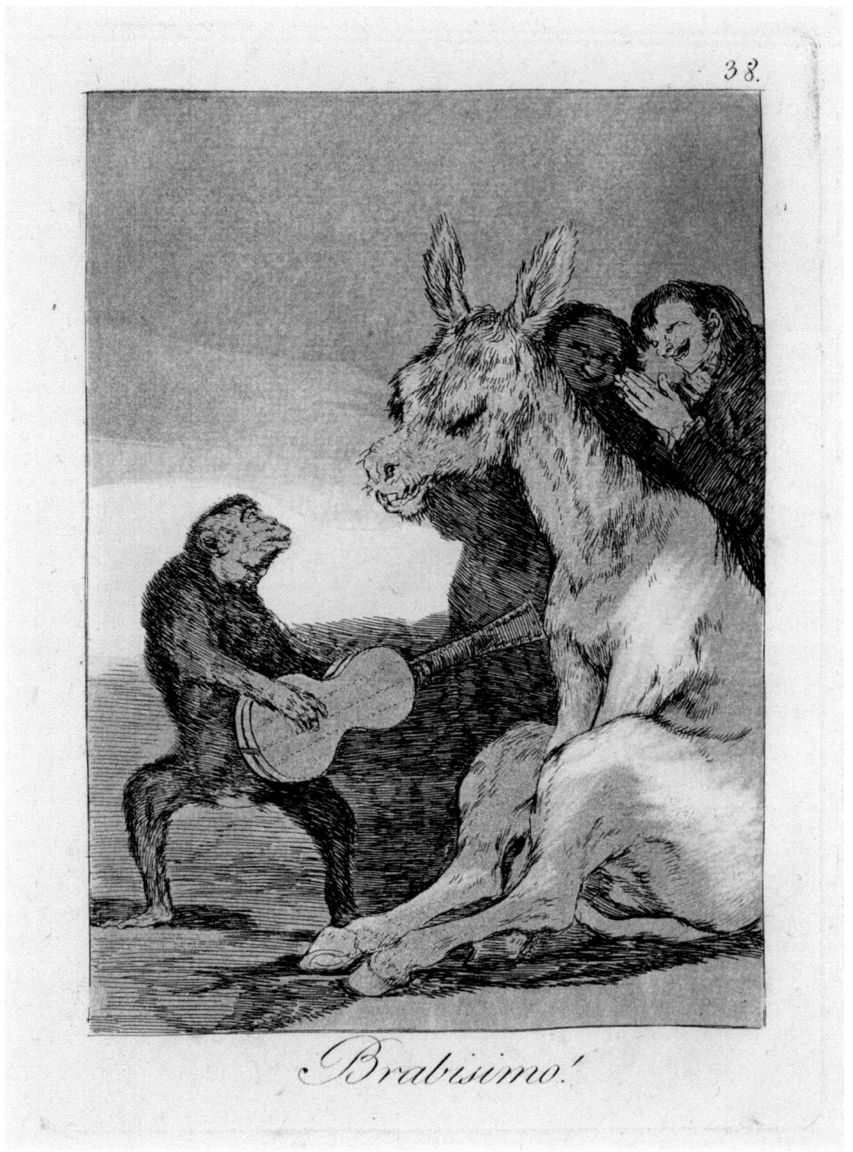

Hier sieht man einen Affen, der für einen Esel musiziert, welcher wiederum begeistert in die Hufe klatscht. Die Kritik, die sich in dieser Darstellung verbirgt, mag auf den ersten Blick nicht direkt erkennbar sein. Dass es sich um kein normales Konzert handelt, lässt sich daran erkennen, dass der Affe die Gitarre auf der Rückseite spielt – also den Saiten des Instruments keine Töne entlockt werden können. Dennoch klatscht der Esel. Die Bildlegende lautet passend „Brabisimo!" (Bravissimo!), ein Ausruf, mit dem das Publikum für gewöhnlich einem erstklassigen Musiker nach seiner mitreißenden und virtuosen Darbietung die höchste Anerkennung zollt.
Einige Zeitgenossen Goyas sehen die Szene in einem größeren kulturpolitischen Kontext: In zahlreichen Kommentierungen wird Kritik an wohlhabenden Menschen geäußert, die sich damit brüsten, dass sie als großzügige Mäzene die Kunst fördern, denn gerade diese Menschen seien es, die am wenigsten von Kunst verstünden. Dies könnte auch als eine Anspielung auf den engagierten Kunstmäzen Manuel de Godoy gemeint sein.
In anderen Kommentierungen wird allerdings nicht der Esel, sondern der Affe mit Godoy identifiziert, der Esel dagegen mit König Karl IV. Einem Gerücht zufolge soll Godoy durch sein Gitarrenspiel und seinen Gesang die Gunst des Königspaars erlangt haben. Doch in seinen Memoiren wehrt sich Godoy heftig gegen solche Vorwürfe.
Andere Kommentatoren erläutern, dass die Musikdarbietung dem Musiker lediglich als Vorwand dient, um seine Gönner zu treffen und Schmeicheleien auszutauschen. Es geht also nicht um die Kunst, sondern um die Verfolgung eigennütziger Interessen.
Die kritische Deutung der Kommentierung Stirling Maxwell [SM38] setzt an einem anderen Punkt an: „Los mentecatos que no entienden de musica aplau-/den todo lo que se toca, por hacer de hombres de / gusto, aunque el instrumento le toque un moni-/caco, al rebes, y con la zurda." (Die Schwachköpfe, die nichts von Musik verstehen, beklatschen alles, was gespielt wird, um als Männer mit Geschmack zu gelten, obwohl ein Nichtsnutz das Instrument spielt, verkehrt herum und mit der Linken). Der *hombre de gusto* (Mann mit Geschmack) galt als gesellschaftliches Ideal. Hier werden also Männer kritisiert, die vorgeben, Kunstverständnis zu besitzen, nur um als Mann von Welt zu gelten.

Capricho 39

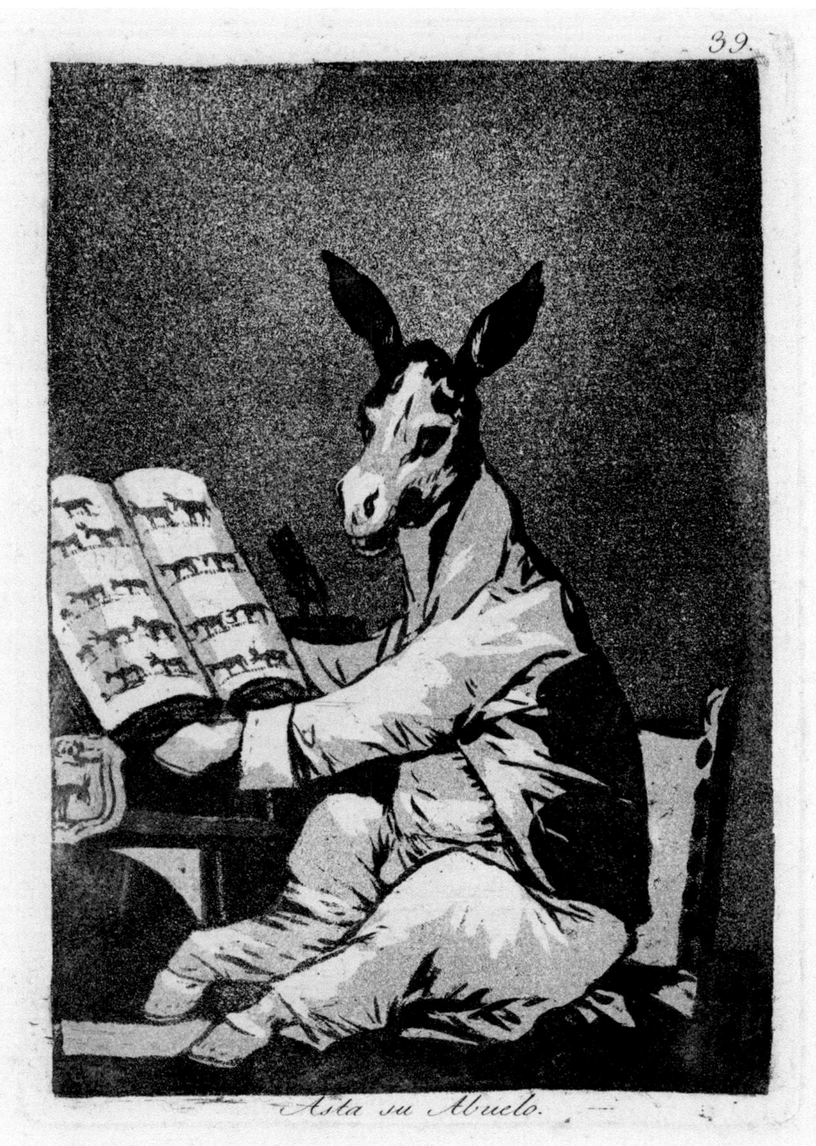

Ein bekleideter Esel liest in einem Buch, in dem kleine Esel abgedruckt sind. Dem Betrachter dürfte klar sein, dass auch diese Radierung einen gesellschaftskritischen Aspekt enthält – der sich allerdings kaum ohne weitere Hinweise erschließen lässt. Es geht in *Capricho 39* um das Thema Abstammung, bei dem Buch handelt es sich um die Genealogie einer Eselsfamilie. Am linken Bildrand ist an der Tischkante passend ein Wappen abgebildet, auf dem auch ein Esel zu sehen ist. Adelsbuch und Wappen waren Attribute einer adligen Familie. Die Bildlegende lautet „Asta su Abuelo." (Bis zu seinem Großvater) und gibt Aufschluss darüber, bis zu wem sich seine Herkunft bestimmen lässt.

In der Kommentierung Ayala [A39] zielt die Kritik auf die in der Gesellschaft weit verbreitete Gier ab, Adelsprädikate zu erwerben und als adlig gelten zu wollen. Dass die Menschen geradewegs verrückt danach waren, sich einer adligen Abstammung zu rühmen, wird dadurch zum Ausdruck gebracht, dass der Esel als verrückt bezeichnet wird. Als diejenigen, die ihn verrückt machen, werden Ahnenforscher und Wappenkönige genannt. Der Wappenkönig hatte die Aufgabe, die Wappenrolle eines Adelshauses zu führen. Später war der Wappenkönig eine Institution in der Heraldik, dem die Zuweisung, Überprüfung und Zertifizierung von Wappen oblag. Noch im 18. Jahrhundert war in Spanien der Nachweis adliger Abstammung und der *limpieza de sangre* (Reinheit des Blutes), mit der sich sogenannte Alt-Christen gegenüber neu konvertierten Christen, die vormals dem jüdischen oder muslimischen Glauben angehörten, absetzten, wichtig für gesellschaftliches Ansehen und beruflichen Aufstieg.

Andere Zeitgenossen Goyas kritisieren eher, dass es Menschen gibt, die einen Adelstitel geerbt haben, sich aber nicht entsprechend ihrer noblen Herkunft verhalten, sondern sich lediglich des Titels rühmen. Zudem wird kritisiert, dass das Volk sich von ihrem Titelgehabe blenden lässt. In der satirischen Literatur war der Adlige, der nur sein Adelsbuch studiert, aber keine eigenen Leistungen vollbringt, ein beliebtes Thema.

In manchen Kommentierungen wird die Radierung als Satire auf Manuel de Godoy verstanden, für den man angeblich einen Stammbaum erstellt hat, der seine Abstammung bis auf die Gotenkönige nachweisen sollte.

Capricho 40

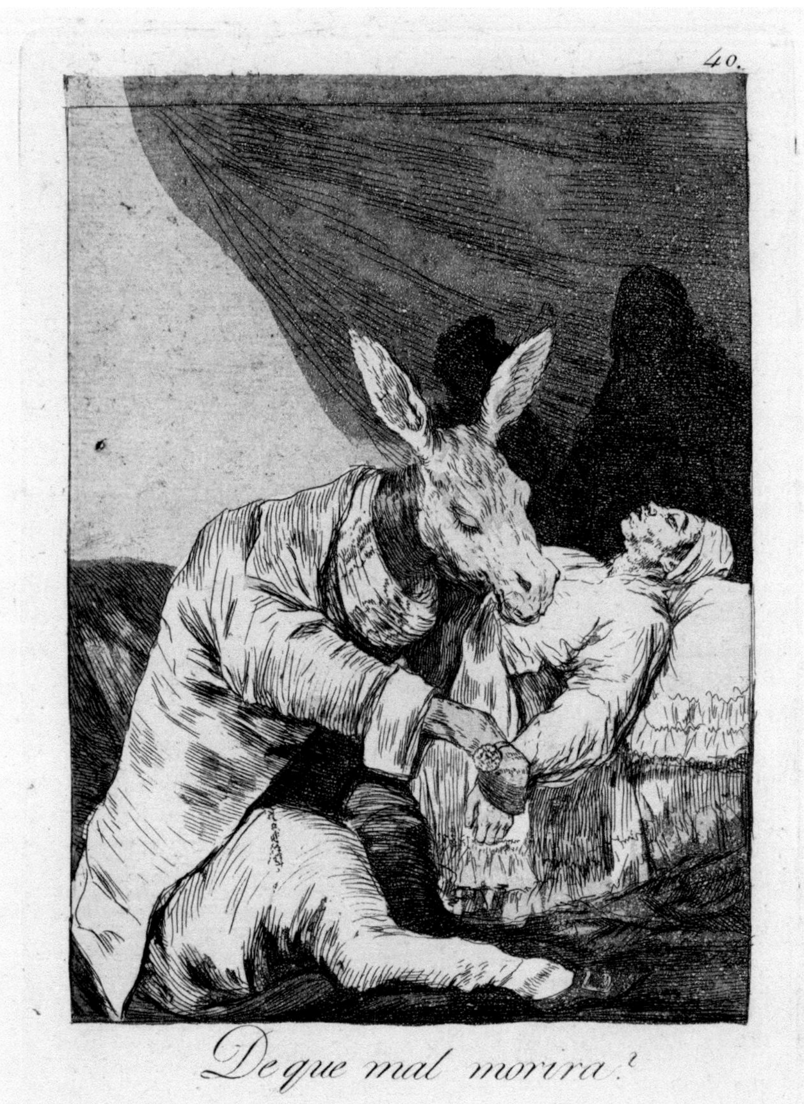

Es dürfte schon auf den ersten Blick erkennbar sein, dass es sich bei *Capricho 40* um eine Satire auf Ärzte handelt. Ein bekleideter Esel fühlt mit seinem Huf einem Todkranken den Puls. Der Esel trägt einen sogenannten Approbationsring am Huf. Dieser war ein wichtiges Attribut des Berufsstandes der Ärzte, repräsentierte aber auch den Reichtum, den man ihnen zuschrieb. In der Bildlegende „De que mal morirá?" (An welchem Übel wird er sterben?) wird zynisch die Frage aufgeworfen, ob den Patienten wohl eher seine Krankheit oder sein inkompetenter Arzt zugrunderichtet. Die Inkompetenz der Ärzte war im 18. Jahrhundert ein ebenso beliebtes Thema in der Literatur wie bereits im Siglo de Oro. Die Satire vom Arzt als Esel findet sich im 18. Jahrhundert auch auf den beliebten volkstümlichen Bilderbögen (*aucas*). Das Pulsfühlen gehörte in dieser Zeit zu den wenigen praktizierten Untersuchungsmethoden der Medizin in Spanien.

In den meisten Kommentierungen wird die Leichtgläubigkeit der Gesellschaft kritisiert, indem ironisch verlautbart wird, dass es wohl genüge, dass der Arzt hervorragend, nachdenklich und besonnen wirkt, um ihn als kompetenten Arzt auszuweisen. In anderen Kommentierungen wird über das Verhalten und die eigene Verantwortung des Patienten reflektiert, der sich einem solch inkompetenten Arzt anvertraut. Demnach ist der Patient selbst schuld, wenn er sich von dummen, unfähigen Ärzten behandeln lässt. Andere Zeitgenossen haben die Radierung als politische Satire verstanden. Piot [PI40] etwa entwickelt, ausgehend von der Kritik an Ärzten, eine politische Deutung der Radierung, indem er den Arzt mit dem mächtigen Premierminister Manuel de Godoy identifiziert. Demnach ist der Patient Spanien, das an der Inkompetenz Godoys zugrunde gehen wird. In der Kommentierung Otro Comentario [OC2-40] wird der als Esel dargestellte Arzt als Mariano Martínez de Galinsoga (1766-1797) identifiziert, der als Leibarzt von Manuel de Godoy bezeichnet wird. Tatsächlich wurde er 1790 zum Leibarzt von Königin Maria Luisa an den spanischen Hof berufen.

Capricho 41

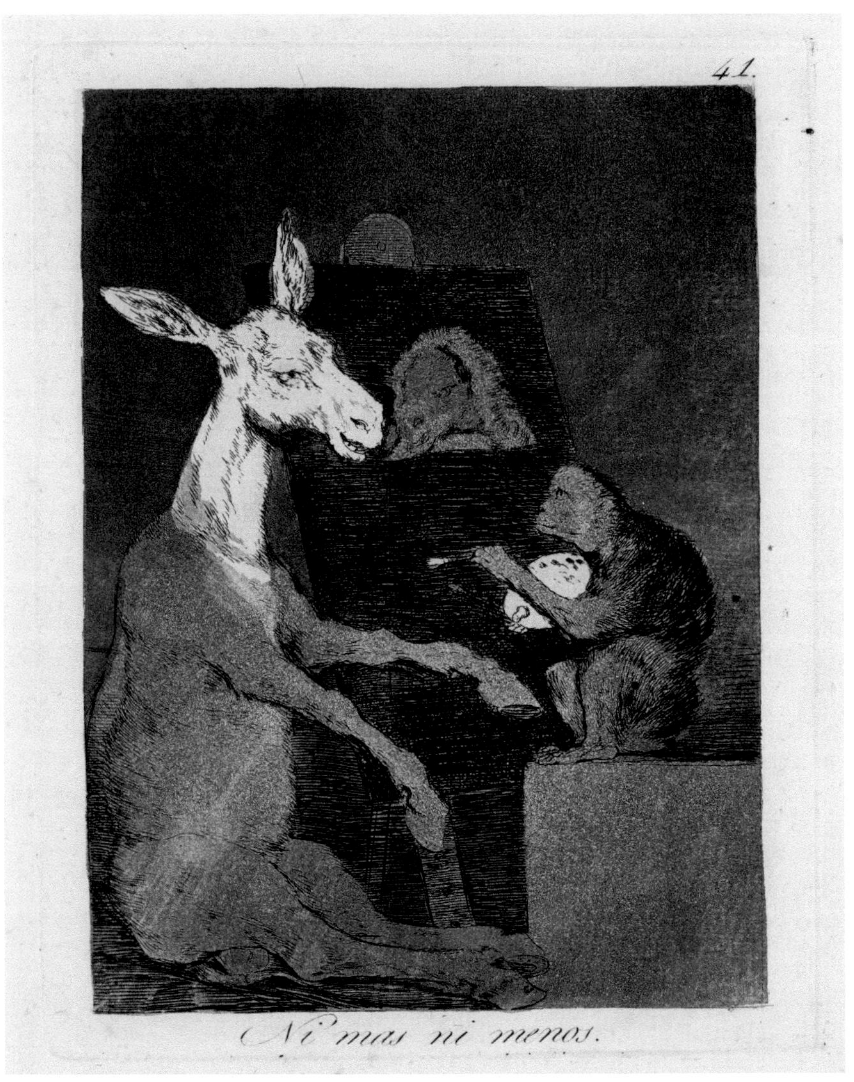

Und mal wieder dürfte dem Betrachter klar sein, dass es sich bei *Capricho 41* um eine satirische Darstellung handelt. Ein Affe porträtiert einen Esel, malt ihn jedoch viel schöner und stattlicher, als er in Wirklichkeit ist. Vergleichbar mit dem musizierenden Affen auf *Capricho 38*, hält der Affe den Pinsel in der linken und die Palette in der rechten Hand. Die Bildlegende lautet „Ni mas ni menos." (Nicht zu viel und nicht zu wenig) und bezieht sich wohl auf das beschönigte Bildnis des Esels. Statt der Eselsohren sieht man eine Allongeperücke, eine Perücke mit mindestens schulterlangen gelockten Haaren, die vor allem von Adligen und Staatsdienern aus modischen oder repräsentativen Gründen getragen wurde, statt des bloßen Halses eine Halskrause (*golilla*), als Zeichen seines Trendbewusstseins oder Teil einer Amtstracht. Beide Kleidungsstücke waren im 17. Jahrhundert und noch Anfang des 18. Jahrhunderts in Mode, galten aber 1799, als die *Caprichos* veröffentlicht wurden, längst als veraltet. Der Affe als Maler ist wegen seiner Fähigkeit, Dinge nachzuahmen, ein traditionelles Motiv, das das Prinzip der Nachahmung der Natur versinnbildlicht. Themenkomplexe, die sich hier andeuten, sind also das Spiel mit Schein und Sein, das Streben nach Rang und Namen sowie die Kritik an der Malerei als Kunstform. In den meisten Kommentierungen geht es dann auch um Täuschung, Betrug und falschen Schein, für den die Malerei missbraucht wird, da kaum eine Ähnlichkeit zwischen Modell und Porträt besteht. Hier stellt sich die Frage nach dem Wahrheitsgehalt eines Bildes: Gibt ein Porträt den Menschen, der abgebildet ist, realistisch wieder, oder ist es geschönt und verfälscht? Gleichzeitig könnte es als Warnung an diejenigen verstanden werden, die glauben, man könne anhand eines Porträts Rückschlüsse auf den Charakter eines Unbekannten ziehen: Ein Porträt verändert und erhöht den Status und die Natur des Porträtierten nicht, mit welchen Attributen auch immer man ihn zu veredeln versucht.

In einigen Kommentierungen wird der malende Affe mit dem Maler und Kupferstecher Antonio Carnicero Mancio (1748-1814) identifiziert, der in Manuel de Godoys Diensten stand und diesen porträtierte. Demnach wird die Radierung als politische Satire verstanden, in der Godoy mit einem Esel gleichgestellt wird. In Bezug auf Carnicero bleibt unklar, ob er hier freiwillig das Porträt schönt oder ob er dazu gezwungen wird.

Capricho 42

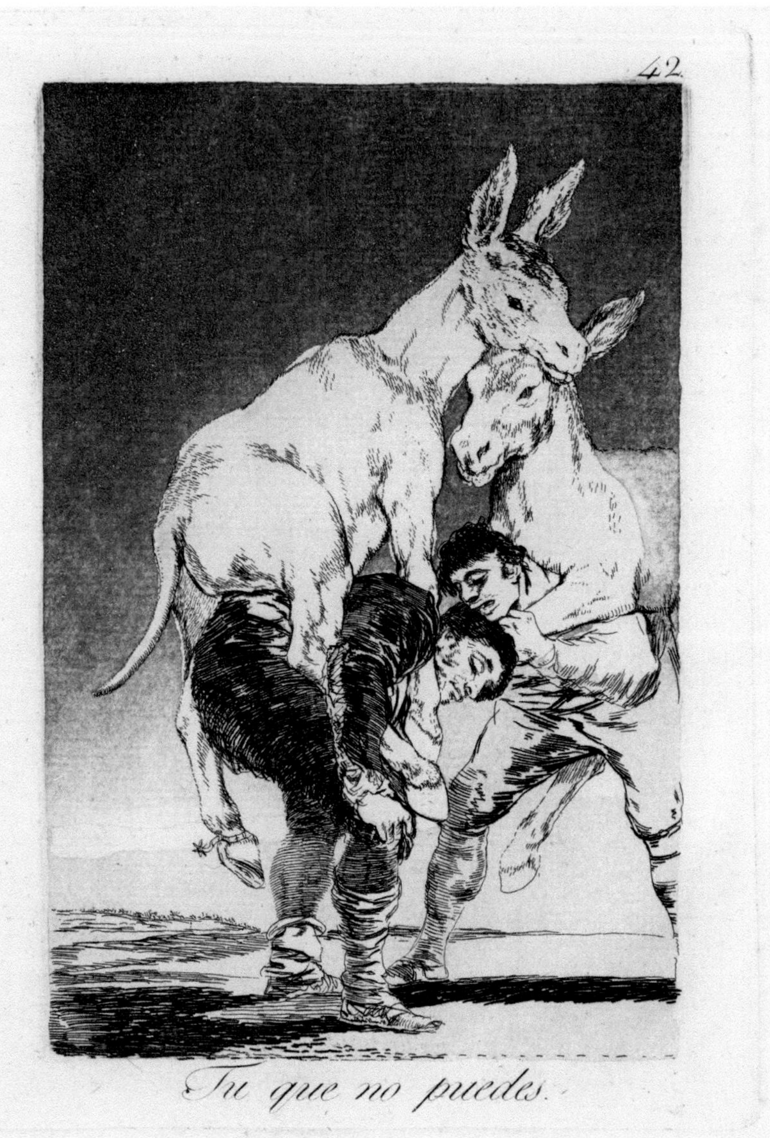

Zwei Männer tragen zwei Esel. Man könnte denken, dass in dieser Radierung Kritik daran geübt wird, dass das Bürgertum die Last der Oberschicht trägt. Solche Bilder mit Reittieren und Reitern in vertauschten Rollen waren bereits im Mittelalter beliebt. Es handelt sich um eine typische Darstellung der verkehrten Welt (*mundo al revés*), die meist die Funktion einer Gesellschaftssatire erfüllte. Die Bildlegende „Tu que no puedes." ist der Anfang eines traditionellen spanischen Sprichworts: „Tu que no puedes, llévame acuestas" (Du, der du nicht kannst, trag mich auf dem Rücken). Sie ist in dem Sinne gemeint, dass derjenige, der selbst nicht mehr kann, noch einen anderen auf den Rücken nehmen und tragen muss.
Die Ständekritik wird in der Kommentierung Ayala [A42] aufgegriffen: „Las clases utiles de la Sociedad lleban todo el peso de ella ó los verdaderos burros acuestas." (Die nützlichen Klassen der Gesellschaft tragen deren ganze Last oder die wahren Esel auf dem Rücken). Es seien die arbeitenden Klassen, die die ganze Last der Gesellschaft tragen, was impliziert, dass es Gesellschaftsschichten gibt, sie sich tragen lassen – diese werden als die wahren Esel charakterisiert. Dass insbesondere die Herrschenden und Adligen gemeint sein könnten, liegt nahe. Das Kriterium der Nützlichkeit (*utilidad*) ist in der gesellschaftspolitischen Diskussion der spanischen Aufklärer über Mittel und Wege zur Verbesserung der sozialen und ökonomischen Lebensbedingungen einer aufgeklärten Gesellschaft von entscheidender Bedeutung gewesen. Unter dem Einfluss der französischen *Physiocrates* erkannten viele Aufklärer, dass gerade die Sektoren Landwirtschaft und Handwerk die ökonomische Basis einer florierenden Gesellschaft darstellten.
In anderen Kommentierungen werden, als mögliche zweite Lesart, die Reiter als konkrete Lasten identifiziert, die die Männer zu tragen haben: Kritisiert wird hier eine zu hohe Besteuerung, also die zu große Steuerlast für die unteren, arbeitenden Schichten.
Eine dritte Lesart bringt wieder damals mächtige Politiker ins Spiel: In ein paar Kommentierungen werden die beiden Männer mit Kastilien und León identifiziert, die unter dem Gewicht von Manuel de Godoy, der ohne Nennung seines Namens lediglich als der Günstling bezeichnet wird, und dem seiner Gefolgsmänner zusammenbrechen. Alternativ finden sich auch Identifizierungen der Esel mit den Ministern José Antonio Caballero (1754-1821) und Mariano de Urquijo (1769-1817).

Capricho 43

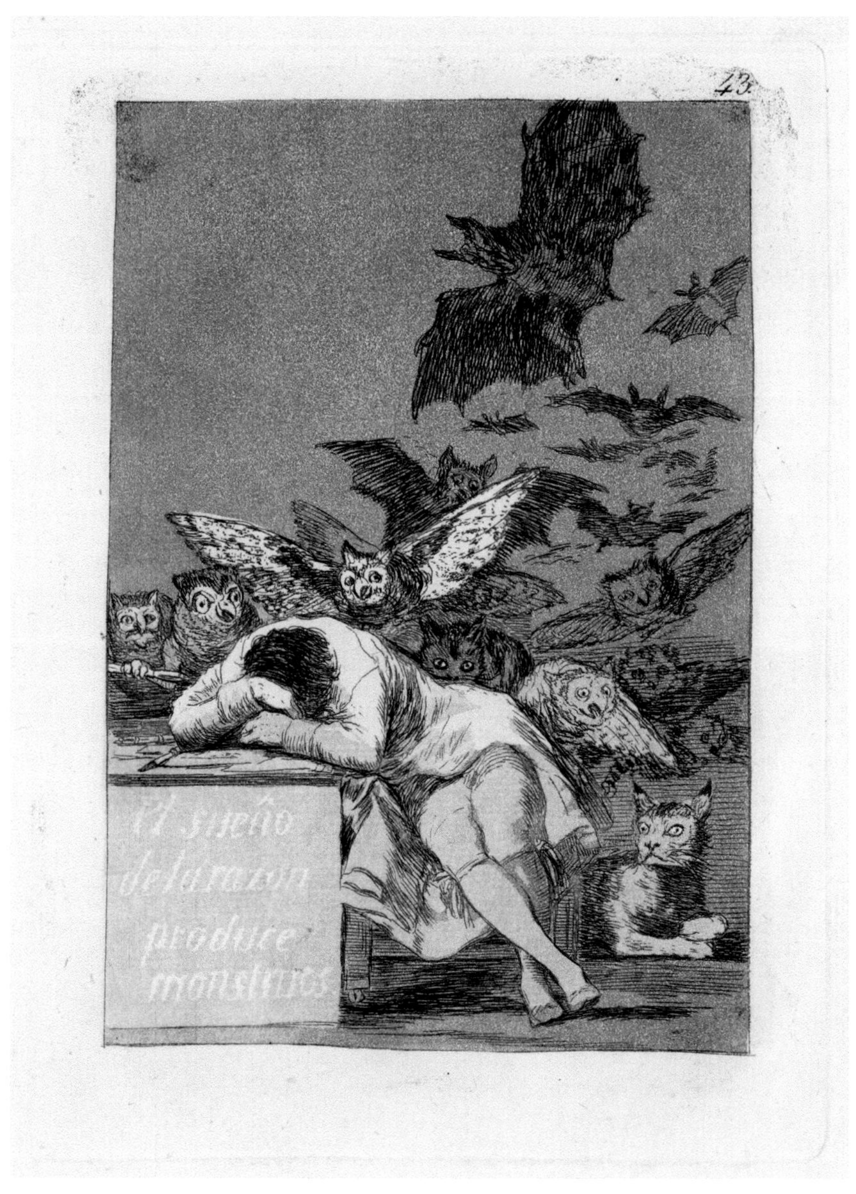

Ein Mann ist auf seinem Schreibtisch eingeschlafen, umgeben von Fledermäusen, Eulen, einem Luchs und einer Katze. Von allen Radierungen ist *Capricho 43* die bekannteste und die am intensivsten rezipierte, nicht zuletzt aufgrund der vieldeutigen Bildlegende „El sueño de la razon produce monstruos“, die in die Schriftplatte des Schreibtisches eingelassen ist. Aufgrund der doppelten Bedeutung von *sueño* kann sie als *Der Schlaf* oder *Der Traum der Vernunft gebiert Ungeheuer* verstanden werden.

Es geht hier um die Relevanz und Funktion der Fantasie für den Künstler im Prozess der künstlerischen Kreativität. So heißt es in der Kommentierung Ayala [A43]: „La fantasia abandonada de la razon produce monstruos y unida con ella es madre / de las artes.“ (Von der Vernunft verlassen, erzeugt die Fantasie Ungeheuer, mit ihr vereint ist sie Mutter der Künste). Im ersteren Fall, ohne die Vernunft, öffnet die maßlose Fantasie dem Wahnsinn Tür und Tor, im letzteren Fall wird der Weg zur Genialität geebnet, indem sich die Fantasie der Vernunft unterordnet. In nachfolgenden Kommentierungen wird dieser Gedanke erweitert: Die Verbindung von Fantasie und Vernunft sei nicht nur die Mutter der Künste, sondern auch der Ursprung wundervoller Meisterwerke. Diese wiederum rufen Staunen hervor und vermögen die Fantasie des Rezipienten anzuregen.

Die Kommentierung Stirling Maxwell [SM43] bezieht sich auf den in *Capricho 43* abgebildeten Luchs, der als Repräsentation der Eigenschaft gedeutet wird, die der Rezipient des Bildes benötigt, um den Sinn der Bildlegende oder des *Capricho* entschlüsseln und verstehen zu können: Nur mit scharfen Luchsaugen hat man den Durchblick.

In anderen Kommentierungen ist metaphorisch von einem ‚Schrei der Vernunft‘ die Rede, wobei aufgezeigt wird, welche Folgen es haben kann, wenn Menschen sich taubstellen, sprich, sie ohne Vernunft handeln. Durch Realitätsverlust werden die Menschen Opfer ihrer Illusionen und Selbsttäuschungen. Die Folgen der Verweigerung gegenüber der Vernunft betreffen dabei nicht nur einzelne Menschen, sondern alle gleichermaßen, denn ohne die Zügelung durch die Vernunft verwandeln sich alle Fantasien in Albträume. Im 18. Jahrhundert rückte der Schrei als Ausdrucksmittel gesteigerter Affekte und extremer seelischer oder körperlicher Zustände ins Bewusstsein vieler Künstler, die ihn wiederum künstlerisch gestalteten, um ihren Werken mehr Ausdruck zu verleihen.

Capricho 44

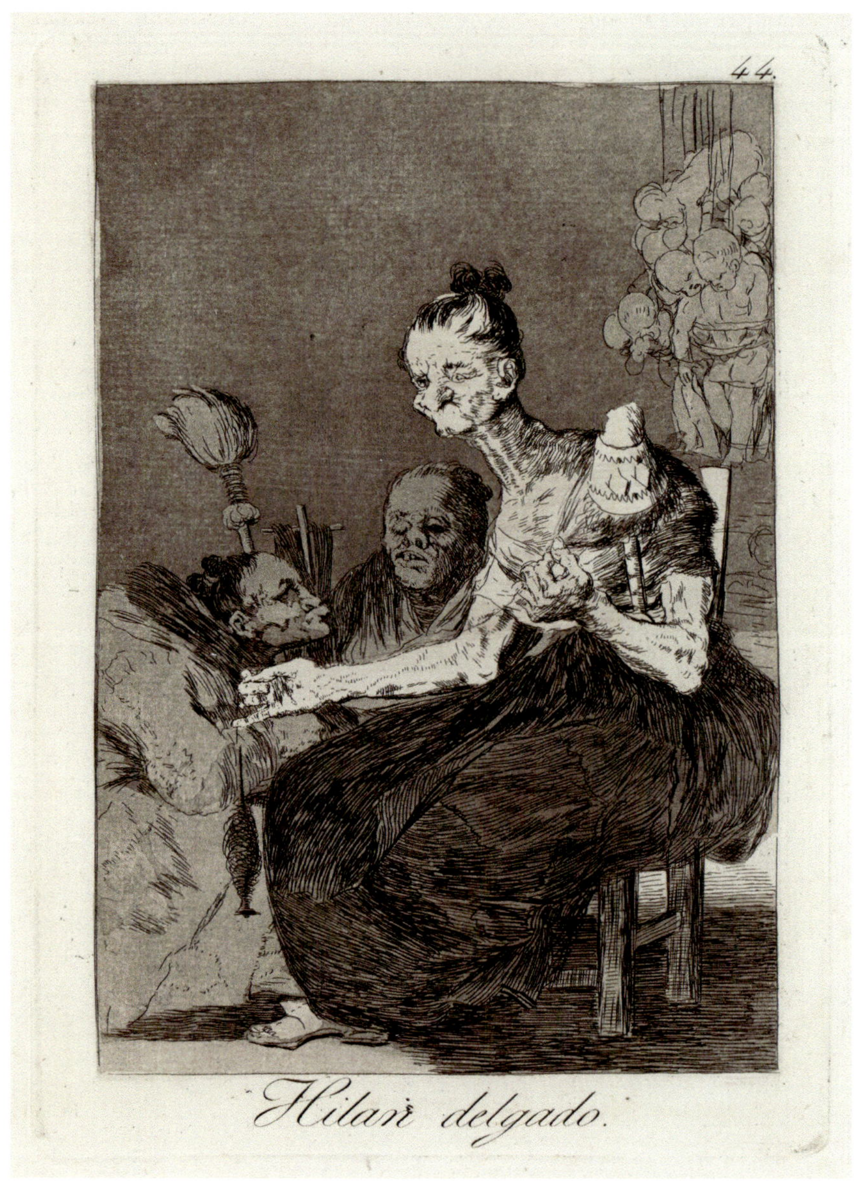

Auf *Capricho 44* sieht man drei alte Frauen, die zusammensitzen und spinnen. Es stellt sich allerdings die Frage, was das Bündel von Föten oder Säuglingen, das an Schnüren von der Decke herabhängt, bedeutet. Die Bildlegende lautet „Hilan delgado." (Sie spinnen fein) und gibt einen ersten, vagen Hinweis: Der Begriff *hilar* bedeutet nicht nur wörtlich *spinnen*, womit auf die offenkundige Tätigkeit der Frauen Bezug genommen wird, sondern im metaphorischen Sinne auch *etwas sorgfältig aushecken*. Folglich lässt sich vermuten, dass die Frauen Geschäfte aushecken, in denen die Säuglinge eine Rolle spielen.

In vielen Kommentierungen werden die Frauen als skrupellose Kupplerinnen identifiziert. Das Spinnen wird hier als sinnbildlicher Hinweis auf das Spinnen von Intrigen verstanden. Damit können die Kupplerdienste der Frauen gemeint sein, wohl aber auch Geschäfte mit kleinen Kindern. Es liegt nahe, dass hier Bezug auf Abtreibungen genommen wird, um die sich Kupplerinnen auch häufig gekümmert und an denen sie auch gut verdient haben.

In anderen Kommentierungen wird explizit die Kinderschändung als Thema benannt, die erst durch die alten Frauen möglich wird: Sie vermitteln und verhökern Kinder gegen einen hohen Geldbetrag an Kinderschänder, wohlwissend, dass die Kinder auch zu Tode kommen können. Diese Kritik bezieht sich nicht zwangsläufig auf sexuelle Missbräuche, sondern möglicherweise auch auf abartige Auswüchse des Aberglaubens. Noch bis weit ins 19. Jahrhundert gab es in Spanien den Aberglauben, dass Hexen aus dem Blut, den Organen, den Augen und dem Knochenmark von Neugeborenen einen Trank brauen könnten, der besonders gegen Impotenz wirksam sei. Gerüchten zufolge fanden sich Abnehmer hierfür besonders in der Oberschicht Spaniens. Die Säuglinge wurden gestohlen oder armen Familien abgekauft.

Einige Kommentatoren präsentieren eine mythologische Lesart der Radierung, indem die drei Frauen mit den drei Parzen der griechischen Mythologie in Verbindung gebracht werden. Die Parzen waren im antiken Rom ursprünglich Geburtsgöttinnen, wurden später aber mit den griechischen Moiren gleichgesetzt: Klotho, die den Lebensfaden spinnt, Lachesis, die dem Menschen das individuelle Schicksal zuteilt, und Atropos, die den Faden des Lebens zerschneidet.

Capricho 45

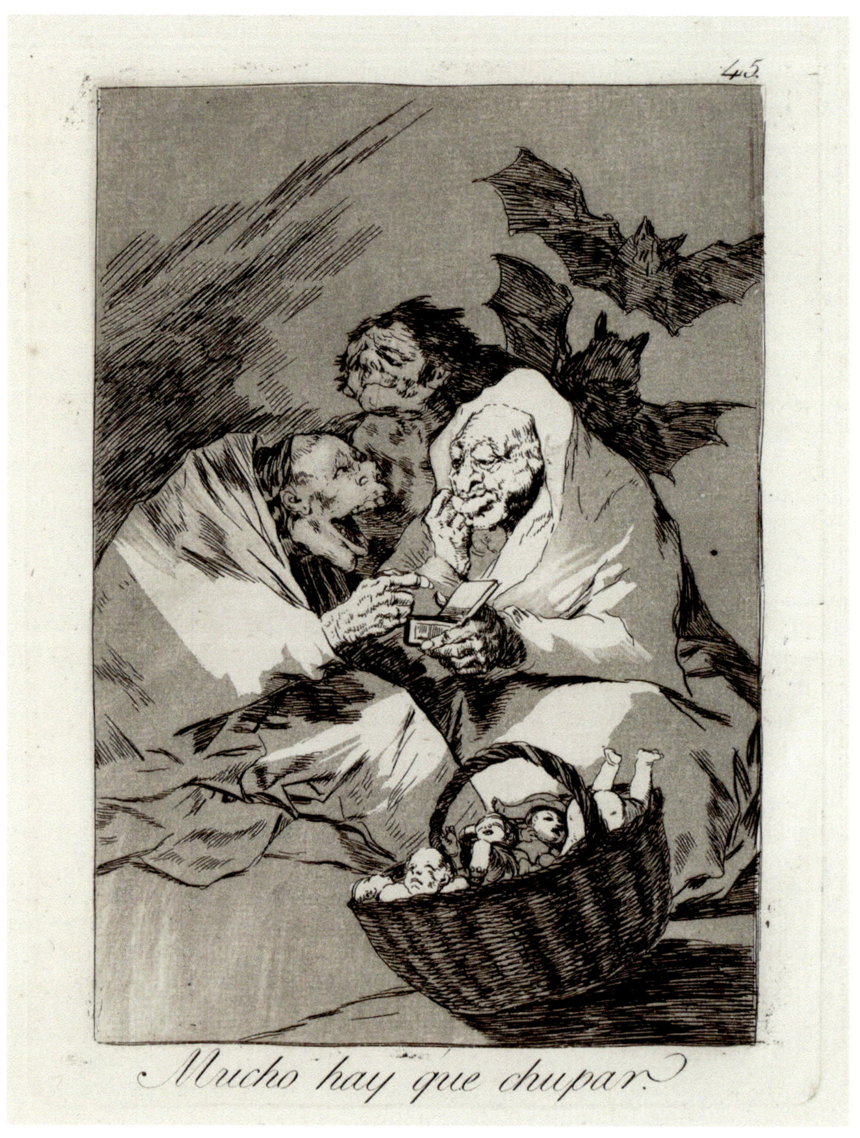

Vorne im Bild sieht man einen Korb, der mit Kleinkindern gefüllt ist. Der erste Eindruck dürfte sein, dass hier wohl zwei Gestalten über den Preis für die Kinder feilschen. Von den beiden Gestalten, die im Vordergrund hocken, hält die eine eine geöffnete Dose in der Hand. Die Bildlegende lautet „Mucho hay que chupar." (Es gibt viel zu saugen).

Capricho 45 wird in den Kommentierungen inhaltlich mit dem vorherigen *Capricho 44* in Verbindung gebracht. Einige Zeitgenossen Goyas benennen das Geschäft mit Abtreibungen als Thema. Zuhälter führten gut Buch über Körbe voller Kinder, für deren Zeugung und Abtreibung sie gleichermaßen verantwortlich gemacht werden. Hervorgehoben wird der ökonomische Aspekt von Abtreibungen: Mit jeder Abtreibung würden sie sich schaden, da der Handel mit Kleinkindern profitabler zu sein scheint als die Vermittlung von Prostituierten.

Andere Kommentierungen greifen zwar exakt dasselbe Thema auf, sind aber völlig konträr angelegt: Der Profit, der mit den Neugeborenen gemacht werden kann, vermag in dieser Lesart nicht den finanziellen Verlust zu kompensieren, der durch den schwangerschaftsbedingten Arbeitsausfall der Prostituierten entsteht. Die Dose wird hier als Behältnis für Mittel gedeutet, die eine Abtreibung bewirken sollen. Der geöffnete Mund will besagen, dass diese Mittel oral eingenommen werden.

Eine dritte Lesart findet sich in den Texten einiger ausländischer Kommentatoren, die die Gestalten als Hexen identifizieren. Der Hinweis darauf, dass hier ein Festmahl auf Kosten der Neugeborenen stattfindet, ist nicht eindeutig. Man könnte es so verstehen, dass ihre Auslagen für die Völlerei aus den Einkünften der Geschäfte stammen, die die alten Frauen mit den Säuglingen gemacht haben, oder dass die Kinder im Zuge abergläubischer Praktiken selbst verspeist würden.

In manchen Kommentierungen wird ein ganz anderes Thema als Schlüssel für die Radierung benannt, nämlich der Generationenkonflikt, insbesondere die Abhängigkeit der Generationen voneinander, die sich gegenseitig ausnutzen. Kritisiert wird hier ein Erziehungskonzept, das dazu führt, dass Missbräuche von Generation zu Generation fortgesetzt und kritiklos tradiert werden.

An diesen zahlreichen Lesarten wird deutlich, wie vieldeutig die Radierung trotz aller Erklärungsversuche bleibt.

Capricho 46

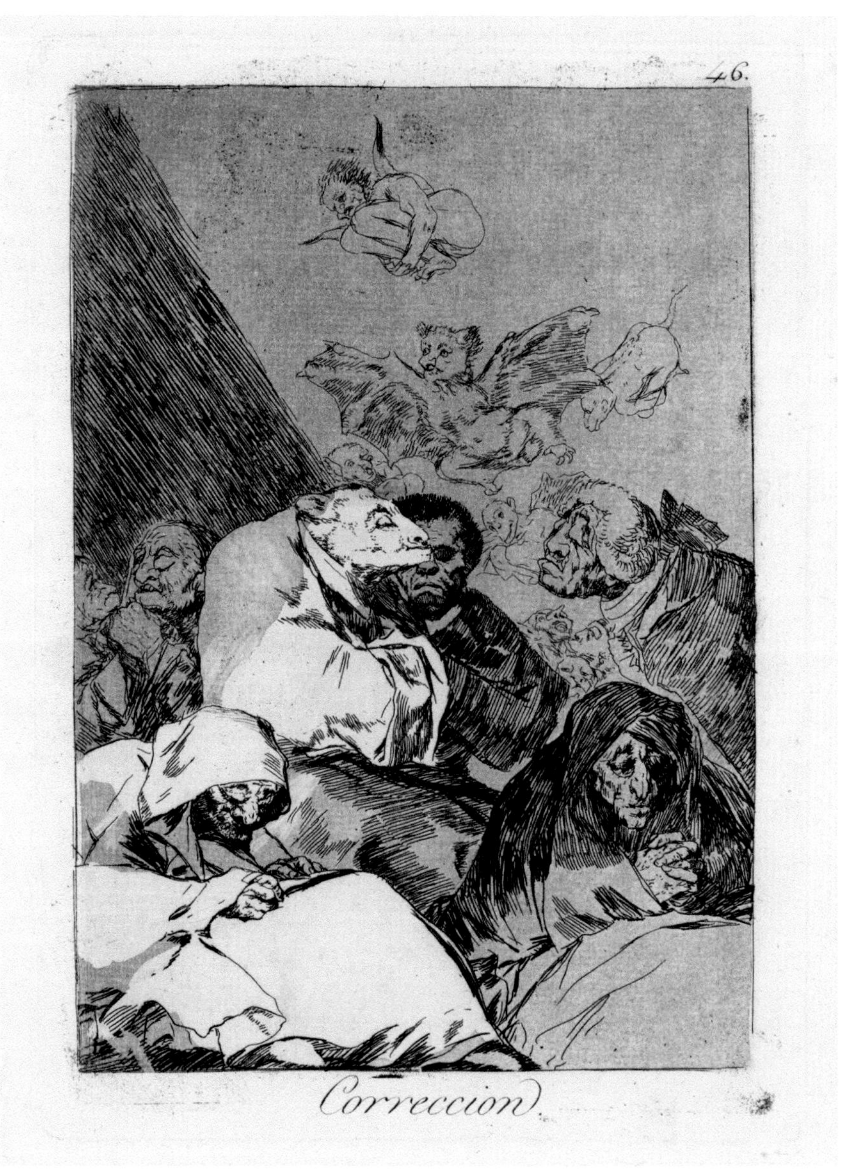

Capricho 46 dürfte den Betrachter wieder mal ratlos zurücklassen. Im Vordergrund sitzen zwei Personen, die scheinbar lesen beziehungsweise beten. Eine dritte Gestalt mit einem Tiergesicht verbirgt ihre verschränkten Arme in den Ärmeln einer Kutte. Durch die Lüfte fliegen fantastische Wesen, die nur schemenhaft zu erkennen sind. Auch die Bildlegende, die „Corrección." lautet und mit *Züchtigung* oder *Bestrafung*, aber auch mit *Zurechtweisung* oder *Tadel* übersetzt werden kann, liefert keinen Hinweis auf das Thema der Radierung. Wie schon bei der vorherigen Radierung bieten Goyas Zeitgenossen unterschiedliche Themen als Deutungsschlüssel an – ein Indiz dafür, dass auch sie Schwierigkeiten hatten, *Capricho 46* eindeutig zu kontextualisieren.
Von einigen Kommentatoren wird die dargestellte Szene als Inquisitionstribunal gedeutet. Dazu folgt eine philosophische Reflexion darüber, dass der Mensch über das Prinzip der Nachahmung lerne und dabei Vorbilder gut oder schlecht sein können. Ein Inquisitionstribunal entscheidet darüber, ob ein Mensch im Sinne der katholischen Kirche schuldig oder nicht schuldig ist, was hier in den Kategorien ‚gut' und ‚böse' zum Ausdruck gebracht wird. Kritisiert wird hier möglicherweise, dass die Inquisition zwar bestrafe, nicht aber die Wurzel des Übels bekämpfe.
In manchen Kommentierungen wird das Lernen durch Vorbilder und Nachahmung als Thema aufgegriffen. Hier wird allerdings kritisiert, dass Menschen auch nach moralischen Belehrungen lediglich aus Nachahmung und Scheinheiligkeit Gutes tun, nicht weil sie gut sind. Daran schließt sich die Kritik an, dass viele Menschen moralisch unverbesserlich seien. In einigen Kommentierungen zielt die Kritik allerdings auch auf diejenigen ab, die anderen als Vorbilder dienen, jedoch ihren Ansprüchen selbst nicht gerecht werden, sondern ihr tugendhaftes Verhalten lediglich vortäuschen.
Andere Kommentatoren ordnen die Szene dem Hexenwesen zu, wobei die Hexerei als *facultad* (Wissenschaft oder Lehrfach) bezeichnet wird, als handele es sich um eine etablierte wissenschaftliche Disziplin. Hier wird die Hexerei in ironischer Weise aufgewertet und dadurch erst recht bloßgestellt. Von den Schülern wird verlangt, dass sie über Talent, Fleiß, Reife und die Bereitschaft zur Unterordnung verfügen.

Capricho 47

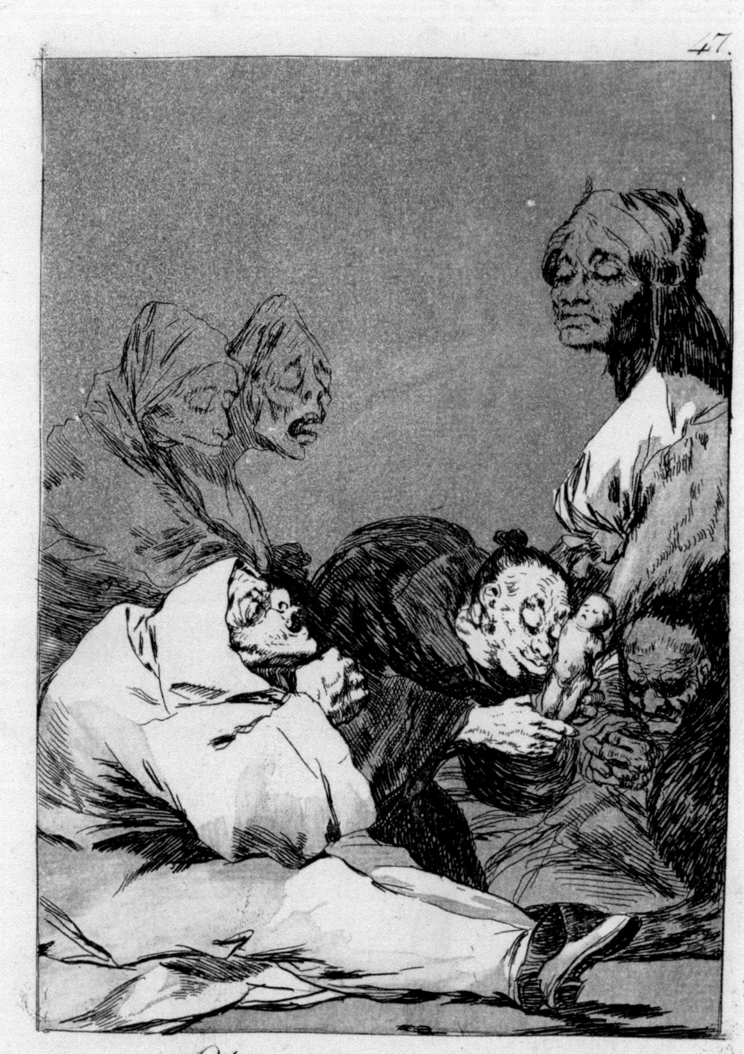

Betrachtet man *Capricho 47*, denkt man fast unweigerlich an Kindesmissbrauch als mögliches Thema der Radierung. Eine Gestalt hält eine Figur, die wie ein Kleinkind aussieht, in ihren Händen, andere scheinen zu beten. Die Bildlegende lautet „Obsequio á el maestro." (Gabe für den Meister), trägt jedoch zunächst wenig dazu bei, das Geheimnis dieser Radierung zu lüften.

In den handschriftlichen Kommentierungen lassen sich verschiedene Deutungen ausmachen: In der Kommentierung Ayala [A47] und der nachfolgenden Stirling-Maxwell-Linie wird die Radierung als Fortsetzung von *Capricho 44* und *45* aufgefasst. Hier wird Kritik geübt an den sexuellen Ausschweifungen in Klöstern, konkret am sexuellen Kindesmissbrauch durch Kleriker. Als Beispiel lässt sich hier die Kommentierung Ayala [A47] anführen: „Frailes y Monjas masturbadores." (Masturbierende Mönche und Nonnen). Auf den ersten Blick scheint es nur um sexuelle Ausschweifungen unter Klerikern zu gehen, setzt man allerdings die Kommentierung Ayala [A47] in direkten Bezug zur Radierung, auf der ein Kleinkind abgebildet ist, dann wäre das Thema eben der sexuelle Kindesmissbrauch durch Kleriker. Hierzu ist zu bemerken, dass der Begriff *Masturbation* im 18. Jahrhundert nicht nur tabuisiert war, sondern auch keineswegs nur Selbstbefriedigung bedeutete: Im etymologischen Sinne bezeichnet er eine sexuelle Praxis, die mit der Hand ausgeführt wird, entweder an den eigenen Sexualorganen oder auch denen eines anderen.

In der Goya-Linie hingegen wird *Capricho 47* als Fortführung von *Capricho 46* verstanden und dem Hexenwesen zugeordnet. Hier geht es um das Verhältnis von Hexenmeistern und Schülern: Adepten müssen den Hexenmeistern Gaben darbringen, um ihre Gunst zu gewinnen. Dabei wird die Hexerei als diabolische Wissenschaft charakterisiert. So lautet beispielsweise die Kommentierung Kollektiv [K47]: „Obsequio al Maestro. / Es muy justo: serian di[s]cipulos ingratos, si no visitaran á su / catedratico, á quien deben todo quanto saben en su diabolica / facultad." (Gabe für den Meister. So ist es recht: Sie wären undankbare Schüler, wenn sie nicht ihren Lehrer besuchten, dem sie all das Wissen verdanken, das sie in ihrer teuflischen Disziplin erworben haben).

Capricho 48

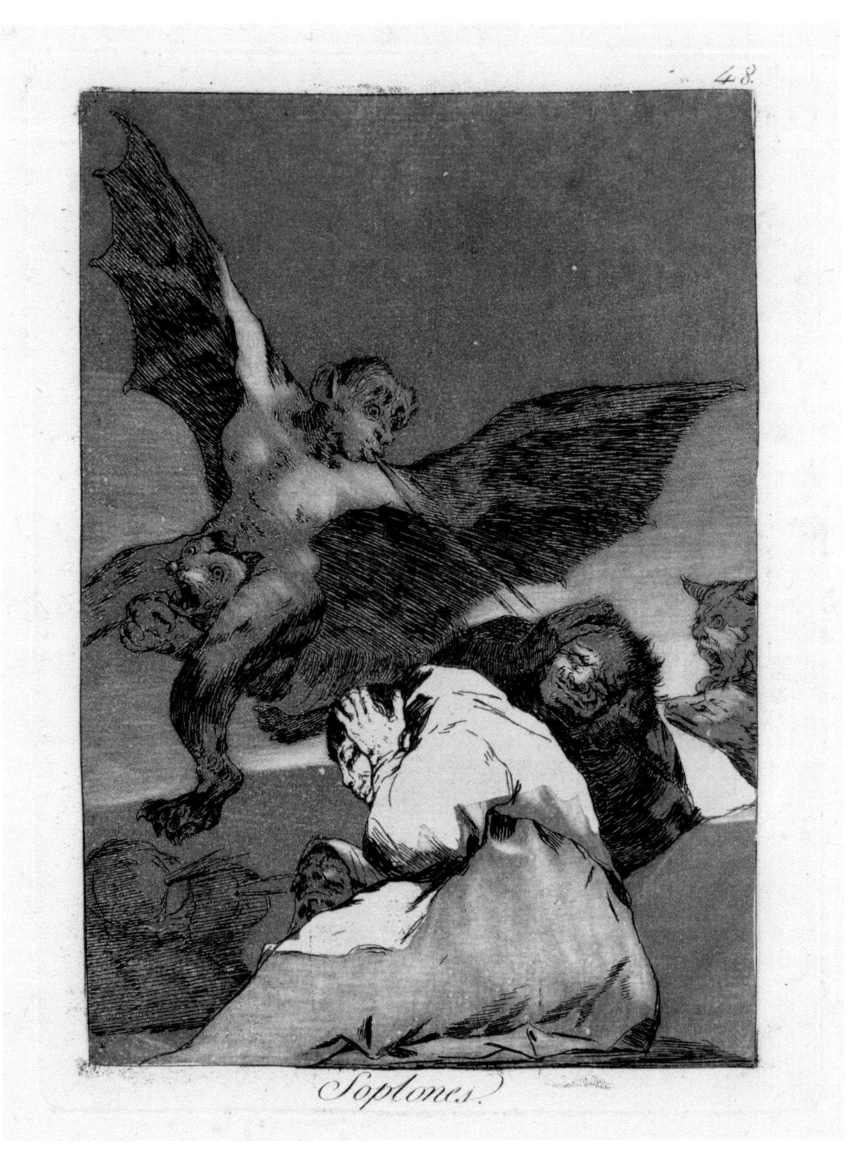

Betrachtet man *Capricho 47*, so könnte man auf die Idee kommen, dass hier der Teufel dargestellt wurde, der Menschen böse Dinge ins Ohr flüstert, woraufhin sich diese die Ohren zuhalten. Die groteske Gestalt mit Fledermausflügeln und Tierpranken fliegt auf einem katzenähnlichen Wesen durch die Lüfte. Sie bläst eine dunkle Gestalt an, die sich die Ohren zuhält. Die Bildlegende, die schlicht „Soplones." (Denunzianten) lautet, gibt schließlich Aufschluss über das Thema der Radierung: Es geht um das Denunziantentum.
In den meisten Kommentierungen wird verständlicherweise eine starke Abneigung gegenüber dem Denunziantentum artikuliert, indem es ironisch mit der Beichte verglichen wird. Das gemeinsame Element von Beichte und Denunziantentum ist der Umstand, dass man jemandem etwas ins Ohr flüstert – in der Beichte mit der Absicht, sich selbst durch das Bekenntnis seiner eigenen Verfehlungen zu entlasten, beim Denunziantentum in der Absicht, jemand anderen zu belasten und anzuschwärzen.
Andere Kommentatoren richten ihre Kritik nicht an die Denunzianten, sondern an diejenigen, die ihnen ihr Ohr leihen und Klatsch und Tratsch Glauben schenken, insbesondere dann, wenn sie daraus auch noch finanzielle Vorteile ziehen.
In wiederum anderen Kommentierungen versteckt sich eine antiklerikale Kritik. Es wird gerügt, dass die Beichte dazu missbraucht werde, den Beichtvätern Zoten und abartige Dinge, die man dort zur Sprache brächte, zu sagen.
Einige Zeitgenossen ordnen die Radierung wie bereits die vorherigen *Caprichos* dem Hexenwesen zu. So lautet beispielsweise die Kommentierung Kollektiv [K48]: „Los Brujos soplones, son los mas fastidiosos de toda la bruje-/ria, y los menos inteligentes en aquel arte, si supieran / algo nose metieran á soplones." (Die Hexer, die denunzieren, sind die Widerwärtigsten der ganzen Hexerei und die am wenigsten Intelligenten in jener Kunst. Wenn sie etwas könnten, würden sie sich nicht als Denunzianten betätigen). Hier werden Denunzianten als diejenigen entlarvt, die ihr Handwerk am wenigsten beherrschen und sich nur mittels unlauterer Mittel und Verleumdungen über Wasser halten können.

Capricho 49

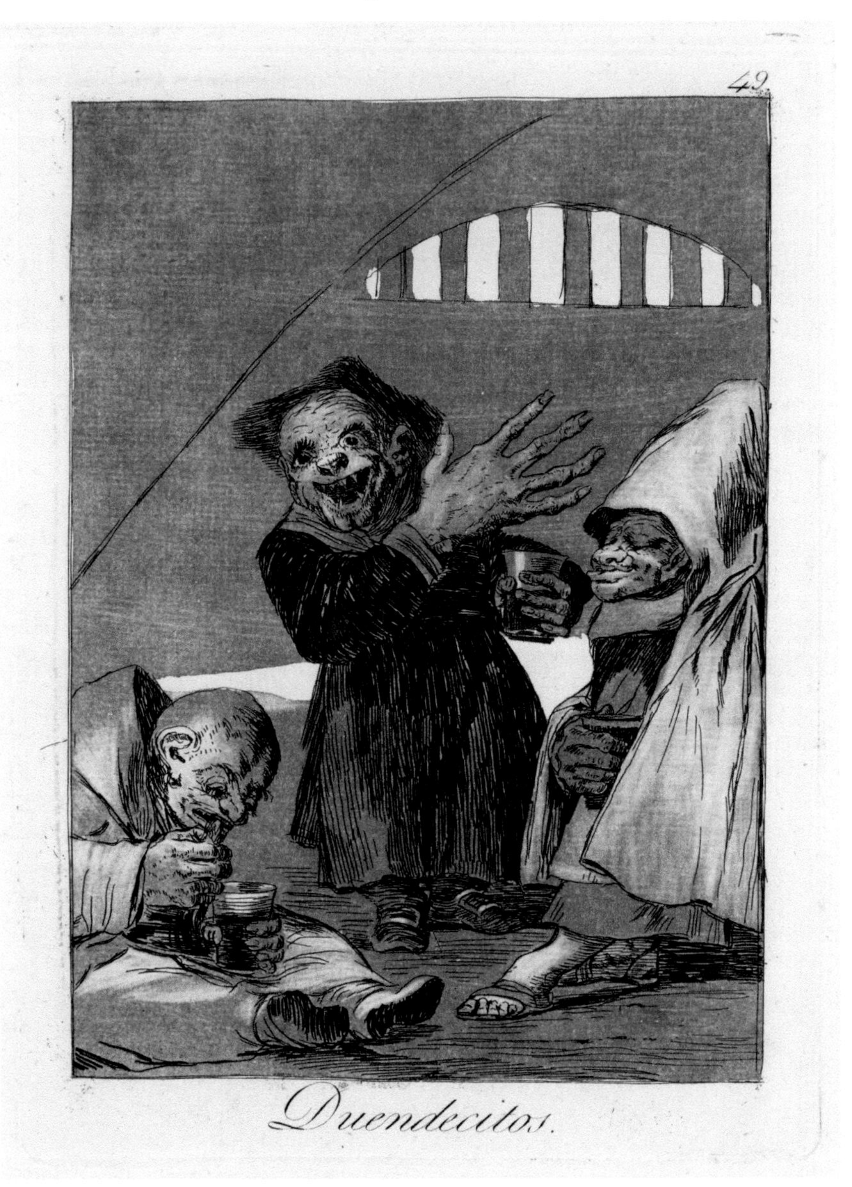

Hier sieht man offenkundig drei Kleriker in Ordensgewändern, die fröhlich zusammensitzen und trinken. Der eine hat eine überdimensionale Hand. Bei der Pranke und den spitzen Zähnen denkt man doch gleich an raffgieriges Verhalten. Er erinnert an den *Zanner*, den Zähneblecker oder Maulaufreißer in mittelalterlichen Darstellungen. Die groteske Darstellung des Zanners galt als Symbol für die Gier, das Verschlingen, aber auch für die Bedrohung. Insbesondere das Blecken spitzer Zähne sollte Angst einflößen. Hervorzuheben ist in diesem Zusammenhang, dass Goya hier auf volkstümliche Bildprogramme längst vergangener Jahrhunderte zurückgreift, die er wieder aktualisiert.
Die Bildlegende lautet „Duendecitos." (Gespensterchen). Tatsächlich sind hier mit der Diminutivform von *duendes* (Gespenster) im übertragenen Sinne die *frailes* (Mönche) gemeint, was im 18. Jahrhundert ein üblicher Spitzname für die Klosterbrüder war.
Die Kommentierung Ayala [A49] deutet *Capricho 49* unverblümt als Kritik am Klerus: „Los Curas y Frailes son los verdaderos duendecitos de este mundo. La Yglesia de ma-/no larga y diente canino abarca todo quanto puede. El fraile calzado trisca / alegremente, y echa Sopas en vino, al paso q.[e] el descalzo mas brutal y gazmo-/ño, tapa las alforjas con el Santo Sayal, y encubre el vaso de vino." (Die Priester und Mönche sind die wahren Gespensterchen dieser Welt. Die Kirche umfasst mit langen Fingern und reißenden Zähnen alles, was sie kriegen kann. Der Mönch mit Schuhen tollt fröhlich herum und tunkt Brotkrumen in Wein, während der Barfüßige, noch ungestümer und scheinheiliger, den Sack mit der Mönchskutte zudeckt und den Wein verbirgt). Mit den Priestern (*Curas*) ist der weltliche Klerus (*Clero secular*), mit den Mönchen (*Frailes*) der Ordensklerus (*Clero regular*) gemeint. Die Kritik bezieht sich auf alle Geistlichen und impliziert sogar die Angehörigen der Bettelorden, deren Barfüßigkeit eigentlich als Zeichen von Demut, Askese und Armut galt. Im Widerspruch zu diesem Ideal leben sie jetzt ebenso korrupt wie alle anderen Geistlichen.
In anderen Kommentierungen wird die Radierung ironisch als Zusammenkunft fröhlicher, gut gelaunter Leute beschrieben, die allen möglichen Schabernack im Kopf haben und Streiche spielen wollen. Hier ist es dem Betrachter überlassen, sich zu überlegen, auf welche Gruppe von Menschen sich die Anspielung beziehen lässt.

Capricho 50

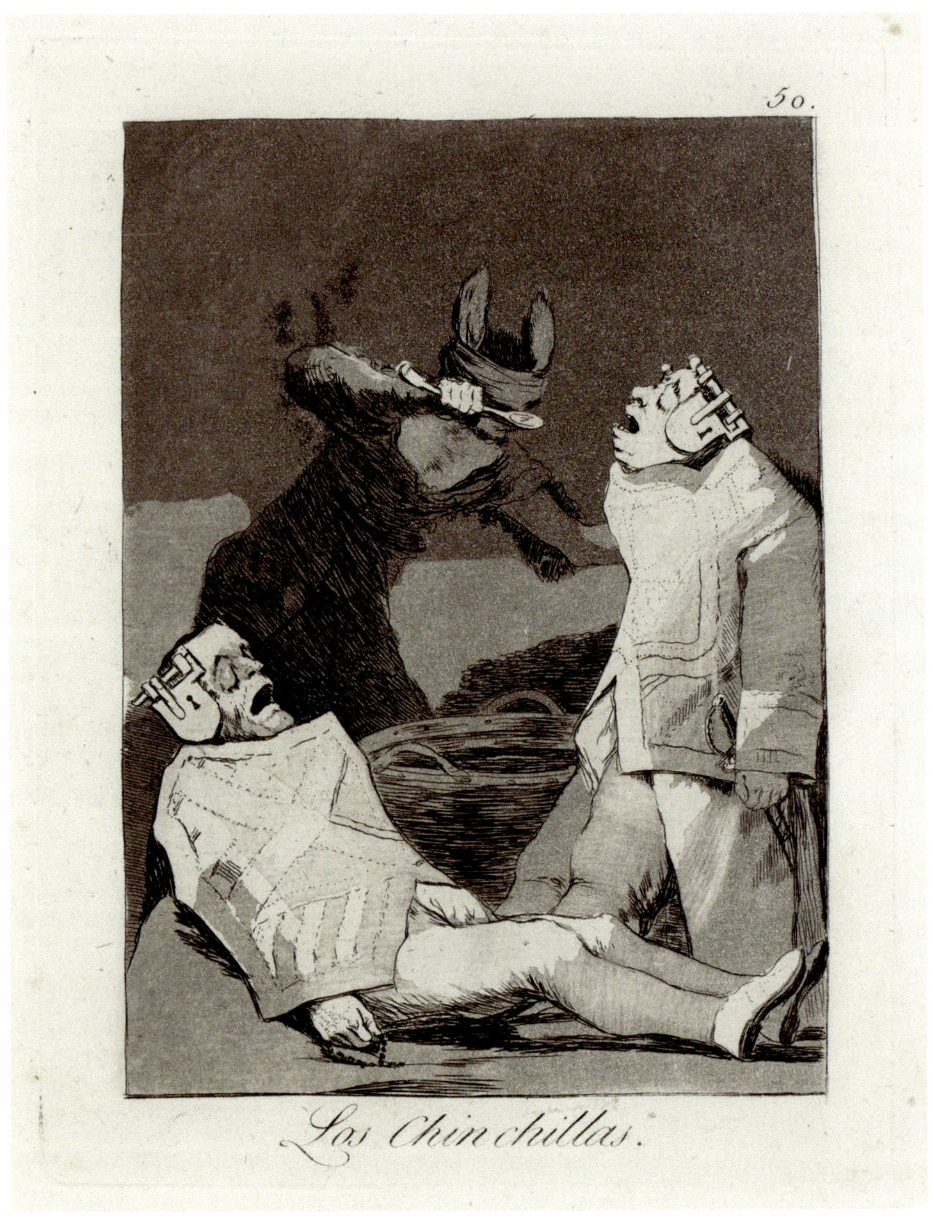

Bei der Betrachtung der Figuren auf *Capricho 50* könnte man durchaus auf die Idee kommen, dass hier vielleicht zwei Männer in Zwangsjacken, also psychisch Kranke abgebildet wurden. Sie werden von einer dunklen Gestalt gefüttert, haben die Augen geschlossen, die Münder geöffnet und tragen Schlösser auf den Ohren. Der Rosenkranz verweist auf den Klerus, der Galanteriedegen auf den Adel. Die Bildlegende „Los Chinchillas." (Die Chinchillas) hilft einem wenig, den Sinn der Radierung zu verstehen, denn sie ist an längst vergessene Kontexte gebunden: Sie verweist auf die Familie der Chinchillas, die Protagonisten Don Pedro de Chinchilla und seinen Neffen Don Lucas, in dem Theaterstück *El dómine Lucas* von José de Cañizares (1676-1750), und *Chinchillas* wurden im 18. Jahrhundert auch Verrückte genannt.

Die Kommentierungen bieten zwei unterschiedliche Deutungen der Radierung an: In der ersten wird der Adel kritisiert, da dieser sich dem Müßiggang und Aberglauben hingebe. Die Kommentierung Ayala [A50] lautet: „Los necios preciados de nobles se entregan á la [h]araganeria y Superstición y cier-/ran con candados su entendimiento mientras los alimenta groseram.[te] la ignoran-/cia." (Die Einfältigen, die man als Adlige schätzt, ergeben sich dem Müßiggang und dem Aberglauben und verriegeln mit Schlössern ihren Verstand, während die Unwissenheit sie großzügig ernährt). Dadurch, dass es die Adligen selbst sind, die ihren Verstand mit Schlössern verriegeln, werden sie als Verantwortliche ihrer Unwissenheit bezeichnet, ganz im aufklärerischen Sinne einer selbstverschuldeten Unwissenheit. Mit *haraganería* (Müßiggang) sind die Untätigkeit und Faulheit gemeint, als Ursache der Unwissenheit, wohingegen der Aberglaube als ihre Folge angesehen werden kann. Besonders brisant wird die Kritik am Adelsstand dadurch, dass diejenigen, die als Adlige geschätzt werden, sich nicht standesgemäß verhalten, sondern sich durch ihre besondere Einfältigkeit auszeichnen. In der zweiten Deutung werden die beiden Männer entsprechend der Bildlegende als Familie der Chinchillas identifiziert. Dies wird ergänzt durch den Hinweis, dass die Familie zahlreiche Mitglieder habe, die allesamt sowohl in der Vergangenheit als auch in der Gegenwart zu nichts nutze waren. Die Familienmitglieder zeichnen sich dadurch aus, dass sie nichts hören, also nicht bereit sind, etwas zu lernen, nichts wissen und nichts tun, dem Müßiggang ergeben sind. Auf wen diese allgemein gefasste und durchaus zeitlose Beschreibung passen könnte, bleibt wiederum dem Betrachter überlassen.

Capricho 51

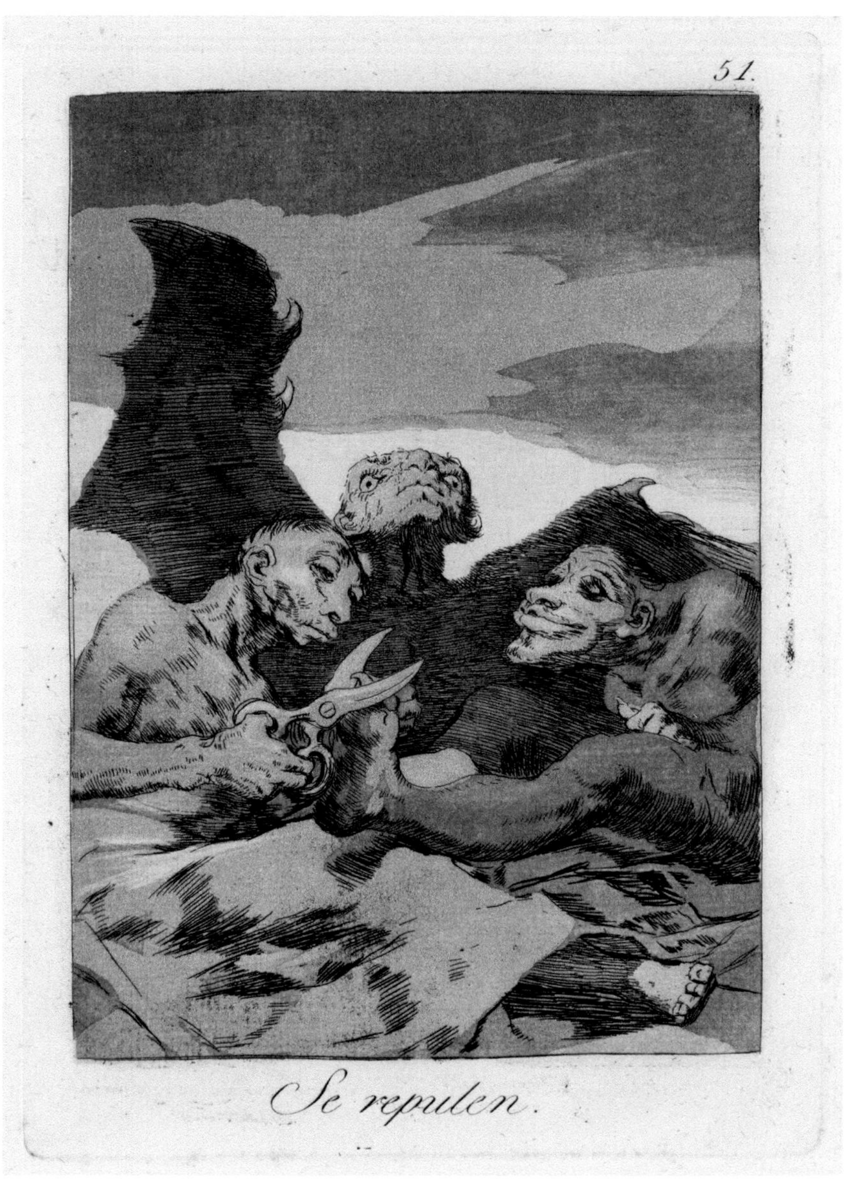

Eine monströse Gestalt schneidet einer anderen mit einer großen Schere die langen Fußnägel, während eine dritte im Hintergrund ihre fledermausartigen Flügel weit ausbreitet. Die Bildlegende „Se repulen." ist mehrdeutig, denn einerseits ist gemeint *Sie putzen sich heraus*, andererseits bedeutet *repulir* in der Gaunersprache auch *stehlen* oder *verkaufen*, so dass auch gemeint sein kann: *Sie bestehlen sich gegenseitig*. Die langen Nägel versinnbildlichen die diebischen Tätigkeiten, eine Vorstellung, die im Deutschen mit dem Begriff *Langfinger* ausgedrückt wird: *ser largo de uñas* bedeutet im heutigen Spanisch *ein Langfinger oder Taschendieb sein*.
In zahlreichen Kommentierungen werden die Gestalten als Beamte und Staatsdiener identifiziert, die ihr Amt missbrauchen, um in die eigene Tasche zu wirtschaften. In der Kommentierung Ayala [A51] heißt es: „Los empleados ladrones se disculpan y tapan unos á otros." (Die räuberischen Beamten entlasten und decken sich gegenseitig). Es wird also auch kritisiert, dass sie ihre Machenschaften gegenseitig decken, damit diese verborgen bleiben. Um welche Machenschaften es sich handelt, wird nicht spezifiziert: Denkbar wären Vergehen wie Bestechung oder Unterschlagungen.
In anderen Kommentierungen werden Diebe und lasterhafte Menschen als diejenigen bezeichnet, die sich gegenseitig decken, beispielsweise in der Kommentierung Stirling-Maxwell [SM51]: „Los ladrones y viciosos se disculpan y tapan unos à / otros. Unas alas monstruosas les hacen sombra; y el / cuello y facha del q.^{e} las extiende, son de mui erguido." (Die Diebe und Lasterhaften entlasten und decken sich gegenseitig. Ein paar ungeheure Flügel spenden ihnen Schatten; und der Hals und das Gesicht desjenigen, der sie ausbreitet, sind hoch erhoben). Das Handeln der einen (Straftaten) und der anderen (moralische Verfehlungen) werden gleichermaßen verurteilt.

Capricho 52

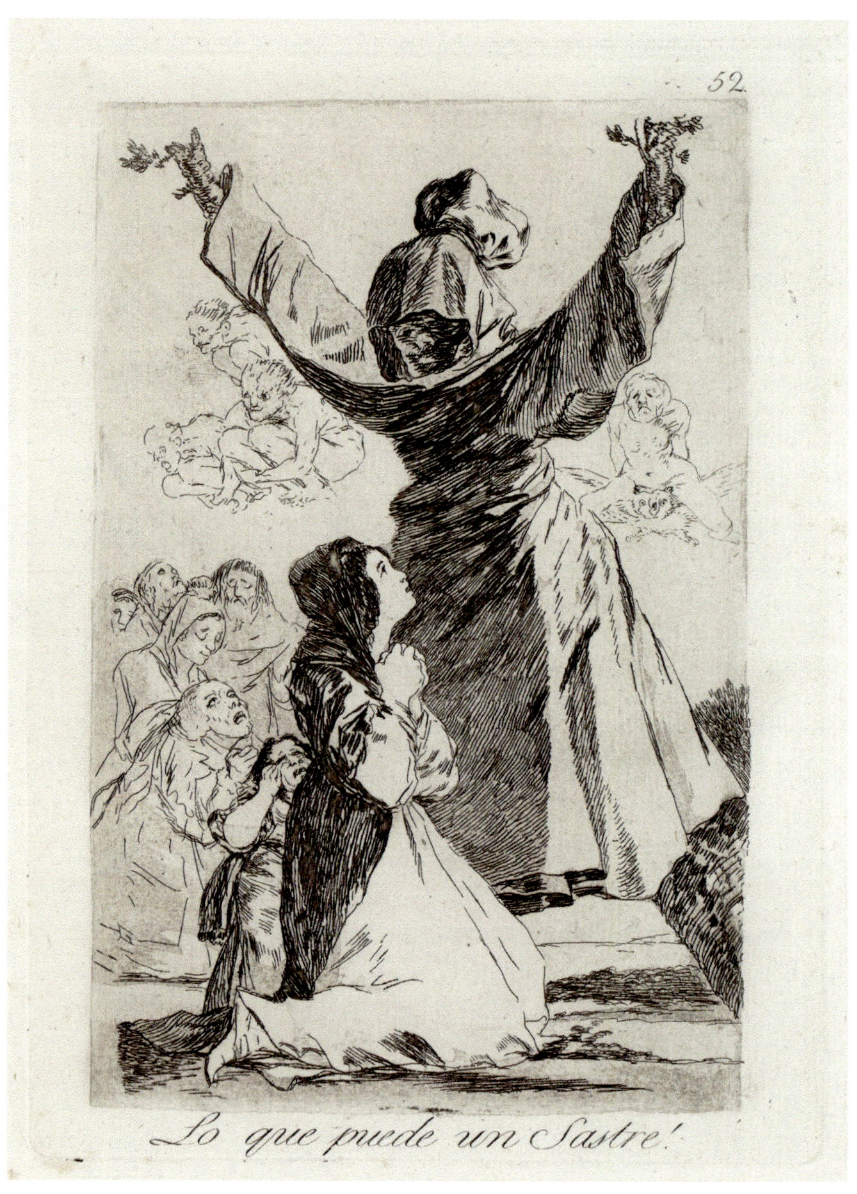

Hier muss man schon ganz genau hinsehen, um zu erkennen, dass ein Baumstamm so verkleidet worden ist, dass er aussieht wie ein Mönch. Davor kniet eine junge Frau und betet inbrünstig. Es handelt sich keineswegs um eine frei erfundene Szene, die zynisch Kritik am Aberglauben üben soll – anhand von zeitgenössischen Dokumenten und Berichten von Augenzeugen lässt sich nachweisen, dass zu Goyas Lebzeiten tatsächlich solche verkleideten Bäume von abergläubischen Spaniern angebetet wurden.
Die Bildlegende „Lo que puede un Sastre!“ (Was ein Schneider vermag!) kann man auf den Schneider beziehen, der die Kutte für den Baum hergestellt hat. Im übertragenen Sinne kann der Schneider aber auch jemand Arglistiges repräsentieren, der es aufgrund seiner Geschicklichkeit schafft, Dinge so zu arrangieren, dass Leute getäuscht werden.
In den meisten Kommentierungen zu *Capricho 52* werden der Aberglaube und die blinde Heiligen- und Reliquienverehrung, die im 18. Jahrhundert nachweislich verbreitet war und von der Kirche gefördert wurde, kritisiert, beispielsweise in der Kommentierung Ayala [A52]: „La Supersticion hace adorar un tronco vestido al pueblo ignorante“ (Der Aberglaube bringt das unwissende Volk dazu, einen in Kleidung gehüllten Baumstamm zu verehren). In anderen Kommentierungen wird auch angedeutet, dass der Aberglaube, der durch den Mangel an Bildung des Volkes entsteht, nicht bekämpft, sondern, teils mit Angst, sogar befördert und ausgenutzt wird.
Eine zweite, allgemeinere Lesart findet sich in Kommentierungen, in denen es im Sinne der Vorurteilskritik der Aufklärung allgemein um die Macht des falschen Scheins, das Vortäuschen und das eigentliche Sein geht. Hier wird angeklagt, dass Menschen sich vom äußeren Schein täuschen lassen, und zum Ausdruck gebracht, dass sie selbst verantwortlich dafür sind, Täuschungen von Tatsachen zu unterscheiden. So heißt es in der Kommentierung Sánchez Gerona [SG52]: „En elmundo se adora unleño vestido p.^{r} un Sastre porque solo nos contentamos conla ex-/terioridad.“ (In der Welt wird ein Stück Holz verehrt, das von einem Schneider eingekleidet wurde, weil wir uns bereits mit dem Äußeren zufriedengeben).

Capricho 53

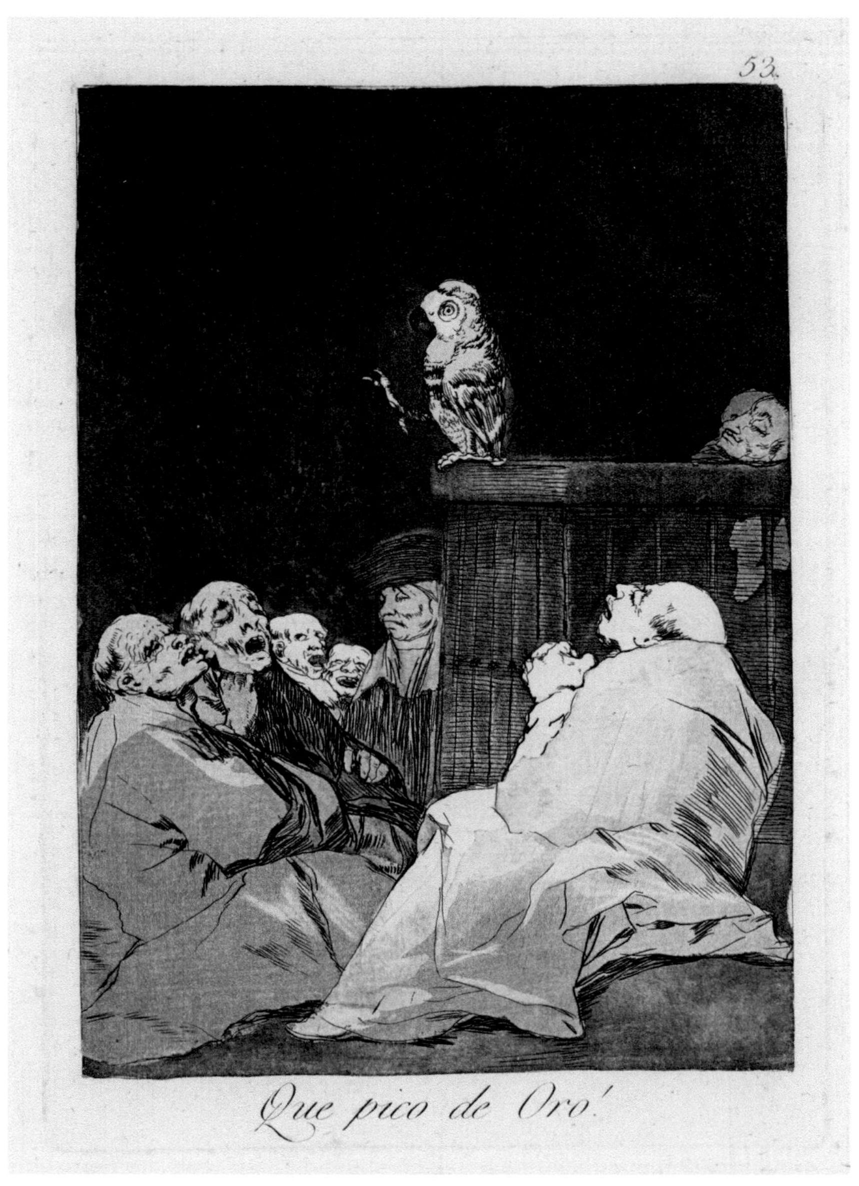

Der schön gestaltete Papagei auf der Redekanzel zieht bei der Betrachtung von *Capricho 53* sicher die Blicke auf sich. Die Menschen, die ihm zuhören, scheinen Mönche zu sein. Aber was ist das Thema der Radierung? Die Bildlegende lautet „Que pico de oro!“ (Was für ein Goldschnabel!) und liefert lediglich einen vagen Hinweis. Als *pico de oro* wird umgangssprachlich ein exzellenter Redner bezeichnet, was insofern ironisch zu sein scheint, da der Papagei lediglich Worte nachplappert. Allgemein geht es hier um die Kritik an eitlen, selbstgefälligen und inkompetenten Kanzelrednern, die im 18. Jahrhundert viel Zulauf hatten und den spanischen Aufklärern mit ihren leeren Phrasen und gehaltlosen Reden ein Dorn im Auge waren. So lautet die Kommentierung Ayala [A53] ganz lapidar: „Oradores plagiarios con auditorio de necios.“ (Plagiierende Redner vor einer Zuhörerschaft dummer Leute).
In den Kommentierungen der Goya-Linie wird die Szene in einen akademischen Kontext gebracht. Kritisiert werden akademische Versammlungen, insbesondere diejenigen der Mediziner, als Ort leeren Geschwätzes. Solche Versammlungen waren beliebt und galten als modern, zumal die Akademiebewegung im 18. Jahrhundert in Spanien einen großen Aufschwung nahm und viele staatliche Akademien in Madrid und anderen größeren Städten des Landes gegründet wurden. Die Kritik bezieht sich hier auf Ärzte, die zwar wie ein Goldschnabel über die Krankheiten reden, aber letztlich ihren Patienten mit unheilvollen Rezepten vorzeitig den Tod bringen, anstatt sie zu heilen.
In anderen Kommentierungen geht es um die Scheinheiligkeit des Klerus, wobei sich der Redner und seine Zuhörer gegenseitig loben. Dies wird beispielsweise in der Kommentierung Stirling Maxwell [SM53] zum Ausdruck gebracht: „Burla à los oradores plagiarios que solo recitan / producciones agenas como papagaios: el auditorio ne-/cio les aplaude, y otro tal, es decir, otro fraile intere-/sado les ensalza. El loro tiene traza de mui satisfecho.“ (Er macht sich über die plagiierenden Redner lustig, die wie Papageien nur fremde Werke rezitieren: Die dumme Zuhörerschaft spendet ihnen Beifall, und ein anderer Dummer, also ein anderer eigennütziger Mönch, hält eine Lobrede auf sie. Der Papagei scheint sehr zufrieden zu sein). In anderen Kommentierungen wird kritisiert, dass Kleriker erstens andere Redner plagiieren, zweitens diese Tatsache von anderen Klerikern vertuscht wird, und drittens die Zuhörerschaft, die die Plagiate aus Mangel an Intelligenz nicht erkennt.

Capricho 54

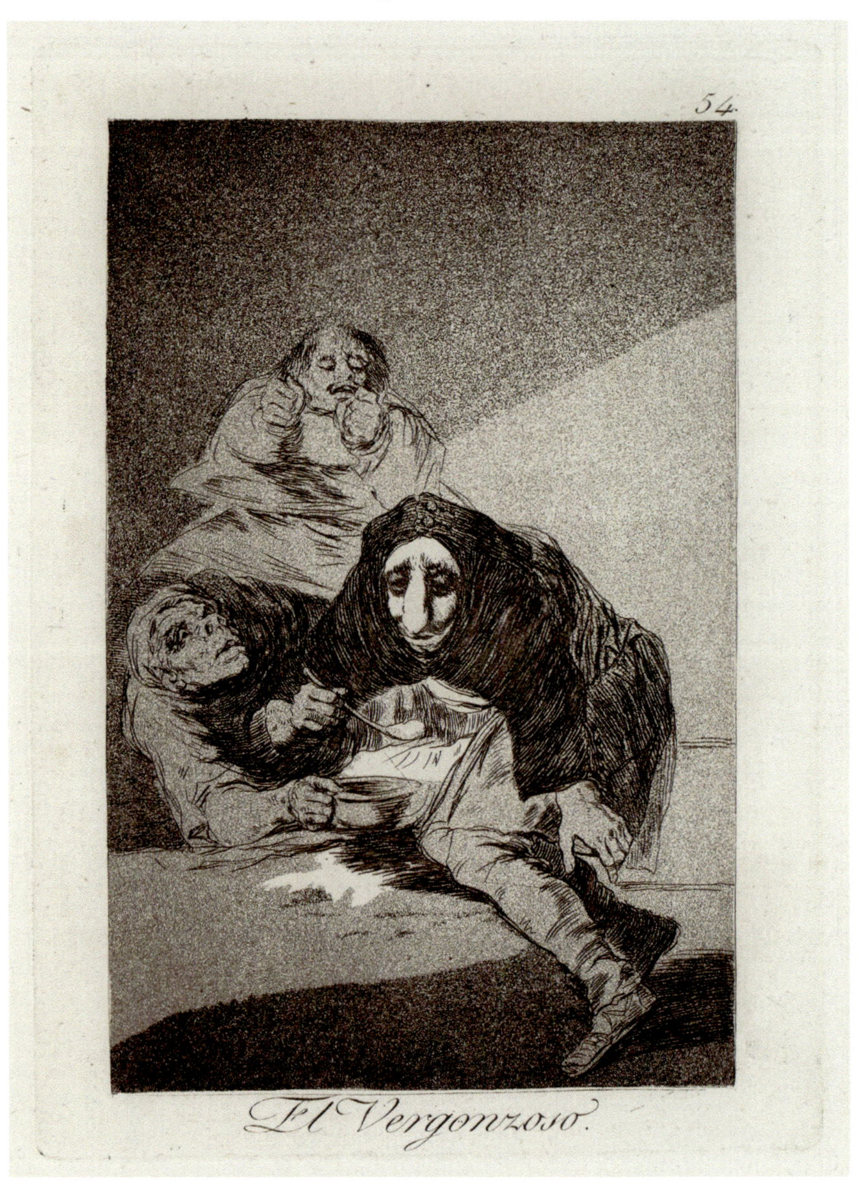

In *Capricho 54* hat ein Mann mit einer riesigen Nase eine Hose wie eine Kapuze über den Kopf gezogen. Er isst mit einem langstieligen Löffel aus einer Schüssel, die ihm ein anderer Mann hinhält. Ein dritter Mann, der die beiden beobachtet, ballt seine Fäuste und streckt sie nach vorne. Auffällig ist ein strukturelles Detail der Radierung: Es ist nicht eindeutig, zu welchem der beiden Männer die Beine gehören, denn sie sind so gestaltet, dass sie wie bei einem Kippbild sowohl dem einen als auch dem anderen Mann zugewiesen werden könnten.

Sowohl die Radierung als auch die Bildlegende legen nahe, dass hier homosexuelle Neigungen und Sexualpraktiken angeprangert werden. Die Bildlegende „El Vergonzoso." (Der Schamhafte) ist mehrdeutig: Als *vergonzoso* kann jemand bezeichnet werden, der Scham empfindet, oder jemand, der einen anderen beschämt. Ber Begriff *vergüenza* bezeichnet nicht nur das Schamgefühl an sich, sondern dient im Plural als Umschreibung der männlichen Geschlechtsorgane. Eine riesige Nase galt in der satirischen Literatur Spaniens seit dem Siglo de Oro als Phallussymbol, ihre Größe wurde als Indiz für die Größe des Penis oder die Lüsternheit angesehen.

In den Kommentierungen finden sich mehrere unterschiedliche Deutungen der Radierung: In der Kommentierung Ayala [A54] wird auf die homosexuellen Neigungen der beiden Gestalten im Vordergrund verwiesen: „Los Sodomitas suelen tener las verguenzas como puños. Hay hombres cuya ca-/ ra es lo mas indecente de todo su cuerpo y seria bien la metieran lo mismo / que este en sus calzones." (Die Homosexuellen haben für gewöhnlich faustgroße Geschlechtsteile. Es gibt Männer, deren Gesicht das Unanständigste an ihrem ganzen Körper ist, und es wäre gut, wenn sie es auf dieselbe Art wie dieser in ihre Hose stecken würden). In der Stirling-Maxwell-Linie wird diese Lesart aufgegriffen und noch verschärft, denn hier wird die Szene als Darstellung eines homosexuellen Akts gedeutet, wobei die Nase als physiologisches Merkmal Rückschlüsse auf die Lüsternheit des Mannes erlauben würde. In der Goya-Linie wird hingegen eher Bezug auf die Disziplin der Physiognomie Bezug genommen, als dass homosexuelle Neigungen kritisiert würden: Es wird lediglich ausgeführt, dass manche Männer ihre unanständigen Gesichter besser verdecken sollten, da bestimmte Gesichtsmerkmale auf andere Körperteile oder charakteristische Verhaltensweisen deuten würden.

Capricho 55

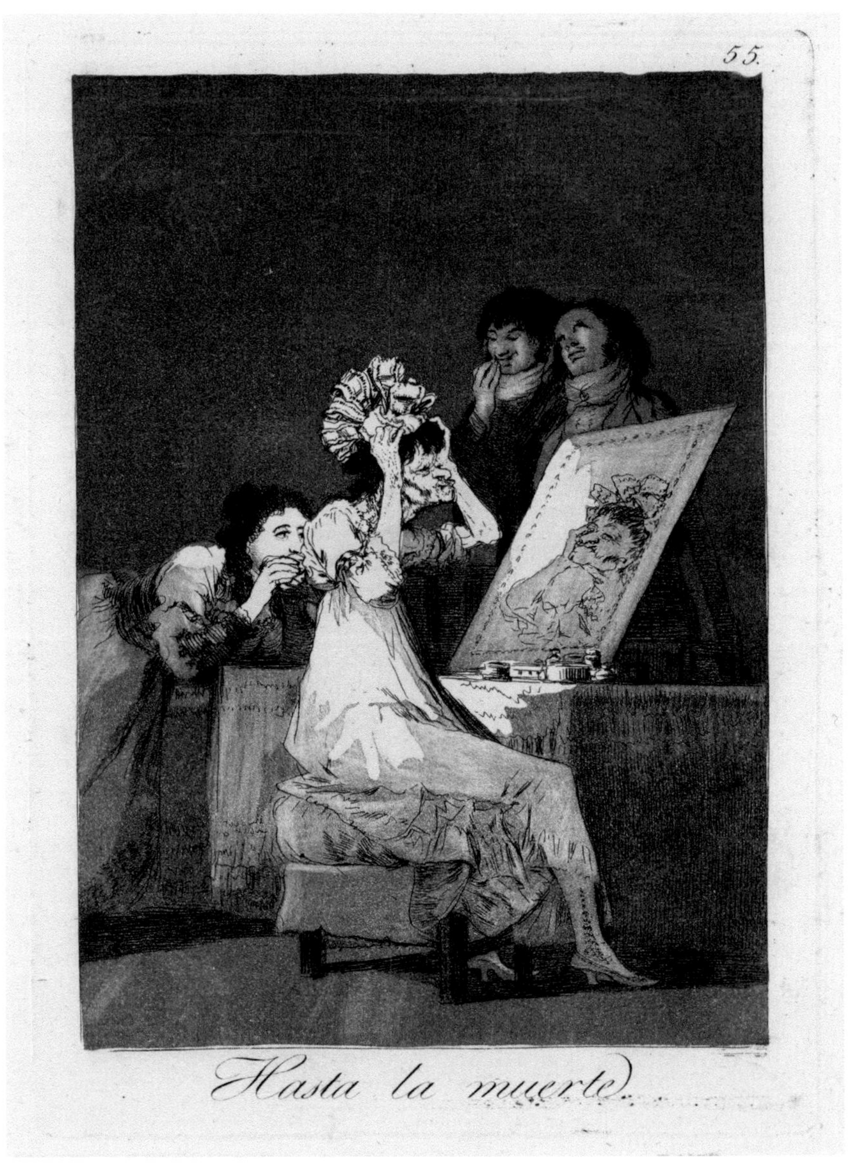

Eine alte Frau sitzt vor einem Schminktisch und betrachtet sich im Spiegel, während sie ihren Kopfschmuck mit den Händen arrangiert. Die junge Frau und die beiden Männer, die in ihrer Nähe stehen, machen sich offensichtlich über sie lustig. Die Radierung steht in der Tradition von Darstellungen der Eitelkeit (*vanitas*), auf denen Frauen gezeigt werden, die sich vor einem Spiegel herausputzen. Hier wird die Satire auf die Spitze getrieben, da es sich um eine hässliche Frau handelt, auf deren hohes Alter nicht nur ihr Aussehen, sondern auch die Bildlegende „Hasta la muerte." (Bis zum Tod) hindeutet.
In vielen Kommentierungen zielt die Kritik allgemein auf die Verfehlungen des Alters ab, beziehungsweise darauf, dass sich Eigenschaften wie die Eitelkeit im Alter nicht verlieren, sondern noch verschärfen. So glauben alte Frauen beispielsweise, dass sie trotz ihres hohen Alters noch Männern gefallen könnten.
Manche Zeitgenossen Goyas identifizieren die alte Frau als eine damals bekannte Persönlichkeit, wobei die verschiedenen Varianten zeigen, wie uneinig sie sich in ihren Deutungen waren. Mal soll es sich um María Faustina Téllez-Girón y Pérez de Guzmán, Duquesa de Osuna (1724-1797), handeln, von der es heißt, sie feiere heute ihren 75. Geburtstag und putze sich heraus, da sie Freundinnen erwarte. Der Spott gilt nicht ihrem Alter, sondern der unangemessenen und übertriebenen Art und Weise, wie sie sich herausputzt. Die Duquesa de Osuna wäre 1799, im Erscheinungsjahr der *Caprichos*, 75 Jahre alt geworden, wenn sie nicht zwei Jahre vorher verstorben wäre. In der Kommentierung Otro Comentario [OC2-55] werden Mutter und Tochter Osuna genannt, wobei Goya die Mutter, María Josefa Pimentel y Téllez-Girón (1752-1834), dargestellt habe. Beide unterhielten in Madrid einen Salon und betätigten sich als Mäzeninnen der Dichter, Komponisten und Maler, darunter Goya. In zwei Kommentierungen wird die Dargestellte als Königin Maria Luisa identifiziert, wohl aufgrund ihres angeblich ausschweifenden Lebenswandels.

Capricho 56

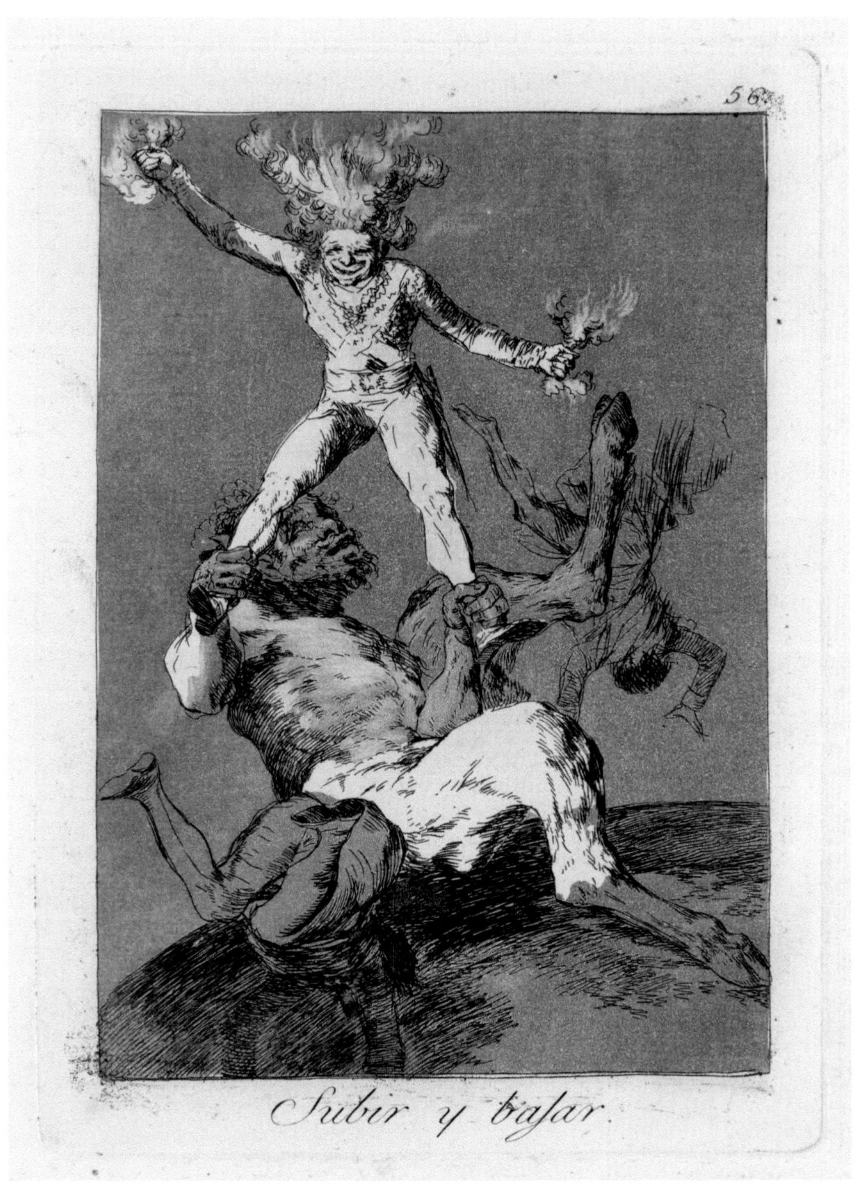

Auf einem gewölbten Untergrund, der wie ein Ausschnitt der Weltkugel aussieht, stemmt eine Gestalt einen Mann in die Höhe, dessen Haare lichterloh brennen. Die Bildlegende „Subir y bajar.“ ist doppeldeutig. Wörtlich heißt es *Aufsteigen und Herabfallen*, die Begriffe lassen sich aber auch sexuell deuten: Gemeint sein konnten zur Zeit Goyas auch Erektion und Abschwellen des Penis oder der Geschlechtsverkehr.

In den Kommentierungen finden sich verschiedene Interpretationen von *Capricho 56*. In der Kommentierung Ayala [A56] wird die Wollust (*luxuria*), eine der sieben Todsünden, als Thema der Radierung angegeben: „Principe de la Paz. La lujuria le eleva por los pies, se le llena la cabeza de humo y / viento, y despide rayos contra sus emulos.“ (Friedensfürst. Die Wollust stemmt ihn an den Füßen hoch; sie füllt ihm den Kopf mit Rauch und Wind und schleudert Blitze gegen seine Widersacher). Der von der bocksfüßigen Gestalt hochgehobene Mann wird mit dem Premierminister Manuel de Godoy identifiziert, der den Ehrentitel *Friedensfürst* trug.

In anderen Kommentierungen wird *Capricho 56* als Darstellung von Fortuna oder des wechselhaften Schicksals gedeutet. Dabei geht es um eine moralistische Aussage, nach der das Schicksal nicht diejenigen belohnt, die es umwerben. Diejenigen, die aufsteigen, werden mit Schall und Rauch entlohnt. Das Schicksal erweist sich in dieser Hinsicht als unberechenbar und unerbittlich.

Eine bemerkenswerte Interpretation von *Capricho 56* bietet die Kommentierung Stirling Maxwell [SM56]: „El mundo rueda efectiv.^{te} Los unos caen p.^{a} q.^{e} suban / los otros. El vicio con pies de cabra eleva à un militar / tonto, cuia cabeza se llena de humo y viento; y el qual / derriba y despide raios contra q.^{tos} sele oponen.“ (Die Erde dreht sich tatsächlich. Die einen fallen, damit die anderen aufsteigen. Das Laster mit Ziegenfüßen stemmt einen dummen Soldaten hoch, dessen Kopf sich mit Rauch und Wind füllt, und wirft all jene herunter, die ihm Widerstand leisten, und schleudert Blitze gegen sie). Der erste Satz ist sehr brisant, da man Ende des 18. und Anfang des 19. Jahrhunderts in Spanien immer noch nicht öffentlich das heliozentrische Weltbild vertreten durfte, was sich insbesondere an den zeitgenössischen Diskussionen über Galileo Galilei (1564-1642) zeigte, den Goya in der Zeichnung *Album C 94* als Gefangenen der Kirche dargestellt hat.

Capricho 57

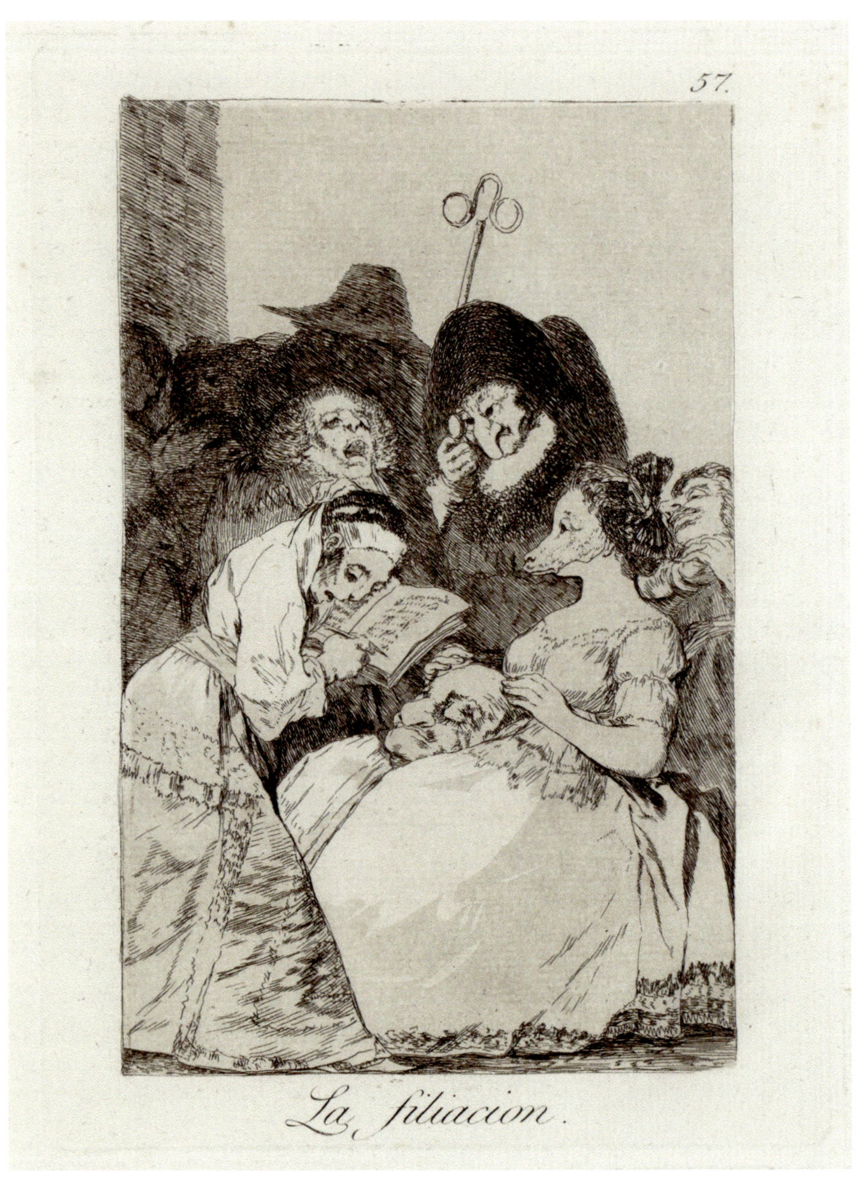

Mit der Bildlegende „La filiacion.“ (Die Abstammung) wird kurz und knapp das Thema von *Capricho 57* angegeben: Es geht um die Abstammung der jungen Frau, die vor ihrer Verheiratung geprüft wird. Bei der dargestellten Szene könnte es sich um eine der im 18. Jahrhundert üblichen *capitulaciones matrimoniales* handeln, ein vor der Hochzeit vor den Eltern und künftigen Schwiegereltern sowie jeweils zwei Zeugen pro Partner abgelegter schriftlicher Ehevertrag, in dem nicht nur die Höhe der Mitgift festgelegt wird, sondern auch die Abkunft der beiden Ehepartner nachgewiesen werden muss.
Die Darstellung der Radierung wird in der Kommentierung Ayala [A57] als Verlobungsszene gedeutet, wobei dem alten Mann das Adelspatent der jungen Frau vorgelesen wird: „Se engatusa al novio con la Executoria de sus padres, abuelos, y tatarabuelos. ¿y ella / quien es? Luego lo vera.“ (Man umgarnt den Verlobten mit dem Adelspatent ihrer Eltern, Großeltern und Ururgroßeltern. Und sie, wer ist sie? Später wird er es schon sehen). Als *carta executoria* wurde das offizielle Adelsprivileg der Frau bezeichnet. Angeprangert werden der Adel und seine Privilegien, die sich ausschließlich aus der Abstammung herleiten. Dem alten Mann, der die maskierte junge Frau nur aufgrund ihres Adelspatents heiratet, wird Unglück und Desillusionierung vorausgesagt. Es ist eine Kritik daran, dass der Wert einer Person sich nur an Vorfahren bemisst, die längst verstorben oder nicht eindeutig eruiert werden können, statt an den aktuellen Leistungen einer Person oder eines Adelshauses.
In einigen gedruckten Kommentierungen entfällt die Kritik an der Abstammungskunde zugunsten einer ausschließlichen auf die Praxis ungleicher Ehen bezogenen Kritik. Das in *Capricho 56* dargestellte Buch wird hier nicht als Abstammungsurkunde, sondern als Eheurkunde gedeutet. Stokes [S57] identifiziert die linke Gestalt mit dem Buch in der Hand als Priester: „A marriage, the bride having the face of an animal, and the bridgeroom being a dwarf. A priest writes in a book. Other figures in the background.“ (Eine Hochzeit. Die Braut hat das Gesicht eines Tieres, und der Bräutigam ist ein Zwerg. Ein Priester schreibt in ein Buch. Weitere Gestalten im Hintergrund). In diesem Sinne ist eine Referenz auf *Capricho 2* möglich, als Hinweis auf die Mitwirkung der Kirche an solchen Eheschließungen.

Capricho 58

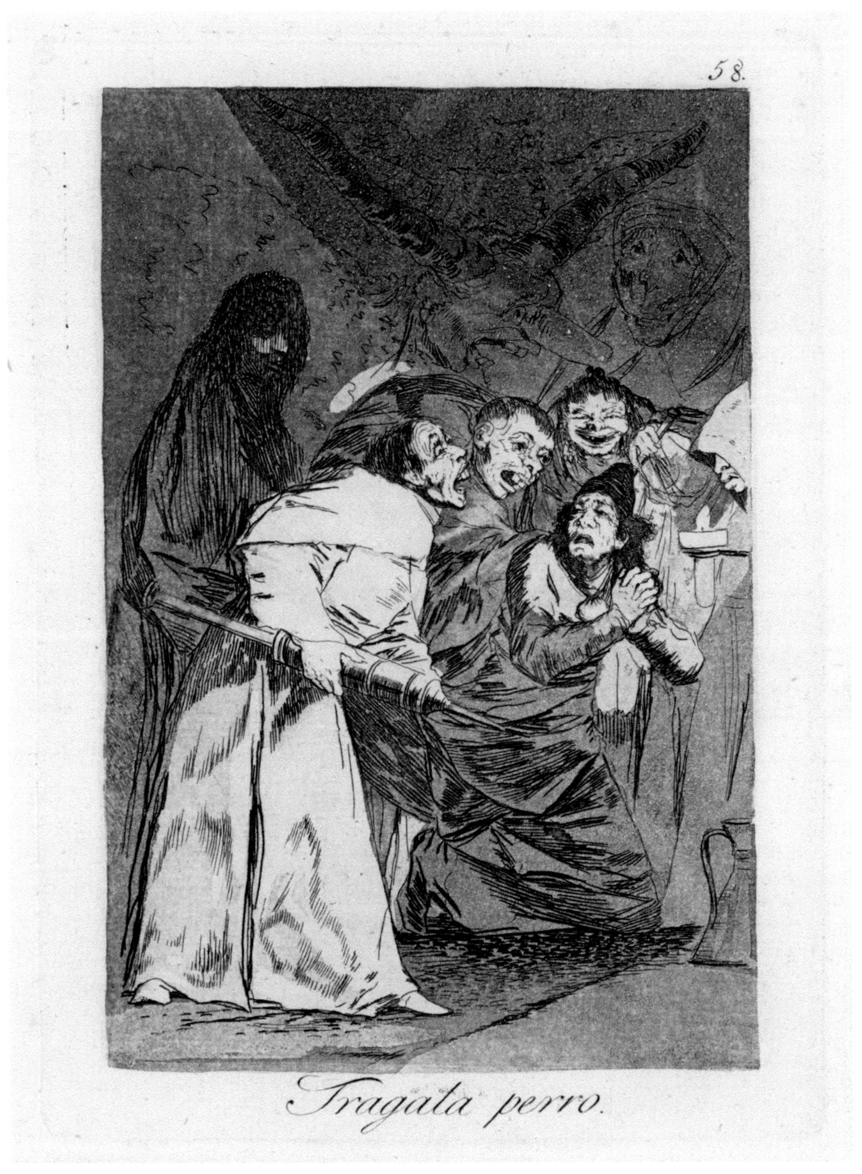

Nein, der Mann in Mönchskleidung trägt keine Schriftrolle, wie man auf den ersten Blick meinen könnte, sondern eine riesige Spritze, mit der er droht, einem anderen Mann einen Einlauf zu verpassen. Im Hintergrund stehen mehrere Gestalten, die das Geschehen beobachten. Über ihnen schweben schemenhaft Masken oder Ungeheuer, eines davon mit Hörnern versehen. Auch eine Eule mit ausgebreiteten Flügeln ist zu erkennen. Die Bildlegende lautet „Tragala perro.“ (Schluck das, du Hund).
Einigen Kommentierungen zufolge geht es in *Capricho 58* um eine moralistische Betrachtung des Menschen in Bezug auf sein Zusammenleben mit anderen. Demnach führt das Zusammenleben zwangsläufig dazu, dass man irgendwann von anderen geschädigt wird (hier ausgedrückt mit der Klistierspritze), doch will man dem entgehen, indem man sich in die Einsamkeit zurückzieht, entspricht deren Wirkung auf den Menschen dem Schmerz, den einem die anderen im sozialen Zusammenleben antun. Die pessimistische Folgerung: Der Mensch kann dem Schmerz nicht entgehen, nicht einmal in der Einsamkeit.
Andere Kommentatoren erzählen zu der Szene eine Anekdote: die Geschichten eines gutmütigen Ehemannes, der von Mönchen gequält wird, die in seine Ehefrau verliebt sind und sie so gefügig machen wollen. Der Ehemann wird schließlich von den Mönchen zum Schweigen gebracht.
Nur in der Kommentierung Dobree [DOe2-58] wird auf eine konkrete historische Begebenheit hingewiesen, die sich in Madrid zugetragen haben soll. Hier geht es um einen Soldaten und einen Mönch, die sich beide in dieselbe Frau verliebt haben. Der Soldat beabsichtigte, seinem Konkurrenten ein verunreinigtes Klistier zu verabreichen; dieser aber wusste sich mit einer Pistole und mit der Unterstützung seiner Ordensbrüder zu verteidigen und seinerseits das verunreinigte Klistier dem Soldaten zu geben. Die Klistierspritze wurde im 18. Jahrhundert auch als Folterinstrument eingesetzt.

Capricho 59

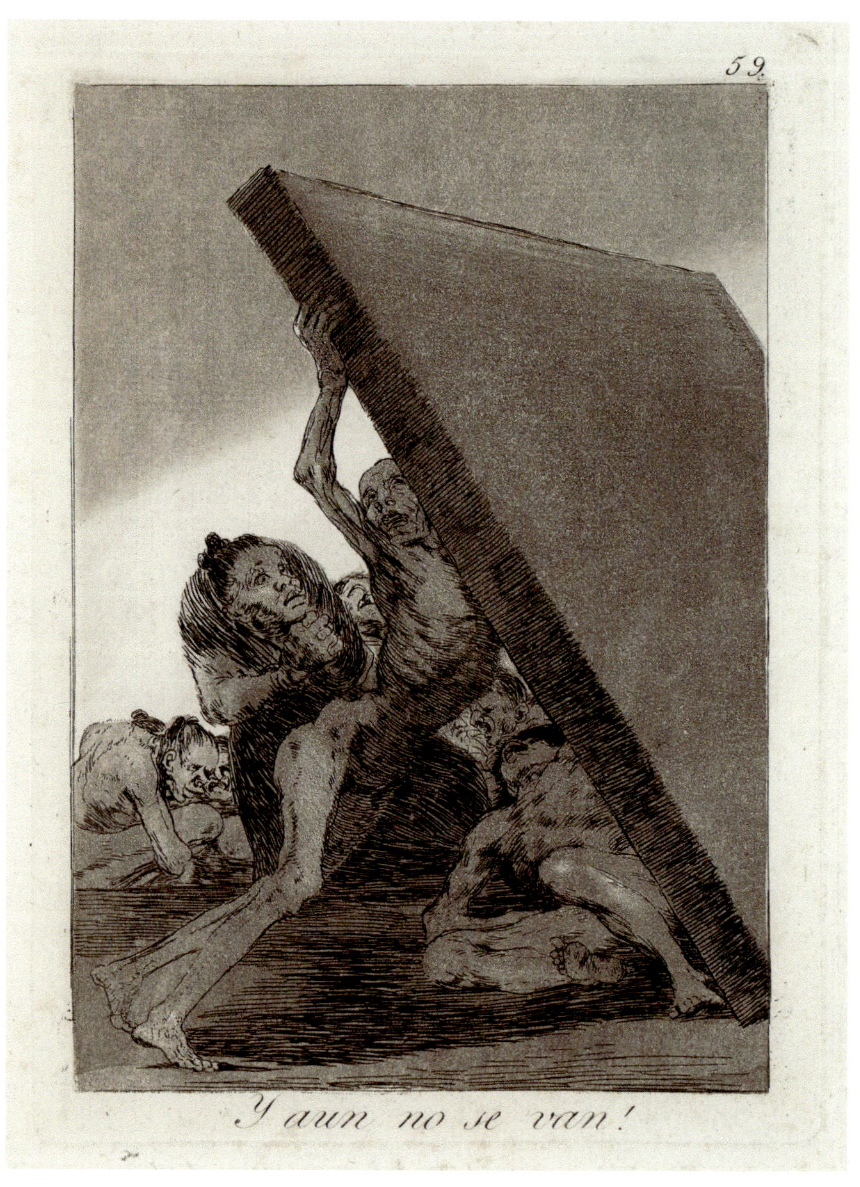

Eine ausgemergelte nackte Gestalt stemmt sich mit aller Kraft gegen eine Steinplatte, die sie zu zermalmen droht. Vor ihr kauert eine weitere nackte Gestalt auf dem Boden und stemmt sich ebenfalls gegen die Platte. Hinter den beiden steht eine scheinbar betende alte Frau, die mit weit aufgerissenen Augen die Anstrengungen der beiden beobachtet. Die Bildlegende lautet „Y aun no se van!“ (Und noch immer gehen sie nicht fort!) und gibt zunächst wenig Aufschluss über das Thema der Radierung.
In einigen Kommentierungen wird *Capricho 59* als Kritik an der Unverbesserlichkeit des Menschen aufgefasst: Der drohende Tod führe bei Menschen, die ihren Lastern fröhnen, nicht zu einer Verhaltensänderung. Der Mensch habe sein ganzes Leben lang die Chance, sein Verhalten zu reflektieren und zu verändern, um nicht in eine todbringende Lage zu geraten – tue dies zumeist aber nicht.
In anderen Kommentierungen wird Kritik daran geübt, dass der Mensch sich zu sehr auf sein Glück verlasse: Es wird gemahnt, stets die Unbeständigkeit des Schicksals vor Augen zu haben. Wer dies nicht tut, schläft zwar ruhig, ist aber gegen die Unbill des Schicksals nicht gewappnet und kann, da er nicht darauf vorbereitet ist, mit den Folgen nicht umgehen.
In der Kommentierung Lefort [LE59] wird die Radierung mit der politischen Situation Spaniens in Verbindung gebracht, in dem Sinne, dass Goya hier das Ende der Regierungszeit von König Karl IV. vorausgedeutet habe.
Für die französischen Romantiker gehört *Capricho 59* zu den Radierungen, die sie am meisten interessiert haben, was sich an den zahlreichen Kommentierungen zeigt. Théophile Gautier [G59] charakterisiert *Capricho 59* als Albtraum und setzt die Radierung in Bezug zu Dantes Höllendarstellung in der *Divina Commedia*. Die Szene wird also nicht als Mahnung an die Lebenden aufgefasst, ihr Leben im Diesseits zu verändern, sondern als warnende Vorschau auf die ewige Verdammnis, die diejenigen trifft, die sündhaft leben. Charles Baudelaire [BAU59] konzentriert sich in seiner Beschreibung von *Capricho 59* auf die Gestalt, die den Grabstein hochstemmt, da sie für ihn die existenzielle Einsamkeit des Menschen symbolisiert.

Capricho 60

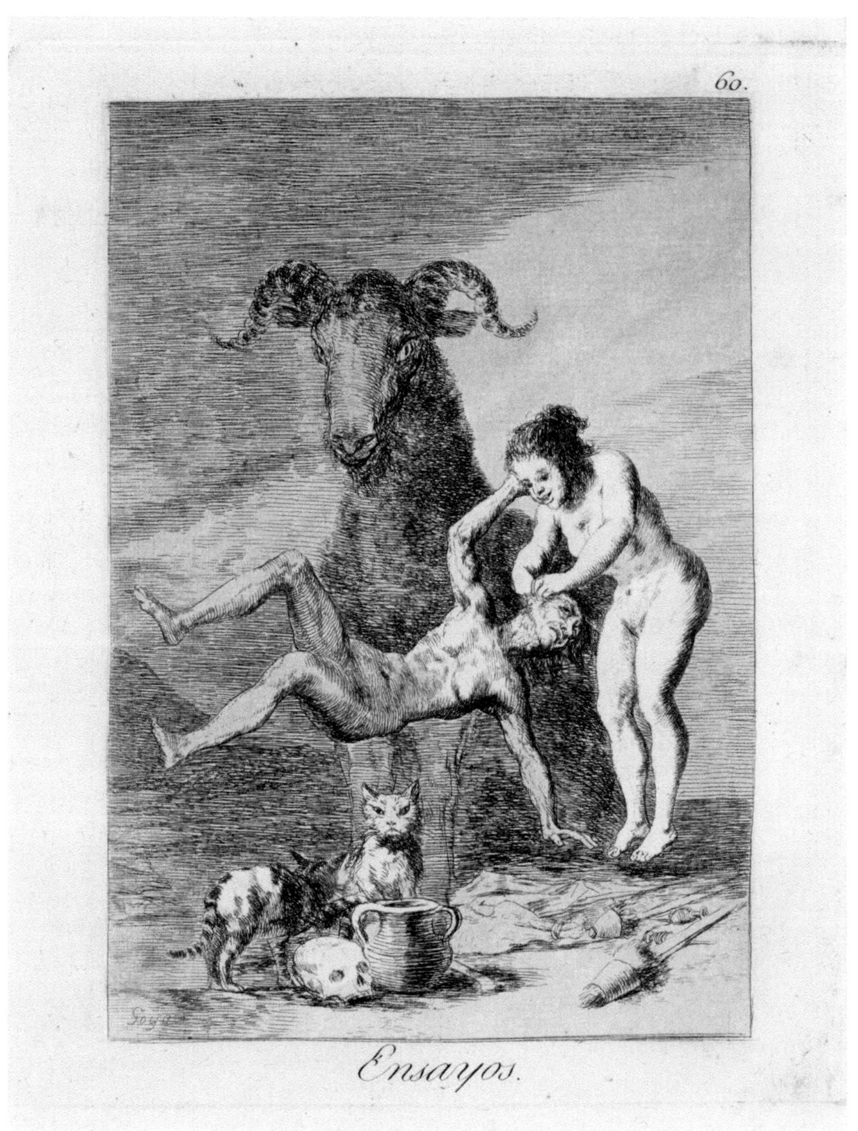

In *Capricho 60* werden zwei nackte, schwebende Gestalten gezeigt. Im Vordergrund befinden sich zwei Katzen, einTotenkopf, ein Krug, zwei Spinnrocken, zwei Spindeln und der Kadaver eines gerupften Huhns. Problematisch ist die zoologische Bestimmung des Tieres mit den gekrümmten Hörnern im Hintergrund, das in den meisten Kommentierungen als Bock bezeichnet wird. Das Thema der Radierung bleibt erstmal völlig unklar, auch die Bildlegende, die „Ensayos." (Versuche) lautet, gibt keinen näheren Anhaltspunkt.

Goyas Zeitgenossen bieten in ihren Kommentierungen verschiedene Deutungen zu *Capricho 60* an: In einigen Kommentierungen wird die Darstellung etwa dem Hexenwesen zugewiesen. In der Kommentierung Vorzeichnung [V60] wird genauer ausgeführt, was in der lapidaren Bildlegende verschwiegen wird: „Ensayo de Brujas primerizas de primer / buelo. y con temor se prueban p[a] trabajar" (Erster Flugversuch von Hexenanfängerinnen. Und mit Angst erproben sie sich, um arbeiten zu können). In der Kommentierung Ayala [A60] wird darauf hingewiesen, dass die junge Frau Fortschritte macht, was erwarten lässt, dass sie bald besser sein wird als ihre Meisterin. Hierdurch werden Kompetenz und Autorität der Meisterin relativiert und sogar in Frage gestellt. In der Kommentierung Prado [P60] werden die Fortschritte anders gesehen und bewertet: Die Schülerin wird nicht *mehr*, sondern *genauso viel* wissen wie ihre Meisterin, wodurch die Autorität der Lehrerin nicht in Frage gestellt wird.

In der Kommentierung Stirling Maxwell [SM60] wird als Thema nicht die Hexerei, sondern die Lüsternheit angegeben: „Taparse los oidos unos à otros, dexar las ruecas y labor, pelear-/se unos à otros, son los ensaios de la cabroneria; viven como / gatos hasta la muerte." (Sich gegenseitig die Ohren zuzuhalten, vom Spinnrocken und der Arbeit abzulassen, miteinander herumzubalgen, sind die Übungen der Lüsternheit; sie leben wie Katzen bis in den Tod). Zur Lüsternheit führen demnach die Verweigerung von Kommunikation (einander nicht zuhören), die Vernachlässigung der häuslichen Arbeiten (Untätigkeit und Faulheit) und das Miteinander-Herumbalgen, was auch im sexuellen Sinne gemeint sein könnte. In der Schlusswendung „hasta la muerte" (bis in den Tod) wird die pessimistische Haltung des Autors deutlich, der nicht an eine Besserung glaubt.

Capricho 61

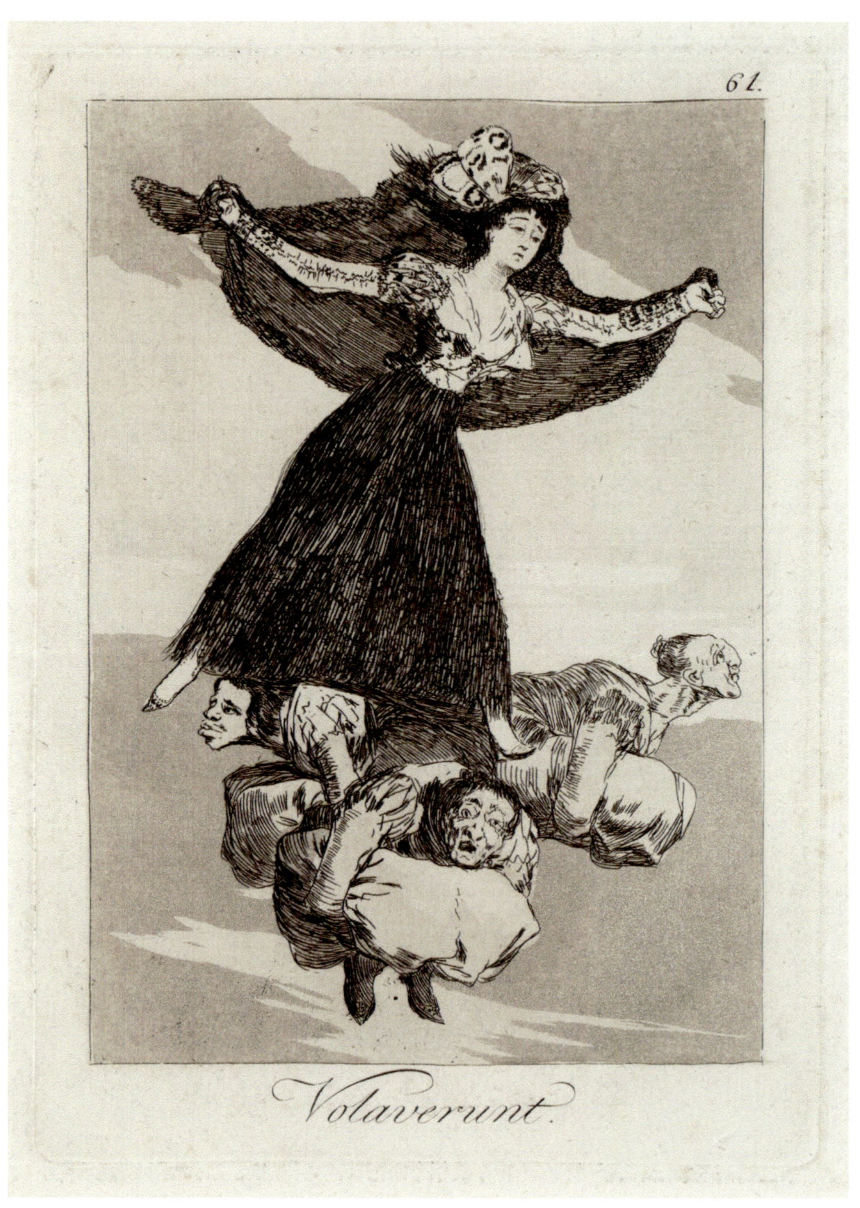

Eine modisch gekleidete junge Frau mit einem Schmetterling auf dem Kopf fliegt durch die Lüfte. Sie hält ein Schultertuch (*mantilla*) fest, das sich wie ein Flugsegel über ihr ausbreitet. Der Betrachter könnte auf die Idee kommen, dass hier eine schöne Frau dargestellt wurde, die sich sinnbildlich von Männern durch die Welt tragen lässt, durchaus auch im finanziellen Sinne. Die lateinische Verbform „Volaverunt." (Sie sind geflogen), die Bildlegende von *Capricho 61*, wurde als Latinismus im Spanischen verwendet, um in ernsthafter oder auch spöttischer Absicht zum Ausdruck zu bringen, dass etwas völlig abhandengekommen oder verlorengegangen ist, oder dass etwas gestohlen und weggenommen wurde. Dies lässt allerdings erstmal wenig Rückschlüsse auf die Deutung der Radierung zu.
Einige Kommentatoren bezeichnet die Frau als *petimetra*, womit in der Zeit Goyas ein Modepüppchen gemeint war. Dadurch wird die Frau zum Sinnbild einer bestimmten Art von Mensch stilisiert. So lautet beispielsweise die Kommentierung Kollektiv [K61]: „El grupo de brujas que sirbe de peana á la petrimetra / mas que necesidad es adorno. Hay cabezas tanllenas de / gas inf[l]amable, que no necesitan para volar ni glovo ni Brujas" (Die Hexengruppe, die einem Modepüppchen als Sockel dient, ist mehr Zierde, als dass sie notwendig wäre. Es gibt Köpfe, die so voll von entflammbarem Gas sind, dass sie zum Fliegen weder Ballon noch Hexen brauchen). Hier wird also kritisiert, dass es Menschen gibt, die über so wenig gesunden Menschenverstand verfügen, dass sie nicht mit beiden Beinen fest im Leben stehen, sondern abheben. Sinnbildlich wird hier das Bild des Gasballons, der seit 1783 in Madrid als Heißluftballon (Montgolfière) bekannt war, verwendet.
In anderen Kommentierungen wurde der Identifizierung der dargestellten Figuren mehr Raum eingeräumt als einer inhaltlichen Interpretation: In der Kommentierung Ayala [A61] wird die Frau als Herzogin von Alba und die drei Gestalten als Stierkämpfer identifiziert, in anderen wird sie als unglückliche Frau oder Prostituierte bezeichnet, die Gestalten als Gauner oder Sinnbild der Lasterhaftigkeit: „La Duquesa de Alva. Tres toreros la levantan de cascos." (Die Herzogin von Alba. Drei Stierkämpfer betören sie).

Capricho 62

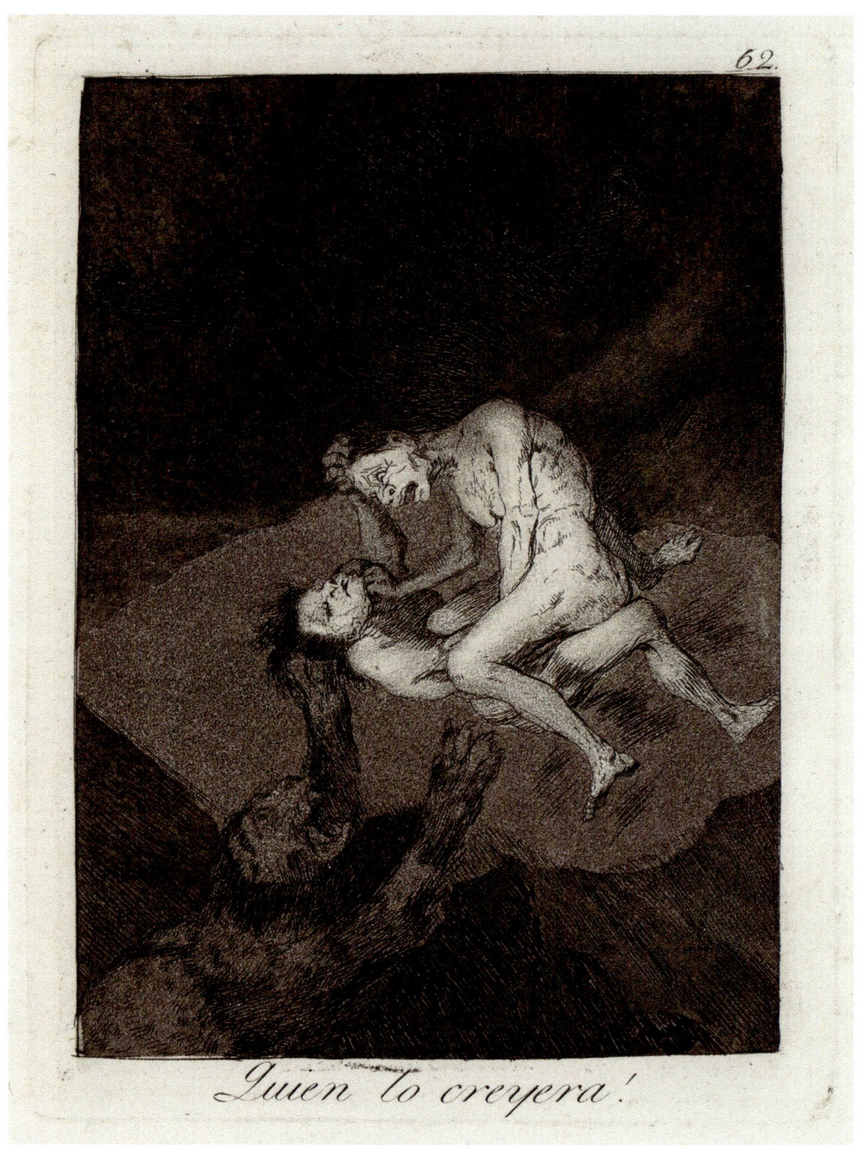

Capricho 62 zeigt zwei nackte Gestalten, die im freien Fall miteinander ringen. Über ihnen schwirrt ein geflügeltes Wesen, unter ihnen greift ein aufgerichtetes raubtierhaftes Ungeheuer mit seinen Tatzen nach ihnen. Man könnte darüber nachdenken, ob hier möglicherweise ein Zweikampf oder ein gewaltsamer sexueller Akt dargestellt wird. Die Bildlegende lautet „Quien lo creyera!“ (Wer hätte es geglaubt!) und hilft dem Betrachter in der Deutungsfindung zunächst wenig weiter.

Manche Kommentatoren sehen in der Radierung eine Kritik an einer der sieben Todsünden: In der Kommentierung Vorzeichnung [V62] wird sie beispielsweise dem Hexenwesen zugeordnet und der Hochmut als Thema genannt: „De lo mas alto de su buelo son arrojadas las / soberbias Brujas“ (Vom höchsten Punkt ihres Fluges werden die hochmütigen Hexen hinabgestürzt). Andere Kommentatoren nennen hingegen die Wollust als Thema. Die Kommentierung Ayala [A62] lautet: „Dos viejos entregados á la lascivia son devorados por los monstruos.“ (Zwei der Wollust ergebene Alte werden von den Ungeheuern verschlungen).

Eine alternative Deutung findet sich in Kommentierungen der Stirling-Maxwell-Linie, nach denen es sich um einen Geschlechtsakt handelt, bei dem die beiden nackten Gestalten neue Stellungen ausprobieren, was zum Streit führt, da dies nicht den erhofften Erfolg bringt. So wird beispielsweise in der Kommentierung Sánchez Gerona [SG62] aufgezeigt, wohin ihre sexuelle Gier sie führt: „Dos viejos lascivos son despedazados p.[r] dos monstruos abominables“ (Zwei laszive Alte werden von zwei abscheulichen Ungeheuern zerstückelt).

In anderen Kommentierungen wird eine dritte Interpretation der Radierung angeboten – hier geht es um das Thema Freundschaft oder der Komplizenschaft. Es handele sich hier um den Streit zweier Hexen darum, welche von beiden die kompetentere und bessere sei. Die angebliche Freundschaft der beiden wird hier als Komplizenschaft entlarvt, die nur den äußeren Anschein von Freundschaft besitzt, aber aufgrund mangelnder Tugend keine wahre Freundschaft ist.

Capricho 63

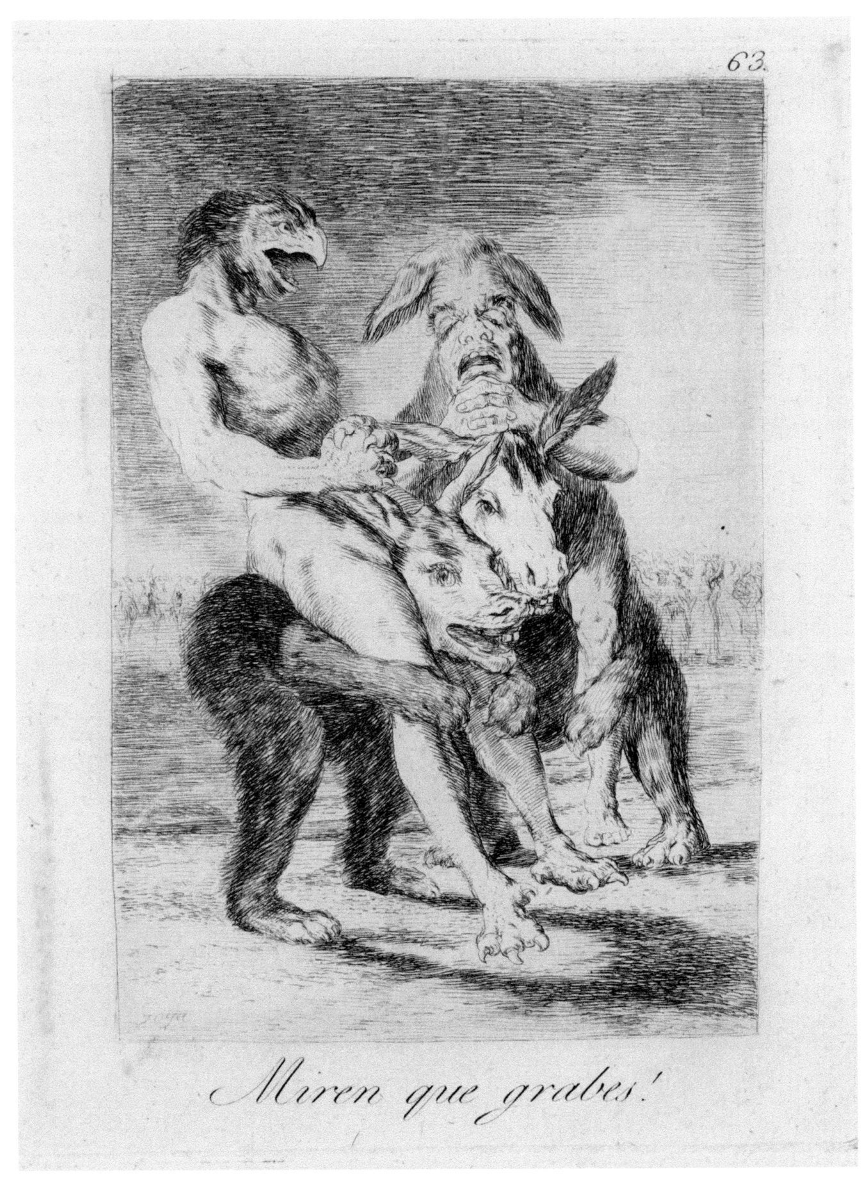

Auf *Capricho 63* sind ziemlich groteske Wesen zu sehen: Zwei nackte Gestalten mit menschlichen Körpern, aber tierähnlichen Köpfen und Füßen reiten auf zwei anderen Mischwesen. Die Reittiere stehen in gebeugter Haltung auf ihren Hinterläufen, wobei sie mit ihren behaarten Pranken die Beine der beiden Reiter umklammern. Mit der Bildlegende wird der Betrachter der Radierung direkt angesprochen: „Miren que grabes!" (Schauen Sie, wie würdevoll!) – das Thema der Radierung bleibt allerdings unklar.
In der Kommentierung Ayala [A63] wird die Lasterhaftigkeit als Thema benannt: „Dos personages bestiales hacen exercicio á caballo. El uno es celebre por lo devoto, y / el otro por lo ladron." (Zwei von ihren animalischen Trieben beherrschte Personen machen Reitübungen. Die eine ist berühmt für das Devote und die andere für das Diebische). Die Reiter werden als devot und diebisch bezeichnet, Eigenschaften, die dazu dienen, sich so Vorteile zu erschleichen.
Andere Kommentatoren sehen in der Radierung eine Kritik an der scheinheiligen Oberschicht und der Dummheit der Menschen, die diese trotzdem bejubelt. Als Beispiel lässt sich die Kommentierung Norton Simon [NS3-63] anführen: „No se ven en el mundo mas que monstruosida-/des: dos fieras monstruosas llevan a cuestas / dos personages: el uno da por ser valiente, / pero ladron: el otro por fanatico; pero sal-/vage. Tales son los Reyes, y principales / magistrados de los pueblos: y con todo estos / son llamados de lejos; y aclamados p.[r] los pueblos, / cuyo govierno se les confia ciegamente." (Man sieht in der Welt nichts anderes als Ungeheuerlichkeiten. Zwei monströse Untiere tragen zwei Personen auf dem Rücken. Die eine brüstet sich damit, mutig zu sein, ist aber ein Dieb, die andere damit, übereifrig zu sein, ist aber ein Sittenloser. So sind die Könige und hohen Beamten der Völker, und trotzdem ruft man sie von weitem; sie werden von den Völkern bejubelt, deren Regierung man ihnen blind anvertraut).
In den Kommentierungen der Goya-Linie hingegen wird die Radierung dem Hexenwesen zugeordnet und ausgeführt, dass es gut situierte Hexer gibt, die auf Kosten anderer leben und sich zudem sexuellen Ausschweifungen hingeben.

Capricho 64

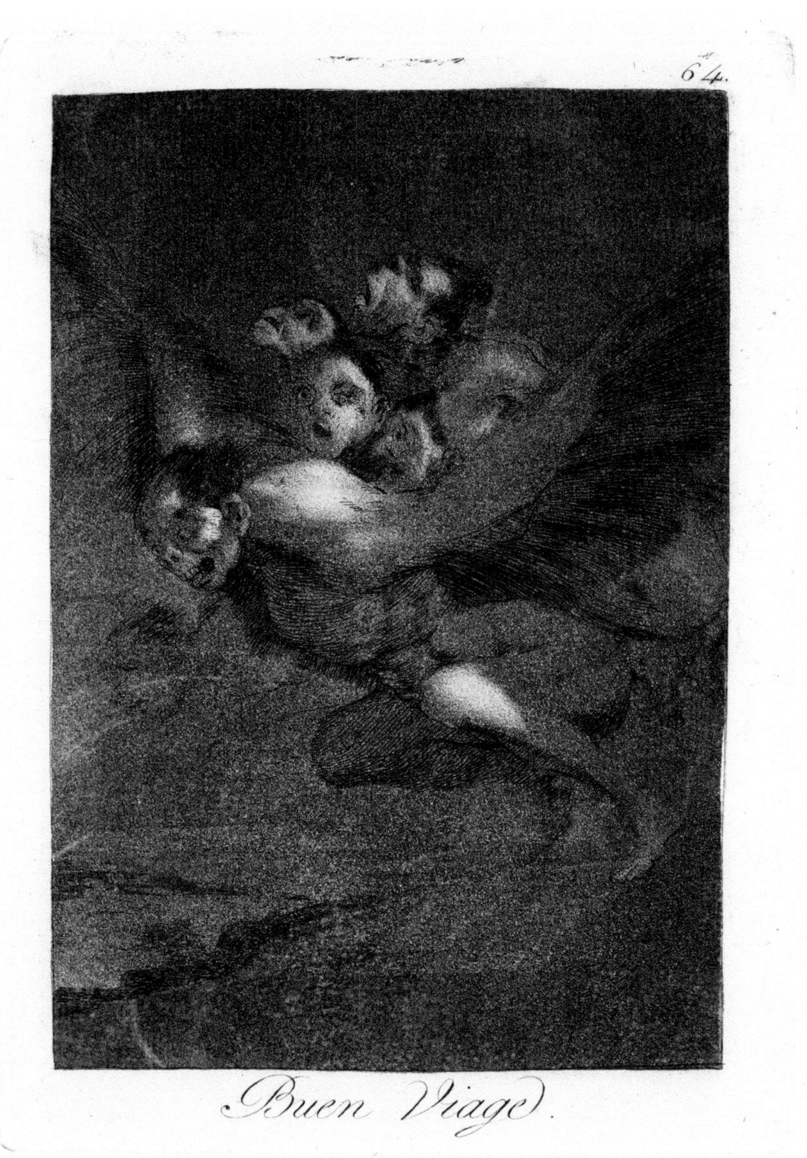

Capricho 64 wirkt vermutlich etwas apokalyptisch auf den Betrachter. Vier Gestalten, mit maskenhaft verzerrten Gesichtern und teilweise weit aufgerissenen Mündern, fliegen auf einem flügelschlagenden Dämon durch die Lüfte. Die Bildlegende lautet „Buen Viage." (Gute Reise) und gibt wenig Aufschluss über das mögliche Thema.
Einige Kommentatoren deuten auch diese Radierung als Kritik an der Lasterhaftigkeit der Menschen – die dargestellten Gestalten entsprechend als ihre Allegorien. Unwissenheit und Lasterhaftigkeit werden eng aufeinander bezogen – sie begünstigen sich gegenseitig. Dass unwissende Menschen leichter der Lasterhaftigkeit verfallen, ist ohne Weiteres nachvollziehbar, wohingegen die Unwissenheit nicht zwangsläufig eine Folge der Lasterhaftigkeit sein muss.
In anderen Kommentierungen wird die Szene dem Hexenwesen zugeordnet, beinhaltet aber eine drastische Gesellschaftskritik. Die fliegenden Gestalten werden als *garullada* oder *gorullada* bezeichnet. Traditionellerweise wurden diese Begriffe im 18. Jahrhundert abschätzig für Gerichtsdiener, Büttel und Häscher als die Exekutive der Justiz, im weiteren Sinne aber auch für alle, die mit der Justiz zu tun haben, verwendet, zweitens für die Kuppler und die Prostituierten. Die in der Aufklärung beliebte Lichtmetaphorik findet sich in den Kommentierungen Kollektiv [K64] und Prado [P64], hier wird ausgeführt, dass es tagsüber kein Problem wäre, das Gesindel in den Griff zu bekommen, im Dunkel der Nacht jedoch schon. Eine Besonderheit sind die Drastik und Entschlossenheit, mit der dem Spuk gewaltsam ein Ende gesetzt werden soll, nämlich indem man ihn abschießt.
In den gedruckten Kommentierungen wird die Radierung überwiegend mit der Kirche oder der Religion in Verbindung gebracht. In der Kommentierung Yriarte [Y2-64] wird die Radierung als Darstellung der dunklen Machenschaften der Jesuiten gedeutet, die 1767 aus Spanien ausgewiesen wurden. In der Kommentierung Lefort [LE64] werden Hexenwesen und Kirche beziehungsweise Religion gleichgesetzt.
Mayer [MY64] stellt eine assoziative Verbindung zu *Asmodea* her, eines von Goyas *Schwarzen Gemälden* (*Pinturas negras*), auf dem einige Männer dargestellt sind, die mit Gewehren auf eine Gruppe fliegender Gestalten zielen.

Capricho 65

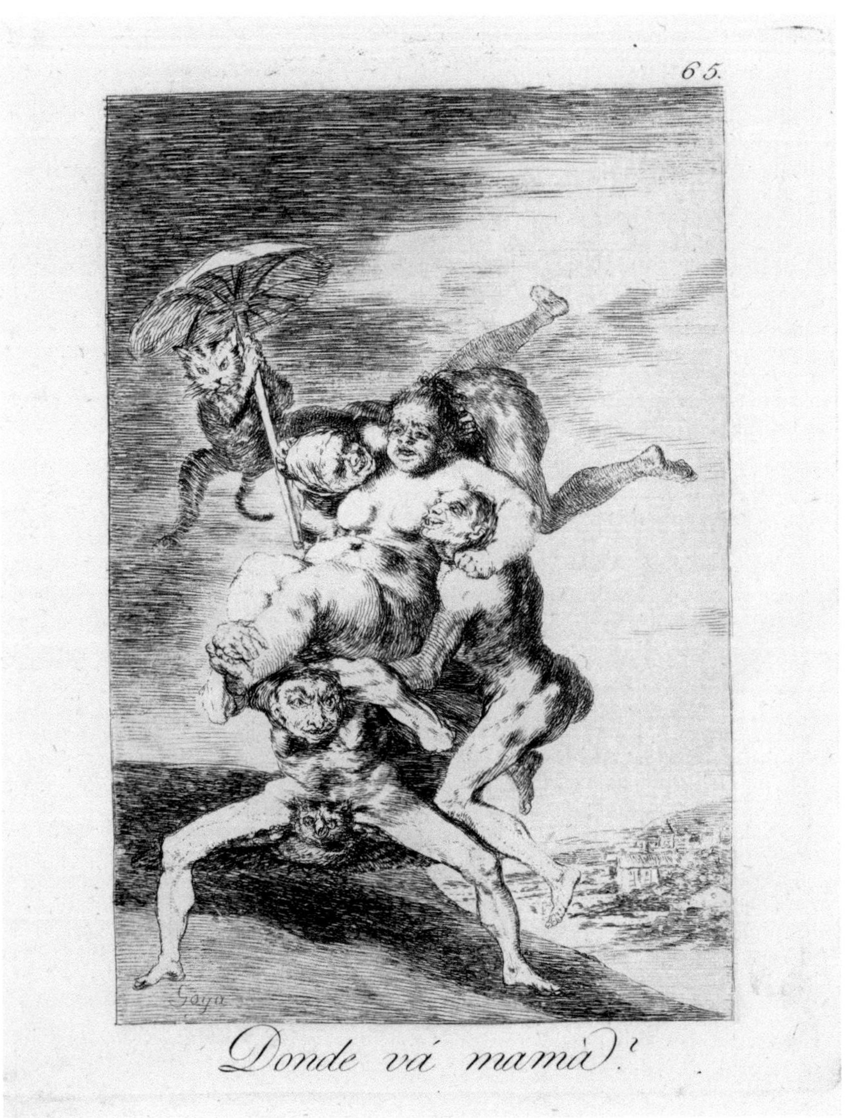

Capricho 65 dürfte den Betrachter bezüglich der Interpretation etwas ratlos machen. Man sieht eine Gestalt, die eine füllige nackte Frau auf ihrem Rücken trägt. Links schwebt ein aufgespannter Schirm, an den sich eine Katze klammert. Rechts breitet sich eine Landschaft aus, in der sich Konturen eines Gebäudes ausmachen lassen. Die Bildlegende lautet „Donde vá mamà?" (Wohin geht Mama?).

Man hat den Eindruck, dass selbst Goyas Zeitgenossen Schwierigkeiten hatten, die Darstellung zu interpretieren. So lautet die Kommentierung Art Gallery of South Australia [AGA65]: „O mother! Where are we going?" (Oh Mutter! Wo gehen wir hin?). Hier wird lediglich die Bildlegende aufgegriffen und den Gestalten, die die nackte Frau tragen, als Frage in den Mund gelegt.

In einigen Kommentierungen wird die Radierung allegorisch als Darstellung der Laster gedeutet, denen die Frau sich wohl hingibt. In diesem Sinne würde *Capricho 65* an vorhergehende Darstellungen verschiedener Laster und ihrer Folgen anknüpfen. Die Gestalten, die die Frau stützen und emporheben, werden als die Trunkenheit und Wollust identifiziert. Die Kommentierung Stirling-Maxwell [SM65] lautet beispielsweise: „Los vicios levantan p.r los aires à una mugerona abotarga-/da p.r la embriaguez y lascivia q.e la mete la mano por / entrelas piernas. Un ladron les hace sombra." (Die Laster heben eine Matrone empor, die durch die Trunkenheit und die Wollust, die ihr die Hand zwischen die Beine legt, aufgedunsen ist. Ein Dieb spendet ihnen Schatten).

In der Kommentierung Ayala [A65] wird hingegen offengelassen, ob die fettleibige Frau krank ist oder sündhaft lebt: „Mama esta idropica y la mandan pasear. Dios quiera que se alivie." (Mama ist wassersüchtig, und man verordnet ihr, spazieren zu gehen. Gott möge dafür sorgen, dass sie sich erholt). Wörtlich wird ihr Zustand also als pathologisch beschrieben: Sie habe die Wassersucht. Das Adjektiv *hidrópico* ist allerdings doppeldeutig, neben *wassersüchtig* im Sinne einer Krankheit, auf die der aufgeblähte Leib der Frau hinweist, bedeutet es auch *unersättlich*, und zwar in sexueller Hinsicht.

Capricho 66

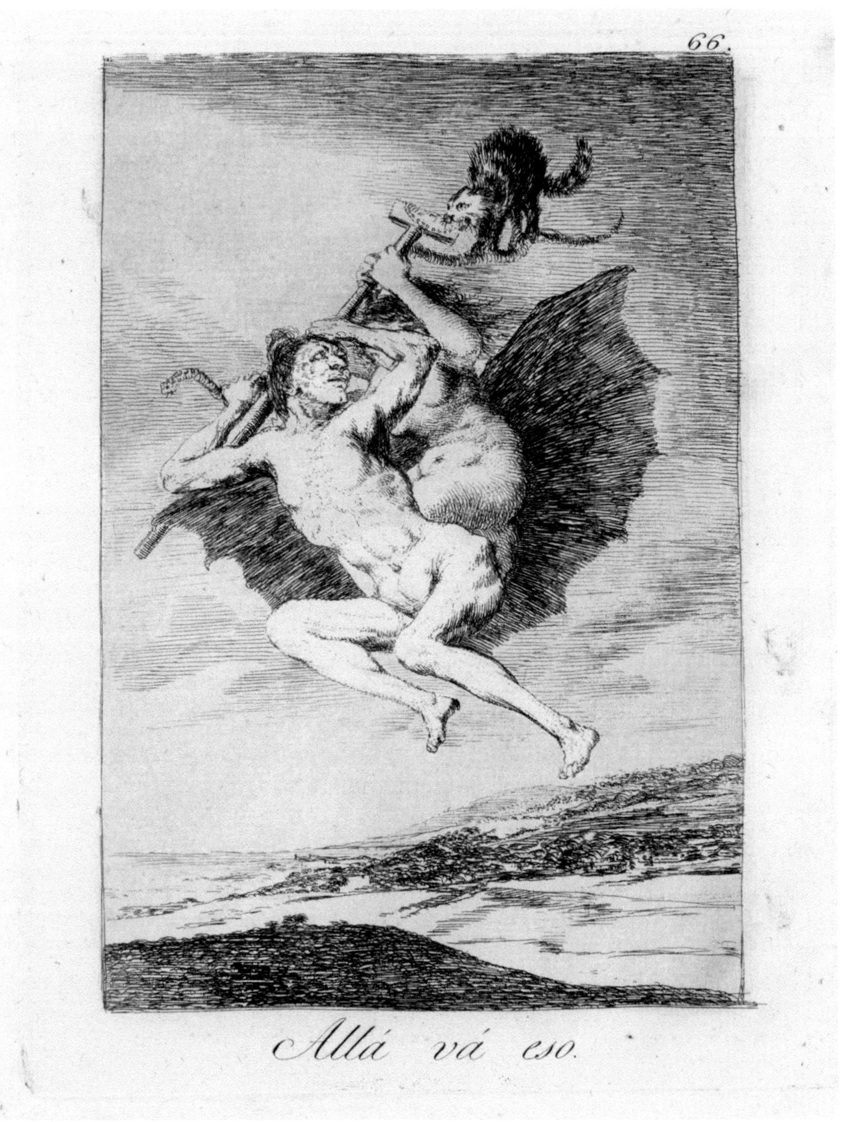

Der alleinige Blick auf die Radierung dürfte dem Betrachter kaum genügen, um zu einer Deutung zu kommen. Es sind zwei nackte Gestalten zu sehen, die eine hat Flügel, die andere hält sich an eine Krücke fest, um deren Stiel sich eine Schlange windet und eine Katze klammert. Die Bildlegende lautet: „Allá vá eso.“ (So geht das) und enthält keine Hinweise auf ein mögliches Thema der Darstellung – und auch Goyas Zeitgenossen scheinen sich mit der Deutung schwer getan zu haben, wie die Spannbreite an Interpretationen zeigt.

Die Kommentierung Vorzeichnung [V66] lautet: „Sueño. / Bruja maestra dando lecciones a su discipula del primer buelo.“ (Traum. Hexenmeisterin, die ihrer Schülerin erste Flugstunden gibt). Hier wurden die Bildlegende und die Szene allgemein als Lehrstunde interpretiert.

In der Kommentierung Stirling Maxwell [SM66] wird als Thema der Radierung im weitesten Sinne die schlechte Erziehung genannt: „Las viejas impedidas, con su muleta y rosario son las q.[e] / enseñan à volar à las mozas, y à ser sierpes, y gar-/duñas.“ (Die krüppeligen alten Frauen mit ihren Krucken und Rosenkränzen sind diejenigen, die den jungen Mädchen beibringen zu fliegen, und Einbrecherinnen und Diebinnen zu sein). Hier wird kritisiert, dass alte Frauen unter dem Deckmantel der Gebrechlichkeit und Frömmigkeit junge Mädchen in die Kunst der hinterhältigen Verstellung (ausgedrückt im Bild der Schlange) und des Taschendiebstahls (ausgedrückt im Bild des Marders) unterweisen.

In vielen Kommentierungen findet sich der Hinweis auf das traditionelle literarische Motiv des hinkenden Teufels (*diablo cojuelo*), womit man im 18. Jahrhundert seine Verachtung gegenüber dem betrügerischen Teufel oder einem lächerlichen Menschen ausdrückte. So lautet die Kommentierung Kollektiv [K66] beispielsweise: „Ahy va una bruja á Caballo en el diablo cojuelo. Este / pobre diablo a quien todos hacen burla, no deja deser util / algunas veces.“ (Hier kommt eine Hexe, die auf dem hinkenden Teufel reitet. Dieser arme Teufel, über den sich alle lustig machen, ist doch manchmal nützlich). In der Kommentierung Ayala [A66] wird eine sexuelle Lesart eröffnet: „Hay va una á caballo en el diablo coxudo que es util algunas vezes.“ (Hier kommt eine, die auf dem nicht kastrierten Teufel reitet, der manchmal nützlich ist). Mit dem unkonventionell geschriebenem Wort *Hay* ist *Ahí* (hier) gemeint. Der Teufel dient der Frau als Sexualobjekt – das Reiten lässt sich dementsprechend als sexueller Akt deuten.

Capricho 67

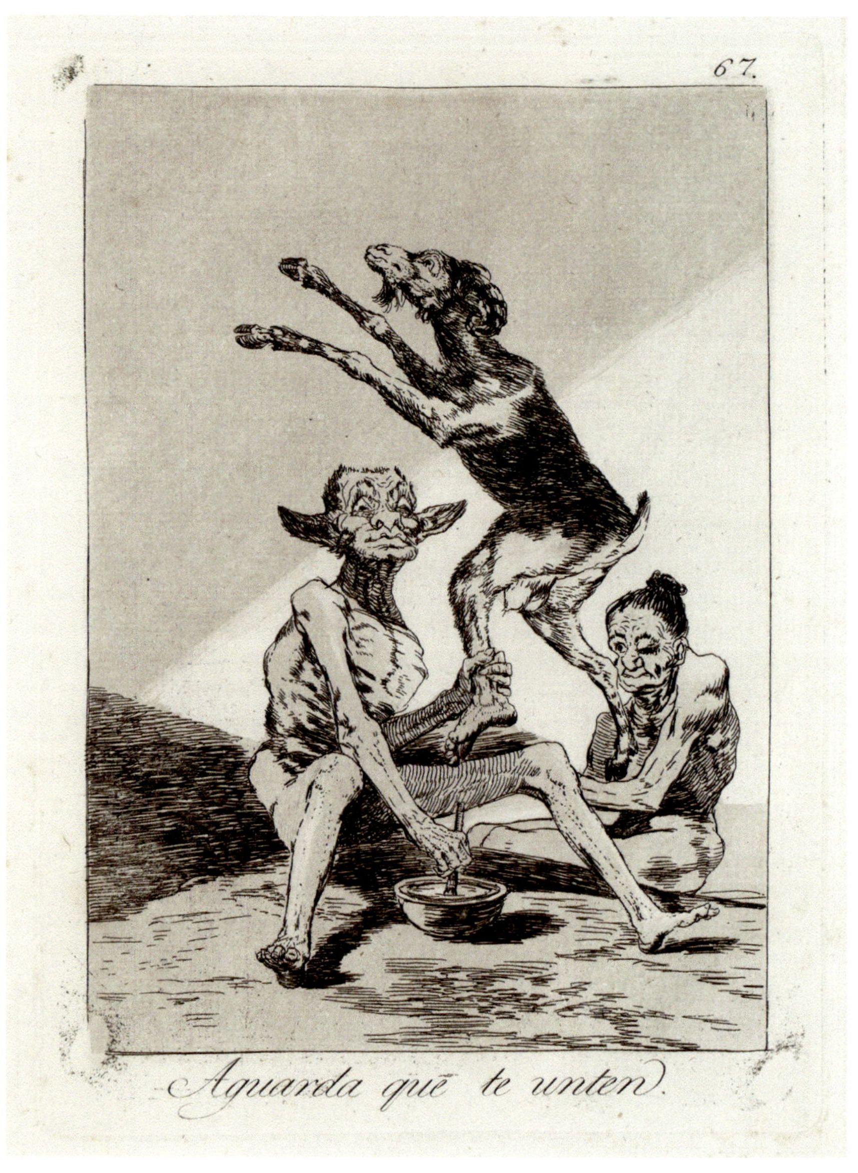

Warum halten die beiden merkwürdigen Gestalten eine Ziege fest, die anscheinend abhauen will, mag sich der Betrachter von *Capricho 67* fragen. Tatsächlich wird hier ein Hexenritual dargestellt, nämlich die Verwandlung eines Menschen in einen Ziegenbock. Die Radierung und auch die Bildlegende, die „Aguarda que te unten." (Warte, bis sie dich (ein)geschmiert haben) lautet, sind ohne Hintergrundwissen über die zeitgenössische Gesellschaft beziehungsweise Goyas Kritik an ihr kaum zu verstehen.
In der Kommentierung Ayala [A67] wird Kritik am Klerus geübt: Hier wird ein Sakrament der katholischen Kirche, nämlich die Letzte Ölung, als Hexenritual angesehen. Es wird die gängige Praxis kritisiert, dass sich die Kirche die Letzte Ölung von Sterbenden oder deren Verwandten hat bezahlen lassen, was hier offensichtlich als Bestechung aufgefasst wird. Demnach ist die Befreiung von Sünden an die Zahlung von Geld gebunden, unabhängig von der Lebensführung der Sterbenden.
Andere Kommentatoren sehen in der Radierung eine Anspielung auf die Themen Bestechung und Korruption. So lautet beispielsweise die Kommentierung Kollektiv [K67]: „Le embian á un recado de importancia y quiere irse a medio / untar. Entre los brujos los hay tambien troneras, precipitados, bota-/rates, sin pisca de juicio: todo el mundo es pais." (Man schickt ihn auf eine wichtige Mission, und er will schon gehen, obwohl er erst halb (ein)geschmiert ist. Unter den Hexern gibt es auch Wirrköpfe, Voreilige, Verschwender, ohne das geringste Urteilsvermögen. Überall das Gleiche). Das Einschmieren wird hier sinnbildlich als *jemanden schmieren* gedeutet, wobei ironisch kommentiert wird, dass einige Menschen so dumm seien, sich für ihre Dienste nicht mal richtig schmieren zu lassen.
In der Kommentierung Stirling Maxwell [SM67] wird die Radierung als Kritik an schlechten Eigenschaften gedeutet, und somit an vorhergehende Darstellungen angeknüpft: „La ignorancia y la infamia con sus embustes hacen / saltar à este animal q.ᵉ ia solo lefalta el pie para / acabarse de convertir en castron." (Die Unwissenheit und die Schande bringen mit ihren Schwindeleien dieses Tier dazu hochzuspringen, obwohl ihm nur noch ein Fuß fehlt, damit es schließlich in einen kastrierten Ziegenbock verwandelt wird). Unwissenheit und Schande trüben das Urteilsvermögen so sehr, dass er aufspringt, bevor seine Verwandlung abgeschlossen ist.

Capricho 68

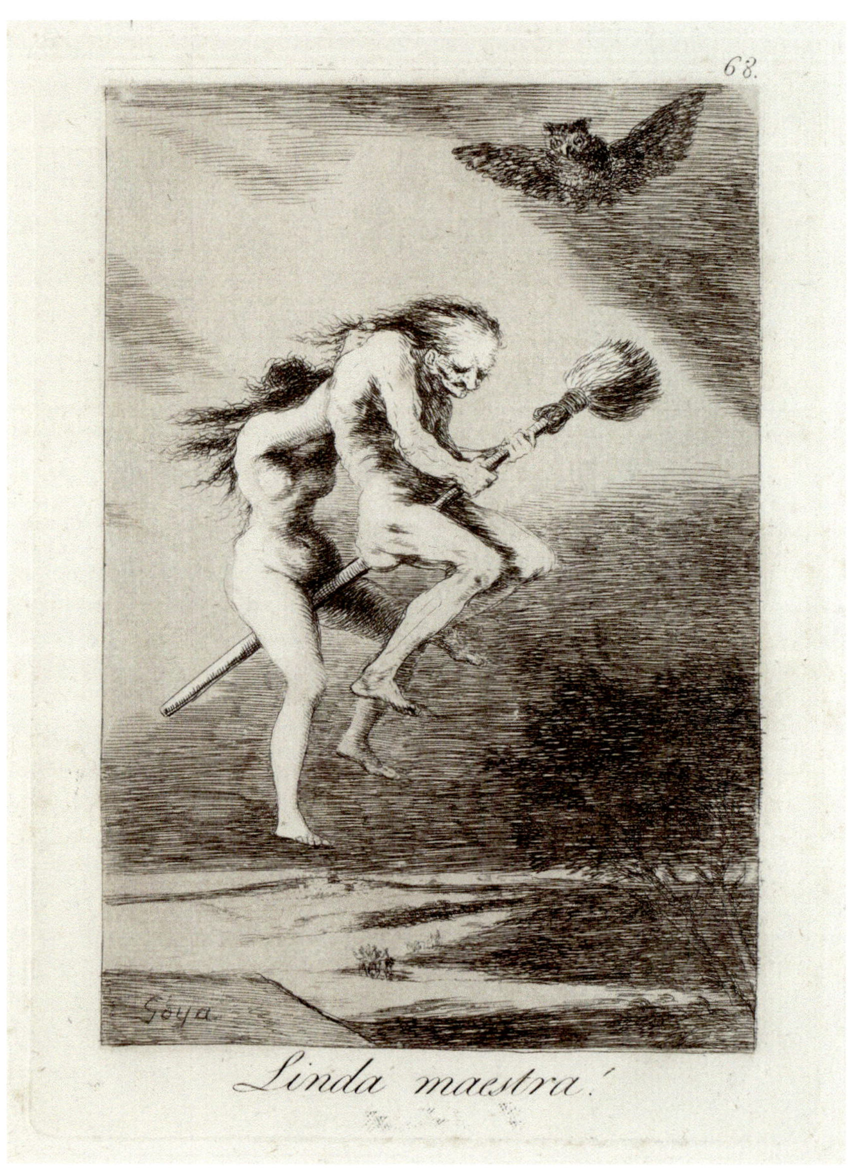

Zwei nackte Frauen fliegen auf einem Besen durch die Lüfte. Die Bildlegende „Linda maestra!“ (Schöne Meisterin!) bezieht sich in ironischer Weise auf die alte Frau, die vor der jungen sitzt. Man könnte vermuten, dass es sich hierbei um eine Lehrstunde, also eine Flugstunde, handelt, wobei der kritische Hintersinn der Radierung erstmal offenbleibt.
Im Prinzip wird in allen Kommentierungen Kritik an der sexuellen Unterweisung junger Frauen geübt. Die Kommentierung Ayala [A68] lautet: „La Escoba suele Servir á algunas de mula de paso para enseñar á las mozas á vo-/lar por el mundo.“ (Der Besen dient für gewöhnlich einigen Frauen als Maultier, um den Mädchen beizubringen, durch die Welt zu fliegen). Die jungen Frauen werden von den älteren mithilfe eines Besens darin unterwiesen, wie man am besten fliegen kann. Dies lässt sich durchaus als sexuelle Anspielung verstehen. Das Fliegen wird mit der Ausübung sexueller Praktiken gleichgesetzt und der Besenstiel selbst als Phallus interpretierbar.
In der Stirling-Maxwell-Linie wird diese Deutung noch stärker betont. So lautet die Kommentierung Biblioteca Nacional de España [BNE68]: „Las viejas quitan la escoba de las manos / á las que tienen buenos vigotes; las dan lecciones / de volar por el mundo; metiendolas por primera / vez, aunque sea un palo de escoba entre las piernas.“ (Die alten Frauen nehmen den hübschen den Besen aus der Hand, sie bringen ihnen bei, durch die Welt zu fliegen, indem sie sie erstmals auf ihn setzen, auch wenn es ein Besenstiel zwischen den Beinen ist).
Die Kommentierung Prado [P68] lautet: „La escoba es uno delos utensilios mas necesarios alas brujas: porq.[e] a de mas / de ser ellas grandes barrenderas (como consta p.[r] las istorias talbez conbierten la esco/ba en mula de pasa y van con ella q.[e] el Diablo no las alcanzara.“ (Der Besen ist eines der notwendigsten Utensilien für die Hexen. Abgesehen davon, dass sie großartige Straßenkehrerinnen sind, wie in den Geschichten erzählt wird, verwandeln sie manchmal den Besen in ein Maultier, und mit diesem machen sie sich auf, so dass nicht einmal der Teufel sie einholt). Der Besen wird hier als Werkzeug der Straßenkehrerinnen beschrieben. Dies könnte eine Anspielung auf Frauen sein, die ihre häuslichen Pflichten vernachlässigen und auf die Straße gehen, um als Prostituierte zu arbeiten.

Capricho 69

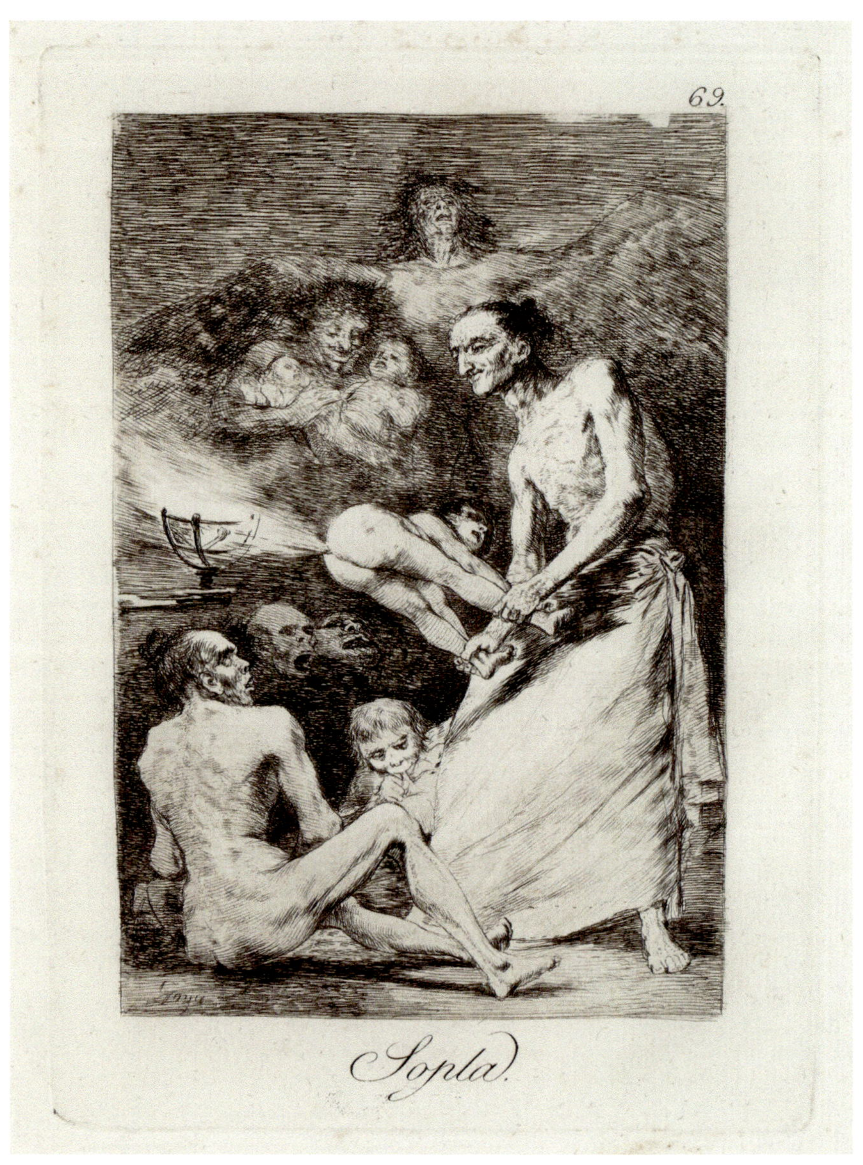

Auf *Capricho 69* hält eine Gestalt ein nacktes Kind an Armen und Beinen, betätigt es wie einen Blasebalg und facht mit seinem Flatus eine Feuerstelle an. Eine weitere lutscht am Penis eines Kindes, von dem man lediglich den nackten Unterkörper sieht. Es drängt sich der Gedanke auf, dass das Thema der Radierung Kinderhandel oder Kindesmissbrauch ist. Die Bildlegende lautet „Sopla.", was mehrdeutig ist. Gemeint sein kann der Imperativ Singular (blas) oder die dritte Person Indikativ Präsens (er oder sie bläst). Der Begriff *soplar* kann aber auch eine sexuelle Bedeutung im Sinne von *blasen*, *kopulieren*, *huren* oder *Unzucht treiben* haben. Der Ausdruck *sopla* diente zudem als Ausruf, mit dem man seine Bewunderung, sein Befremden oder seinen Schmerz über etwas bekundete. Im Sinne dieser Lesart würde die Bildlegende die potentielle Reaktion des Betrachters angesichts der schrecklichen Vorgänge, die auf der Radierung gezeigt werden, zum Ausdruck bringen.

Der erste Eindruck war richtig: In allen handschriftlichen Kommentierungen wird der sexuelle Missbrauch von Kindern in allen möglichen Varianten mehr oder minder explizit als Thema der Radierung genannt. Der Kindesmissbrauch war im 18. Jahrhundert in Spanien ein tabuisiertes soziales Problem. Insbesondere die Situation der Kinder aus ärmeren Bevölkerungsschichten, die aus Not in den Dienst betuchter Haushalte gegeben wurden, war mitunter sehr prekär.

Nur in einigen Kommentierungen werden Täter benannt, die sowohl als Alte wie auch – altersunabhängig – als Zügellose bezeichnet werden. In anderen Kommentierungen werden konkret die Aktionen genannt, die an und mit den Kindern ausgeführt werden: zum einen die Fellatio bei Jungen, zum anderen die Benutzung eines Kindes als eine Art ‚Blasebalg'. Diese zweite Obszönität lässt sich sinnbildlich als *heißmachen* oder *das Feuer der sexuellen Leidenschaft entfachen* verstehen. Angesichts dieser komplexen Zusammenhänge stellt sich die Frage, ob nicht auch die Nummer 69, mit der die Radierung versehen ist, als Hinweis auf bestimmte Sexualpraktiken verstanden werden könnte.

Capricho 70

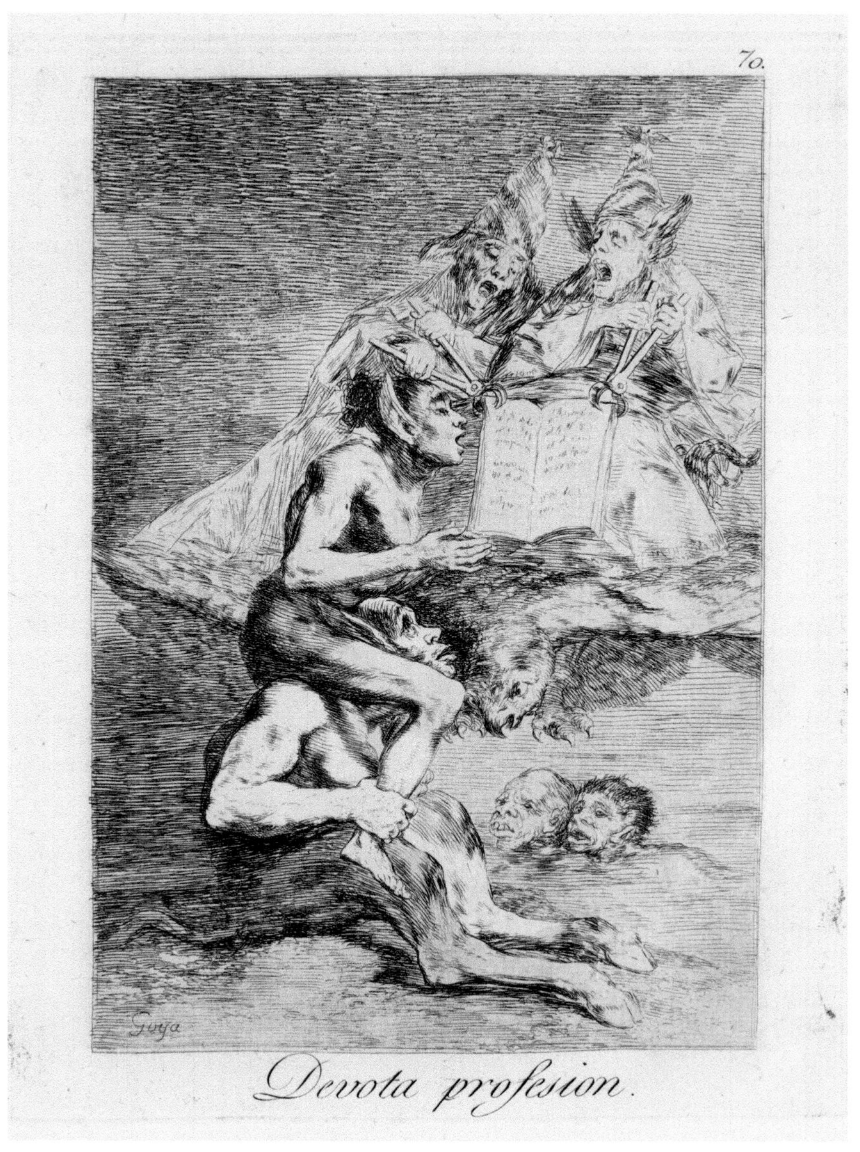

Der Hintersinn von *Capricho 70* ist für den Betrachter schwierig zu entschlüsseln. Zu sehen ist eine Gestalt mit Eselsohren, die eine andere, die auf ihren Schultern hockt, festhält. Über ihnen fliegt ein vogelartiges Wesen, auf dem zwei hässliche alte Männer sitzen und mit Kneifzangen ein Buch halten. Die Bildlegende lautet „Devota profesion." (Devotes Gelübde).
In der Kommentierung Ayala [A70] wird als Thema der Radierung die Kritik am Karrierestreben hoher geistlicher Würdenträger bezeichnet: „Eclesiasticos hay q.[e] saliendo de la nada subieron á las mas altas dignidades ate-/nazeando los libros Santos." (Es gibt Geistliche, die aus dem Nichts kommen und zu den höchsten Würdenträgern werden, indem sie die heiligen Bücher mit Kneifzangen anpacken). Die Kirche bietet offensichtlich denjenigen, die aus dem Nichts kommen, die Möglichkeit, zu höchsten Ämtern zu gelangen, indem sie genau das Gegenteil von dem tun, was das eigentliche Anliegen der Kirche sein müsste. Statt sich um die Verkündigung und Verbreitung des Glaubens und christlicher Tugenden mittels der Heiligen Schrift zu bemühen, machen sie dadurch Karriere, dass sie diese *mit Kneifzangen anpacken*.
In der Kommentierung Duff Gordon [DG70] wird auf die kirchlichen Bullen (*Bulas*) verwiesen. Unter dem Begriff *bula* versteht man für gewöhnlich eine päpstliche Bulle, eine Urkunde, in der der Papst einen kirchlichen Rechtsakt verkündet. Die Kritik zielt auf den Ablasshandel ab, beziehungsweise darauf, dass Kleriker Sünder nicht angeleitet haben, ihren Seelenfrieden im christlichen Glauben und in der Heiligen Schrift zu finden, sondern ihnen Ablassbriefe verkauft haben, um sich an ihnen zu bereichern.
Andere Kommentatoren deuten die Radierung als Initiationsritual, in Form eines inszenierten Dialogs zwischen einem Hexenmeister oder einer Hexenmeisterin und einer Adeptin. Diese schwört, den Vorgesetzten gehorsam zu sein und deren Befehle zu erfüllen, um in den Kreis der Hexen aufgenommen zu werden. Danach sagt die Adeptin „Juro" (Ich schwöre), was dann mit der Aufnahmefloskel oder dem Glückwunsch „en hora buena" beantwortet wird.
Eine politische Deutung von *Capricho 70* enthält die Kommentierung Otro Comentario [OC2-70] in Form einer Allegorisierung der abgebildeten Figuren: Spanien ist der Dummheit ausgeliefert, weil es sich dem Kult des Fanatismus und Aberglaubens unterwirft.

Capricho 71

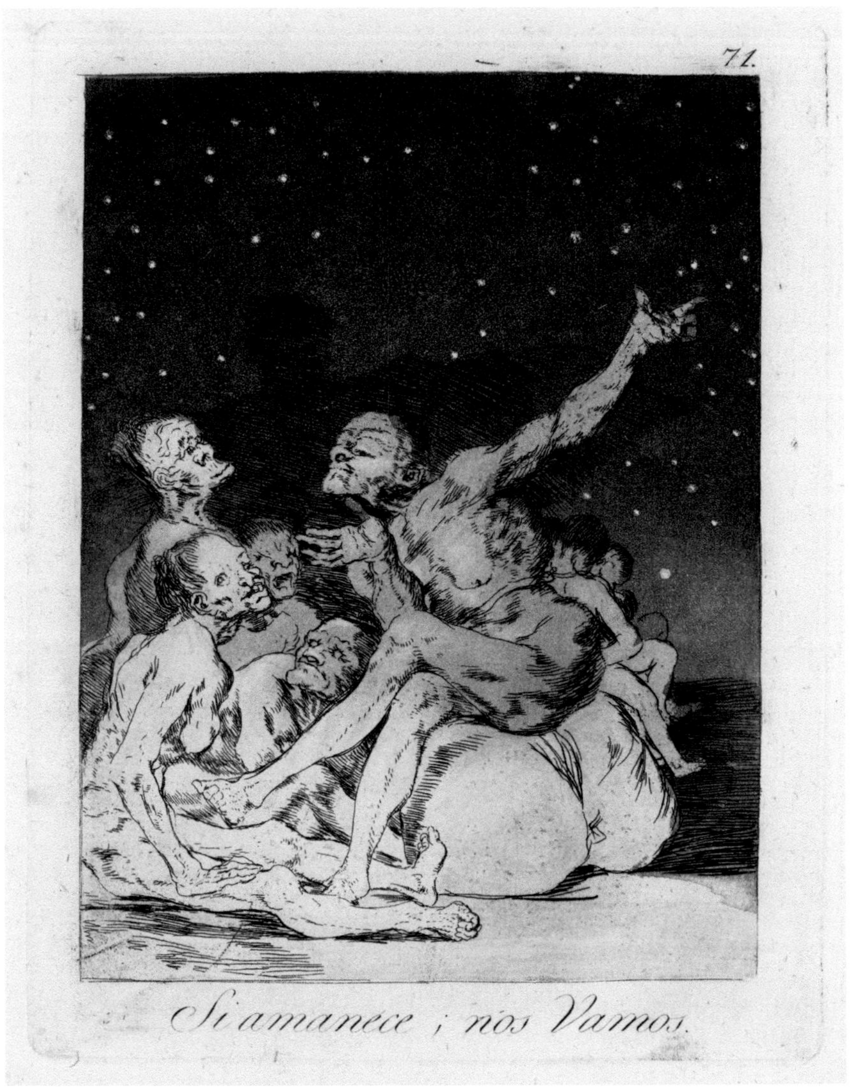

Eine Gruppe nackter Frauen hockt in einer dunklen Nacht draußen unter einem sternenbedeckten Himmel. Versucht hier möglicherweise eine Frau, den anderen das Schicksal aus den Sternen zu deuten? Geht es um abergläubische Praktiken der Astrologie? Die Bildlegende „Si amanece; nos Vamos.“ (Wenn der Tag anbricht, gehen wir fort) ist zunächst wenig hilfreich für das Verständnis von *Capricho 71*.

Von Goyas Zeitgenossen wird die Radierung ganz unterschiedlich gedeutet: In der Kommentierung Ayala [A71] wird die Szene als Zusammenkunft von Kupplerinnen bezeichnet, die mit Kindern handeln: „Conferencian de noche las alcaguetas sobre el modo de echarse criaturas al cinto.“ (In der Nacht tauschen sich die Kupplerinnen darüber aus, wie man sich Kinder an den Gürtel bindet). Die Kommentierung Stirling Maxwell [SM71] ist noch etwas deutlicher: „Las alcahuetas conferencian de noche sobre sus livian-/dades. Una se lleva echados al cinto una porcion de / niños.“ (In der Nacht beratschlagen die Kupplerinnen über ihre Frivolitäten. Eine hat sich etliche Kinder an den Gürtel gebunden). Das Thema der Radierung könnte demnach der Kindesmissbrauch oder die Entführung von Kindern und der Handel mit ihnen sein.

In der Goya-Linie wird nichts über die Art der Versammlung und die Identität der Anwesenden ausgesagt, sondern die Belanglosigkeit des Treffens hervorgehoben. Die Kommentierung Prado [P71] lautet beispielsweise: „Y aun q.[e] no hubierais venido no hicierais falta.“ (Und auch wenn ihr nicht gekommen wäret, hättet ihr nicht gefehlt). Einer konkreten Bildinterpretation wird hier offensichtlich ausgewichen.

In der Otro-Comentario-Linie werden die Gestalten allegorisch als verschiedene Laster gedeutet, die hier zusammenkommen. So lautet die Kommentierung Otro Comentario [OC2-71]: „La *Ignorancia*, el *Fanatismo*, y los vi-/cios que les acompañan, celebran Conse/jo a medianoche y exclaman: *Si / amanece, nos vamos*“ (Die Unwissenheit, der Fanatismus und die Laster, die sie begleiten, feiern um Mitternacht eine Zusammenkunft und rufen laut aus: *Bei Tagesanbruch gehen wir*“. Es wird also kritisiert, dass Lasterhaftigkeit häufig im Dunkel der Nacht ausgelebt wird, während sie tagsüber verborgen wird. Dies knüpft thematisch an die Lichtmetaphorik der Aufklärung an.

Capricho 72

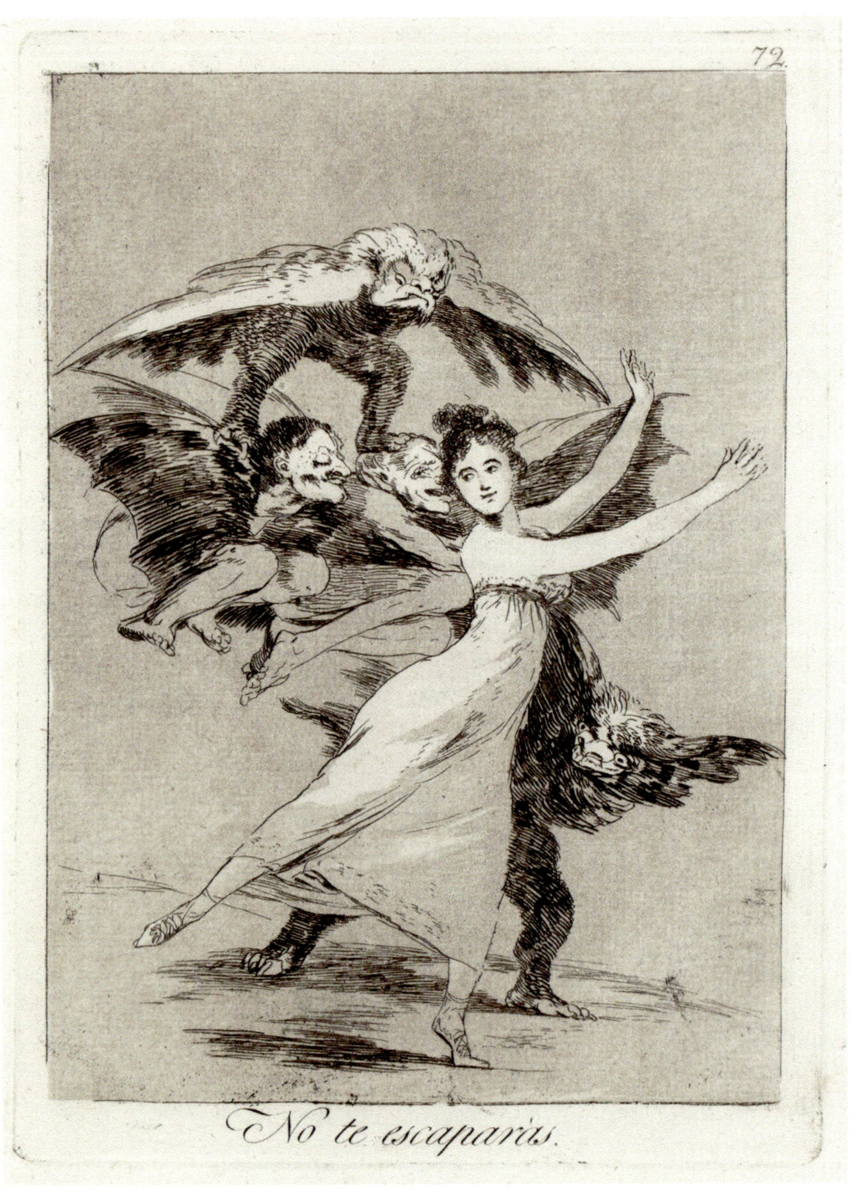

Capricho 72 dürfte für den Betrachter wieder schwer zu ergründen sein. Eine junge Frau flieht vor drei monströsen Gestalten, die auf sie zufliegen und sie bedrängen. Hinter der Frau steht ein Ungeheuer, am ganzen Körper behaart, mit weit ausgebreiteten Flügeln und einem Vogelkopf. Es beäugt die junge Frau von der rechten Seite aus. Die Bildlegende lautet: „No te escaparás." (Du wirst nicht entkommen). Man könnte auf die Idee kommen, dass hier eine junge Frau verfolgt wird – und so deuten einige von Goyas Zeitgenossen die Szene auch, ohne allerdings den Kontext offenzulegen.

Manche Kommentatoren haben sich hingegen bemüht, die drei Gestalten namentlich zu identifizieren, nämlich als Godoy, „La Duten" – womit vermutlich Rosalie Duthé (1748 oder 1752-1830) gemeint ist, eine der berühmtesten Kurtisanen in der Regierungszeit von König Ludwig XVI., Juan Diego Duro y Solano und Vicente de Hore y Dávila, zwei Günstlinge Godoys. Eine thematische Deutung der Radierung geben sie jedoch nicht.

In anderen Kommentierungen wird als Thema eine Form der Koketterie kritisiert, nämlich, dass diejenigen, die für eine Liebesbeziehung bereit sind, sich auch verführen lassen, auch wenn sie den gegenteiligen Eindruck erwecken. Manche Kommentatoren sahen den Grund für dieses Verhalten der Frauen in der schlechten Erziehung, die ihnen zuteil geworden ist.

Gutiérrez de Quintanilla [GQ72] entwickelt eine politische Lesart der Radierung. Es wird hervorgehoben, dass selbst angesichts der desolaten Situation des Landes die Monarchen eher ihren sexuellen Trieben nachgehen, anstatt sich um die politischen Angelegenheiten zu kümmern.

Capricho 73

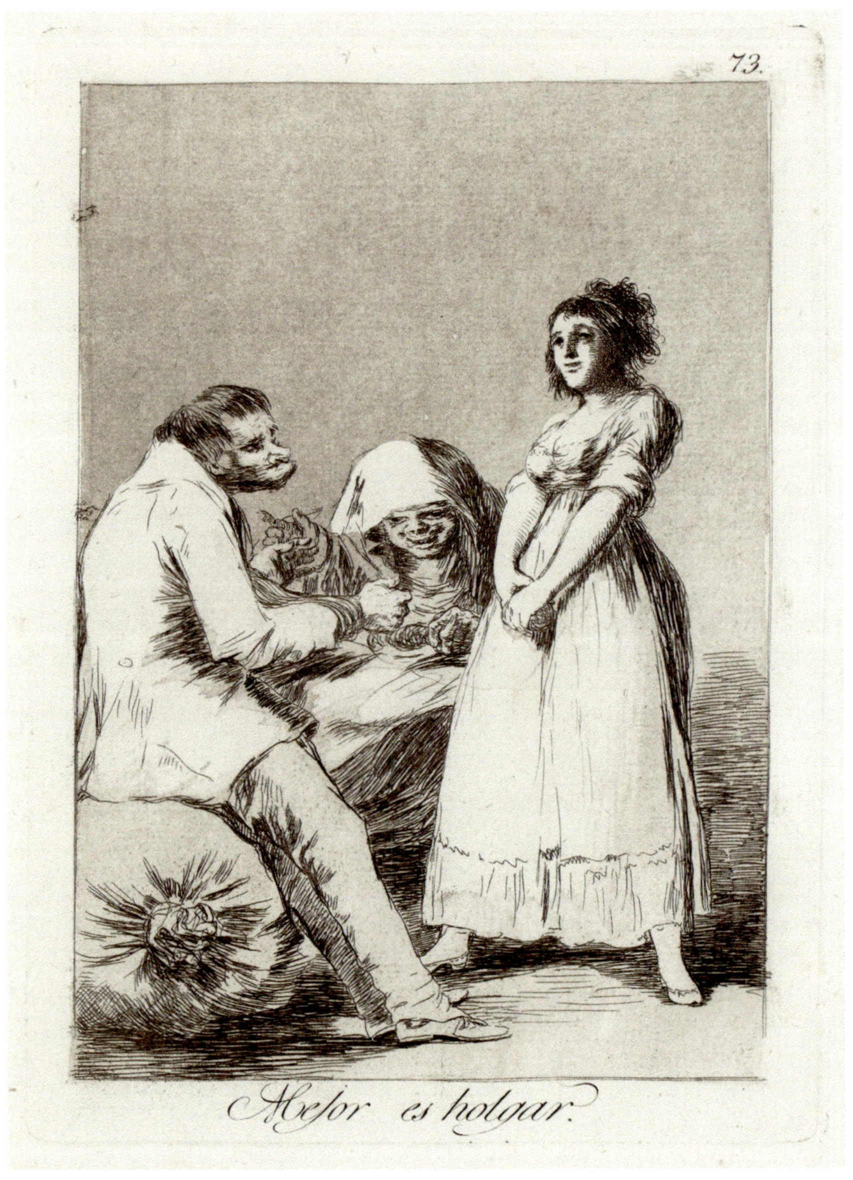

Drei Personen sind mit der Verarbeitung von Garn beschäftigt. Im 18. Jahrhundert gehörte das Spinnen zu den häuslichen Arbeiten der Frauen. Die Bildlegende „Mejor es holgar.“ (Es ist besser, nichts zu tun) ist ein erstes Indiz dafür, dass es in der Radierung um den Müßiggang geht, ein Thema, das unter den Aufklärern viel diskutiert wurde.
In den handschriftlichen Kommentierungen lassen sich drei Deutungen der Szene ausmachen: In der Kommentierung Ayala [A73] wird Kritik an solchen Frauen geübt, die so tun, als seien sie arm, um sich aushalten zu lassen, anstatt ihren ehrenwerten Arbeiten im Haushalt nachzugehen: „Mas quieren las mugeres echarse á bribia q.[e] desenmara[ña]r madejas y trabajar / en casa.“ (Die Frauen wollen sich lieber dem Nichtstun hingeben, als Wollknäuel zu entwirren und im Haus zu arbeiten). Mit *bribia* wurde das Verhalten von Frauen bezeichnet, die vortäuschten, arm zu sein, um mit Schmeicheleien andere zu umgarnen, um sich so ohne Arbeit Vorteile zu verschaffen.
In der Goya-Linie wird die allgemeine und auf alle Menschen bezogene Aussage getroffen, dass, wenn Arbeit die Lebensfreude einschränke, es besser sei, nichts zu tun. So lautet die Kommentierung Kollektiv [K73]: „Si el que mas trabaja es el que menos goza, tiene razon mejor / es holgar.“ (Wenn derjenige, der mehr arbeitet, weniger genießt, ist es richtig, dass es besser ist, nichts zu tun). Die Aussage ist ironisch, weil doppeldeutig, denn das Wort *gozar* meint nicht nur die Lebensfreude im Allgemeinen, sondern insbesondere auch die sexuelle Lust, was bedeutet, dass es besser sei, sich sexuellen Aktivitäten hinzugeben als zu arbeiten.
In der Kommentierung Stirling Maxwell [SM73] wird die Szene als Konflikt innerhalb einer Beziehung odr Familie gedeutet: „Un mentecato marido tiene la madeja, q.[e] se enreda / en manos de su suegra, la muger adevana, pero / mientras se desenmaraña indica en una aptitud de / floxedad y lascivia, q.[e] mas cuenta la tiene echarse / à la bribia.“ (Ein dummer Ehemann hält das Wollknäuel, das seine Schwiegermutter sich mit ihren Händen aufwickelt, die Frau spult Garn ab, aber während es sich abwickelt, lässt sie in einer Haltung der Nachlässigkeit und Wollust erkennen, dass ihr mehr der Sinn danach steht, sich dem Nichtstun hinzugeben). Der Mann wird als törichter Ehemann identifiziert, die alte Frau als seine Schwiegermutter, die junge Frau als die faule Ehefrau, die der Vergnügungen willen ihre häuslichen Pflichten vernachlässigt.

Capricho 74

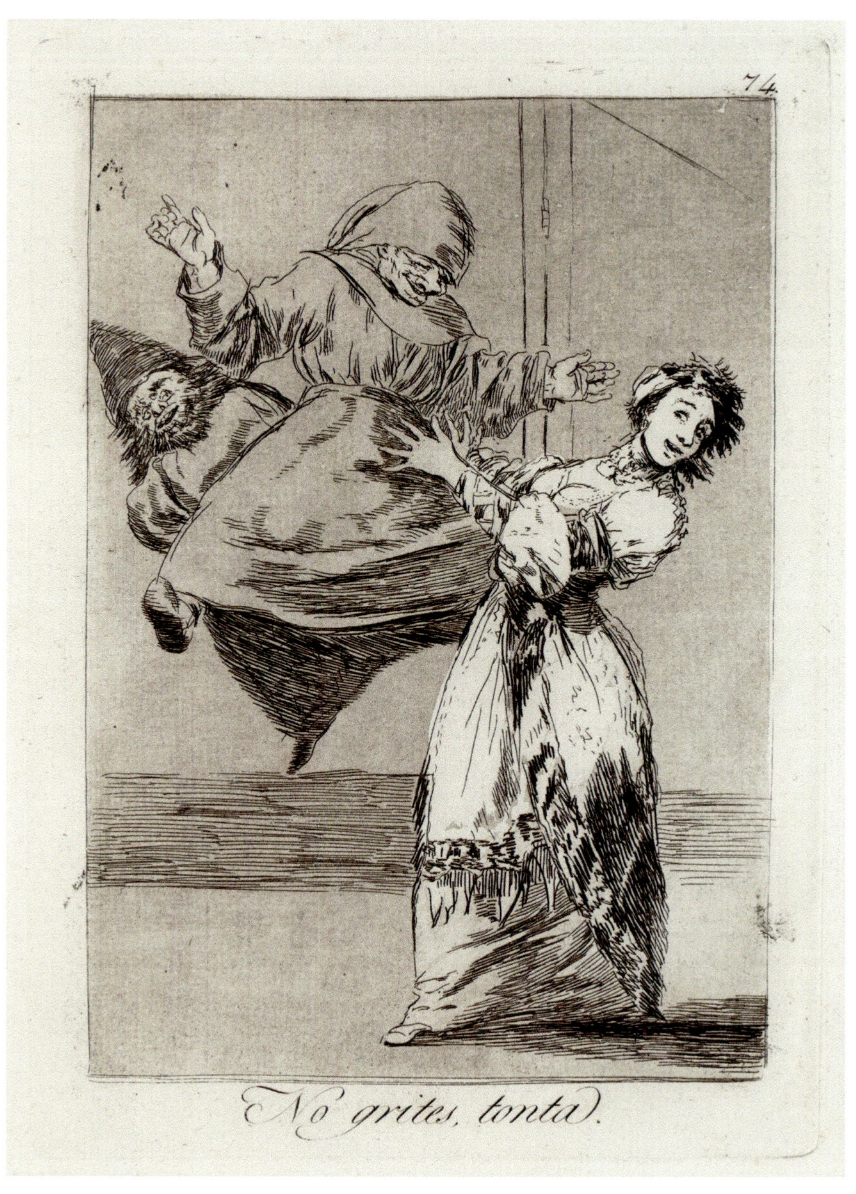

Eine junge Frau wehrt mit den Armen zwei männliche Wesen ab, während sie ihnen den Körper jedoch zuwendet. Aufgrund der Kleidung der Männer könnte man annehmen, es handele sich um zwei Geistliche. Die Bildlegende lautet: „No grites, tonta." (Schrei nicht, du Dumme) – ob die Frau die Männer kennt und wie sie zusammengehören, bleibt jedoch unklar.
In der Kommentierung Ayala [A74] wird wie schon bei *Capricho 72* Kritik an einer Form der Koketterie geübt: „Las feas y devotas se entregan á los frailes ó primer espantajo q.^{e} se mete p.^{r} la ventana." (Die hässlichen und devoten Frauen geben sich den Mönchen oder der ersten Vogelscheuche hin, die sich am Fenster zeigt). Es ist die Rede von Frauen, die aufgrund ihres äußeren Erscheinungsbildes oder devoter Neigungen keine Ansprüche bezüglich ihrer Partnerwahl stellen können oder wollen. Die Männer werden an erster Stelle als Mönche spezifiziert, an zweiter Stelle als hässliche Männer.
Andere Kommentatoren deuten die Radierung als Fensterszene, ein beliebtes Motiv in der Literatur (vor allem im Theater) und der Malerei. Die Kommentierung Stirling Maxwell [SM74] lautet beispielsweise: „Dos frailes, uno con barbas y otro sin ellas sela entran / por una ventana à una muger fea, pero de distin-/cion segun el brial, y acostumbrada à tales visiones." (Zwei Mönche, einer mit Bart und der andere ohne, steigen durch das Fenster ein zu einer hässlichen Frau, die aber dem Seidenkleid nach von Stand ist und solche Erscheinungen gewohnt ist). Die Kritik zielt in zwei Richtungen: Zum einen wird auf das lasterhafte Verhalten der Kleriker verwiesen, zum andern auf das Verhalten von Frauen, die der oberen Gesellschaftsschicht angehören und sich Klerikern anbiedern.
In anderen Kommentierungen wird hingegen eine kleine Begebenheit konstruiert, so in der Kommentierung Kollektiv [K74]: „Pobre paquilla! que yendo á buscar el Lacayo se encuentra / con el duende, pero no hay que temer, se conoce que Martinico / esta de buen humor, y no le hara mal." (Arme Paquilla! Als sie den Lakaien suchen geht, begegnet sie dem Hausgeist, aber es gibt nichts zu befürchten: Man weiß, dass Martinico gute Laune hat und ihr nichts Böses antun wird). In Aragonien und Kastilien galt der *Martinico*, *Martinillo* oder *Martín* als Hausgeist, der gerne in Gestalt und Verkleidung eines Mönchs in Erscheinung tritt.

Capricho 75

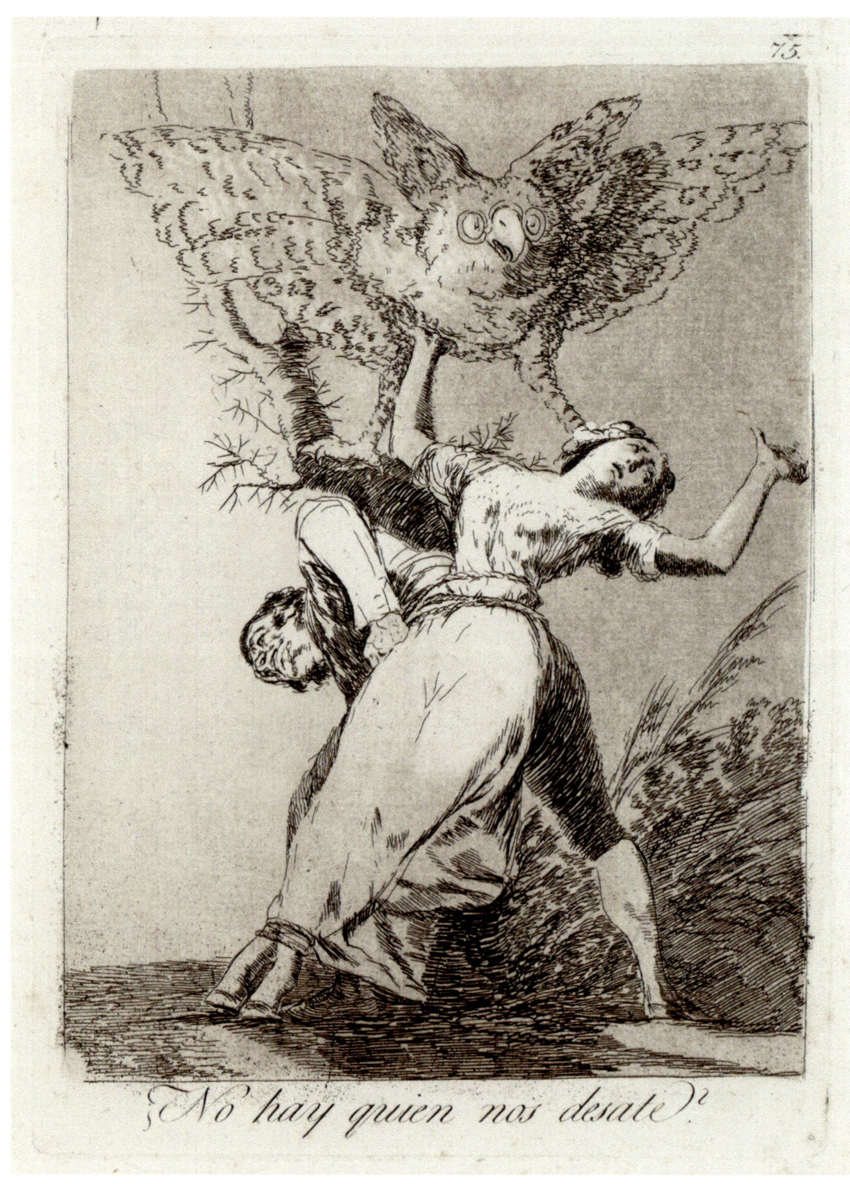

Ein Mann und eine Frau, die zusammen an einen Baumstamm gebunden sind, streben verzweifelt und mit aller Kraft vergebens auseinander. Eine große Eule, die eine Brille trägt, krallt sich mit ausgebreiteten Flügeln mit einem Fuß an dem Baumstamm, mit dem anderen im Haar der Frau fest. Die Bildlegende lautet „¿No hay quien nos desate?“ (Gibt es niemanden, der uns losbindet?). Obwohl man einiges auf der Kommentierung erkennen kann, bleibt der Hintersinn dem Betrachter wohl unklar.
Von Goyas Zeitgenossen werden im Prinzip zwei Deutungen angeboten – die sich allerdings eher ergänzen denn ausschließen: Nach der ersten Interpretation wird hier ein Paar gezeigt, das zwangsverheiratet wurde und nun in tiefer gegenseitiger Abneigung auseinanderstrebt. Diese Deutung steht im Kontext der Diskussion über die Ehescheidung, die im 18. Jahrhundert in Spanien verboten war, über deren gesellschaftliche Funktion und Erlaubnis in der Gesetzgebung aber in den Kreisen der Aufklärer diskutiert wurde, seitdem sie in Frankreich im Zuge der Französischen Revolution seit 1792 erlaubt war.
Bei der zweiten Interpretation handelt es sich um ein Paar, das ein außereheliches Verhältnis hat und dieses beenden will, aber nicht kann. Demnach ist das sexuelle Verlangen so groß und beherrschend, dass das Paar sich nicht trennen kann. Die Kommentierung Stirling Maxwell [SM75] lautet entsprechend: „Unajoben y un hombre arraigados en el vicio estan / tan atados por el q.[e] no aciertan à desatarse.“ (Eine junge Frau und ein Mann, der Lasterhaftigkeit völlig ergeben, sind durch diese derart aneinandergebunden, dass es ihnen nicht gelingt, sich loszumachen).
In der Bildbeschreibung der Kommentierung Rauch [R75] werden einige Details der Darstellung gedeutet: Der Raubvogel, der sich auf das Paar gesetzt hat, wird als *mochuelo* (Steinkauz) identifiziert. Dass die eine Kralle des Vogels auf dem Kopf der Frau liegt, wird als aktive Unterstützung des Tieres für die Frau gedeutet: Der Steinkauz hilft ihr, sich von dem Mann zu trennen.

Capricho 76

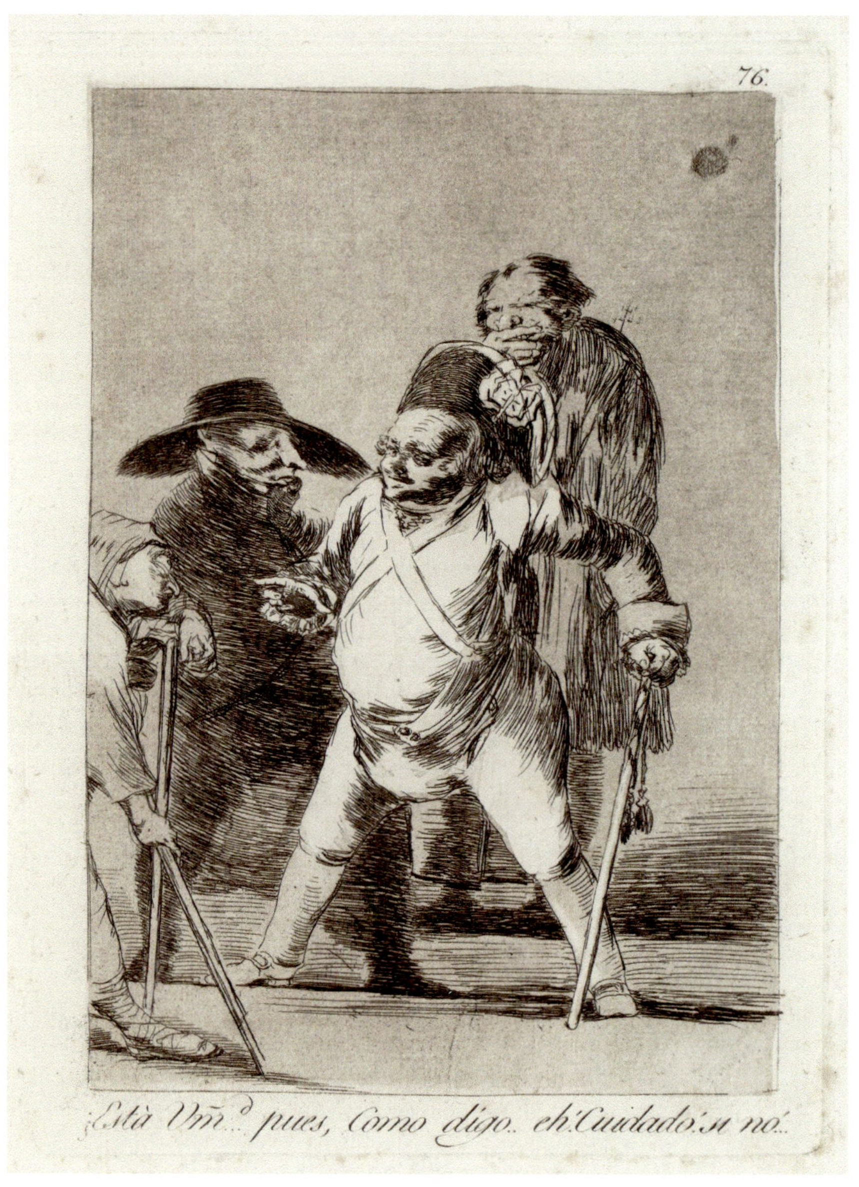

Ein Kriegsveteran steht breitbeinig inmitten einer Gruppe älterer Männer und hält eine Rede. Die Worte des alten Soldaten im Ruhestand werden in der Bildlegende wiedergegeben: „¿Está Vm...[d] pues, como digo.. eh! Cuidado! si no!..“ (Ist Euer Gnaden da? ... also, wie ich sage... eh! Aufgepasst! wenn nicht! ...). Auch hier bleibt die in der Darstellung versteckte Kritik zunächst offen.

In zahlreichen Kommentierungen sind großmäulige Soldaten das Thema der Radierung, ein seit der Antike als *miles gloriosos* bekannter literarischer Topos, der vor allem in Komödien beliebt war. Im Besonderen geht es um die Angeberei und Aufschneiderei alter Soldaten vor Invaliden und Gelähmten, die sie als Adressaten ihrer leeren Worte wählen, da sie als Veteranen vor den Feinden im Felde nicht mehr prahlen können.

In anderen Kommentierungen wird hingegen Kritik an dem der Eitelkeit und Geltungssucht entspringenden Machtmissbrauch gegenüber Untergebenen geübt. So lautet beispielsweise die Kommentierung Prado [P76]: „La escarap.[la] y el bast.[n] le hacen creer à este majadero q.[e] es de superior natural.[za] / y abusa del mando q. sele confia p.[a] fastid.[r] à quantos le conocen / sobervio, insol.[te] y vano, con los q.[e] le son inferiores, abatido y bil con los / q.[e] pueden mas q.[e] el.“ (Die Kokarde und der Stab lassen diesen Tölpel glauben, er sei von höherer Natur, und er missbraucht die Befehlsgewalt, die man ihm überantwortet hat, um alle, die ihn kennen, zu plagen; hochmütig, dreist und eitel gegenüber denen, die ihm untergeben sind, unterwürfig und treulos gegenüber denen, die mehr können als er). Äußere Zeichen wie die Kokarde oder der Befehlsstab, Insignien der Distinktion oder des Ranges, werden von einfältigen Menschen als Mittel missbraucht, um ihre Macht zu demonstrieren und sich von ihren Untergebenen abzusetzen, da sie sich für etwas Besseres halten. Kritisiert werden diejenigen, die ihren Selbstwert nicht aus ihren Taten, sondern bloßen Insignien ziehen und die nach unten treten und nach oben buckeln, um ihre Position und ihren Rang zu unterstreichen.

Capricho 77

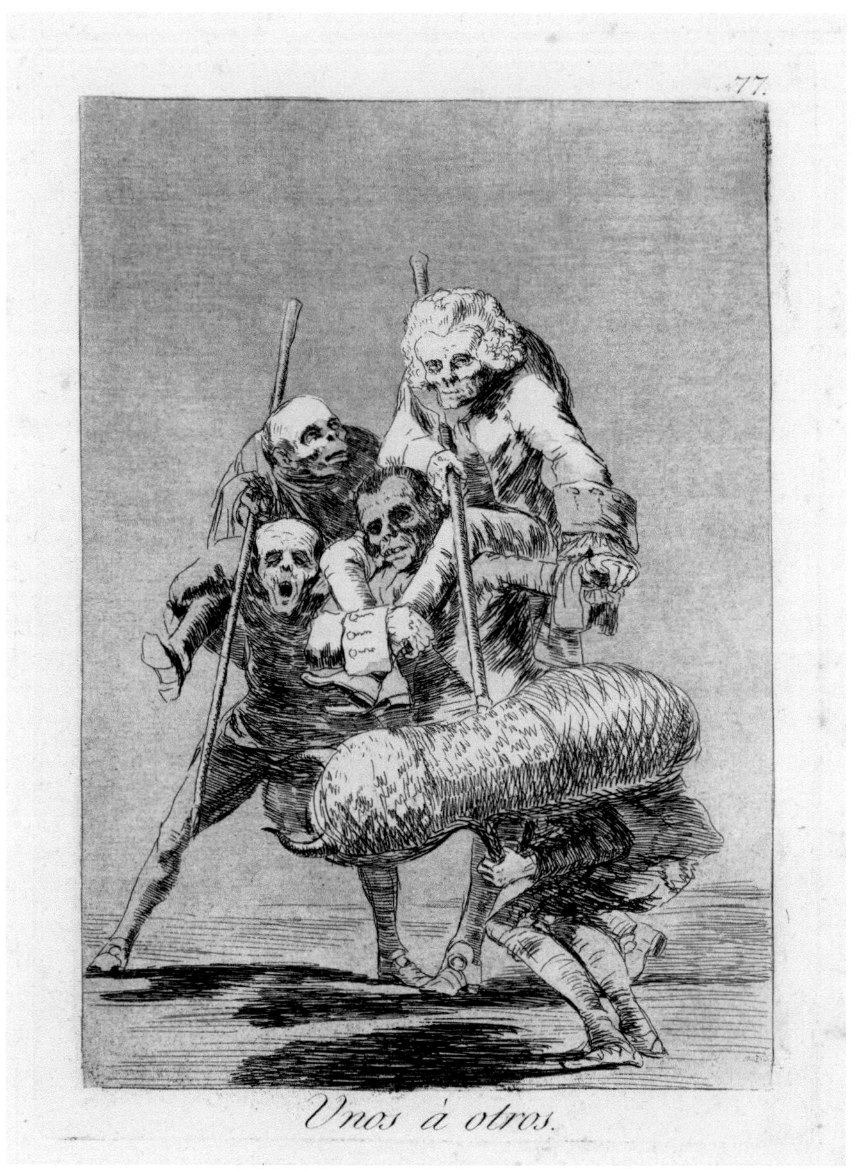

Auch wenn es für den Betrachter vielleicht auf den ersten Blick nicht ersichtlich ist: Hier spielen fünf alte Männer Stierkampf. Das Nachspielen von Stierkämpfen war im 18. Jahrhundert nicht nur eine beliebte Belustigung im Karneval, die häufig auf den volkstümlichen Bilderbögen (*aucas*) dargestellt wurde, sondern vor allem auch als Kinderspiel verbreitet. Goya selbst hat dieses Kinderspiel auf dem Gemälde *Niños jugando a los toros* (*Kinder, die Stierkampf spielen*) dargestellt. Die Bildlegende lautet „Unos á otros." (Die einen die anderen) und trägt zur Deutungsfindung erst einmal wenig bei.
Goyas Zeitgenossen haben die Radierung unterschiedlich interpretiert. In einigen Kommentierungen wird so etwa kritisiert, dass sich alte Männer immer noch wie Kinder benehmen. Ob dies positiv oder negativ bewertet werden soll, bleibt offen.
In anderen werden als Thema die Willkür und Wandelbarkeit des Schicksals angeführt. Wie in einem Spiel seien es Schicksal und Zufall, die den Menschen ihre Rollen im Leben zuweisen. In der Kommentierung Kollektiv [K77] heißt es: „Asi va el mundo, unos á otros se burlan y se torean; el que / hayer hacia de toro, hoy hace de Caballero en plaza. La / fortuna dirige la fiesta, y distribuyelos papeles segun la in-/constancia de sus caprichos." (So geht es auf der Welt zu: Die einen dienen den anderen zur Belustigung, wie der Stier dem Torero. Wer gestern den Stier spielte, spielt heute den berittenen Stierkämpfer. Das Schicksal lenkt das Fest und verteilt die Rollen je nach seiner unbeständigen Laune).
In manchen Kommentierungen wird der Kampf der alten Männer ohne weitere Erläuterung auf die Auseinandersetzung zwischen Voltaire und Piron bezogen. Der französische Dichter und Theaterautor Alexis Piron (1689-1773) zeichnete in *La métromanie* (1738), einer Satire auf Salondichter, ein bissiges Porträt von Voltaire (1694-1778). Die Feindschaft zwischen Piron und Voltaire verhinderte, dass letzterer in die *Académie Française* aufgenommen wurde. In Bezug auf die Radierung erscheint die Anspielung auf diese Auseinandersetzung etwas willkürlich. Doch in der Tat ähneln die Gesichtszüge des alten Mannes mit Perücke ganz rechts, der auf einem anderen Mann reitet, durchaus einer 1778 entstandenen Büste von Voltaire im fortgeschrittenen Alter, die von dem französischen Bildhauer Jean-Antoine Houdon (1741-1828) stammt.

Capricho 78

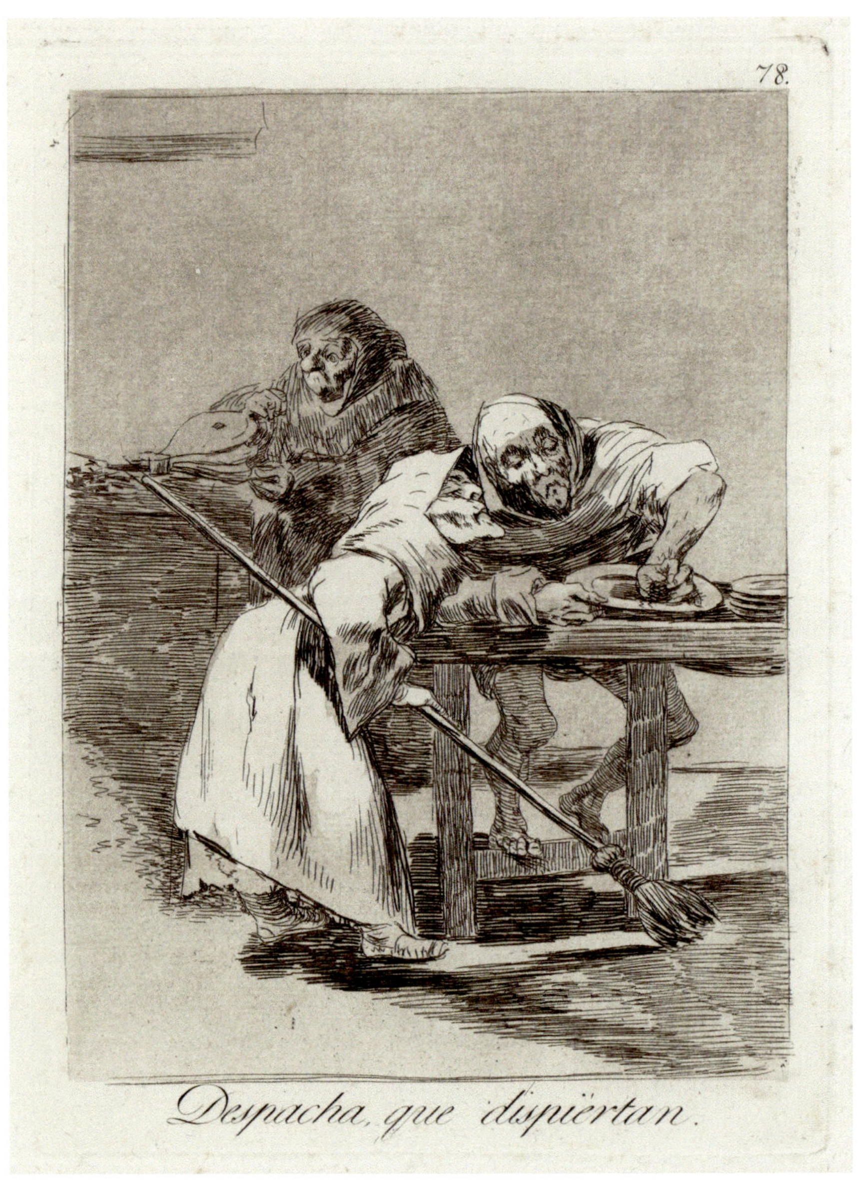

Auf *Capricho 78* sieht man einen Mann, der einen Teller säubert, einen, der einen Besen in der Hand hält, und einen, der sich um die Feuerstelle kümmert. Man könnte annehmen, dass hier Hausarbeiten gezeigt werden, wobei sich jedoch nicht erschließt, was hier kritisiert werden soll. Die Bildlegende „Despacha, que dispiertan." (Pass auf, sie wachen auf.) vermittelt auch keine Informationen, die hier weiterhelfen könnten.
Die Kommentierungen eröffnen Perspektiven, die weit über den Anschein häuslicher Arbeiten hinausgehen und tief blicken lassen: In der Kommentierung Ayala [A78] und der Kommentierung Stirling-Maxwell [SM78] wird die Darstellung als nächtliches Festgelage von Mönchen und Nonnen identifiziert. Kritisiert werden die im Kloster praktizierte Völlerei und die Scheinheiligkeit der Mönche und Nonnen, da ihre Fressgelage im Verborgenen nachts stattfinden, während sie tagsüber den Anschein der Frömmigkeit wahren. Da sie sich gemeinsam der Völlerei hingeben und die Geschlechtertrennung in den Klöstern bei ihren Fressgelagen nicht einhalten, könnte dies als impliziter Hinweis auf sexuelle Annäherungen zwischen den Geschlechtern gemeint sein.
Die Kommentierungen der Goya-Linie enthalten dem Anschein nach eine viel harmlosere Lesart, die sich auf eine Magd und die Kobolde im Hause bezieht, die sich im Haushalt nützlich machen, sobald die Bewohner schlafen gegangen sind. Dies tun sie unter der Prämisse, dass die Magd sie zufriedenstellt. Wie jedoch die Magd die Kobolde zufriedenstellt, bleibt offen: Gemeint sein kann dies aber durchaus auch im Sinne der sexuellen Befriedigung, die die Magd den Kobolden verschafft. Die Verben, die zur Beschreibung der diversen Haus- und Küchenarbeiten der Kobolde genannt werden, können im Spanischen nämlich auch doppeldeutig im sexuellen Sinn verstanden werden.

Capricho 79

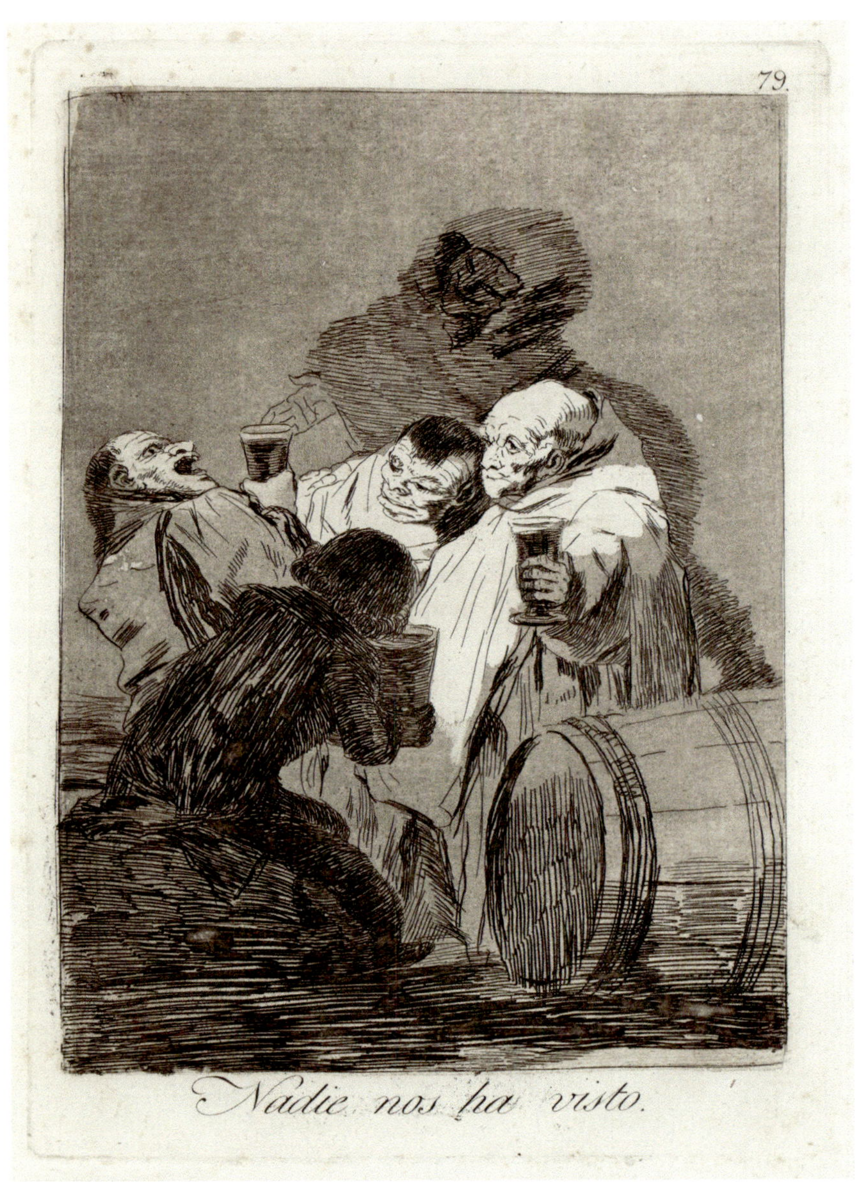

Hier sieht man mehrere Kleriker, die mit erhobenen Gläsern beieinanderstehen und Wein trinken, worauf das Weinfass hindeutet. Der erste Eindruck: Geistliche saufen und lassen es sich gut gehen. Die Bildlegende lautet „Nadie nos ha visto." (Niemand hat uns gesehen) und lässt sich als Hinweis darauf verstehen, dass sie ihre Treffen im Verborgenen abhalten und zugleich wissen, dass sie nicht korrekt handeln.
Angeprangert wird hier die Scheinheiligkeit des Klerus. Die Kommentierung Ayala [A79] lautet: „Los Abates y frailes echan gaudeamus á solas, y luego nos aparentan / arregladas costumbres." (Die Abbaten und Mönche haben den größten Spaß, wenn sie unter sich sind, und spielen uns nachher geregelte Sitten vor). Genannt werden die Abbaten und Mönche, die sich der größten Gaudi hingeben, wenn sie unbeobachtet und unter sich sind, aber nach außenhin den Anschein erwecken, sie führten ein sittsames Leben. Als Kleriker war der Abbate dem Zölibat verpflichtet. Dadurch dass hier Abbaten und Mönche genannt werden, werden sowohl die Weltgeistlichen als auch die Ordensgeistlichen kritisiert. Mit *gaudeamus* ist ein ausschweifendes Vergnügen gemeint, meist auch in Bezug auf ein opulentes Mahl mit Getränken im Übermaß. Es könnte auch als Anspielung auf sexuelle Ausschweifungen gemeint sein, durchaus auch in Bezug auf die Homosexualität im Klerus, da hier betont wird, dass die Abbaten und Mönche unter sich das größte Vergnügen haben. Dies wird auch als doppeldeutige Anspielung in der Kommentierung Kollektiv [K79] zum Ausdruck gebracht: „Y que inporta que los Martinicos bajen á la bodega y hechen / 4 Tragós si han trabajado todalanoche y queda la espetera / como una ascua de oro?" (Und was macht es schon aus, dass die Heinzelmännchen in den Weinkeller gehen und vier Schlucke nehmen, wenn sie die ganze Nacht über gearbeitet haben und die Küchenutensilien wie Gold glänzen?). Als *espetera* bezeichnete man sowohl die Vorrichtung mit Haken, an die man Küchengeräte wie Pfannen und Kessel, aber auch Fleisch aufhängte, als auch das Küchengerät selbst. Doch wurde das Verb *espetar*, was wörtlich *aufspießen* bedeutet, auch in sexueller Bedeutung für *kopulieren* benutzt, und als *espetera* bezeichnete man in solchen Kontexten den Sexualakt oder auch die üppigen, aufreizenden weiblichen Brüste. Aufgrund dieses Kontextes könnte auch der Begriff *tragos* sich nicht nur auf die Schlucke beim Trinken beziehen, denn auch *tragos* und das Verb *tragar* wurden zur Bezeichnung des Sexualakts benutzt.

Capricho 80

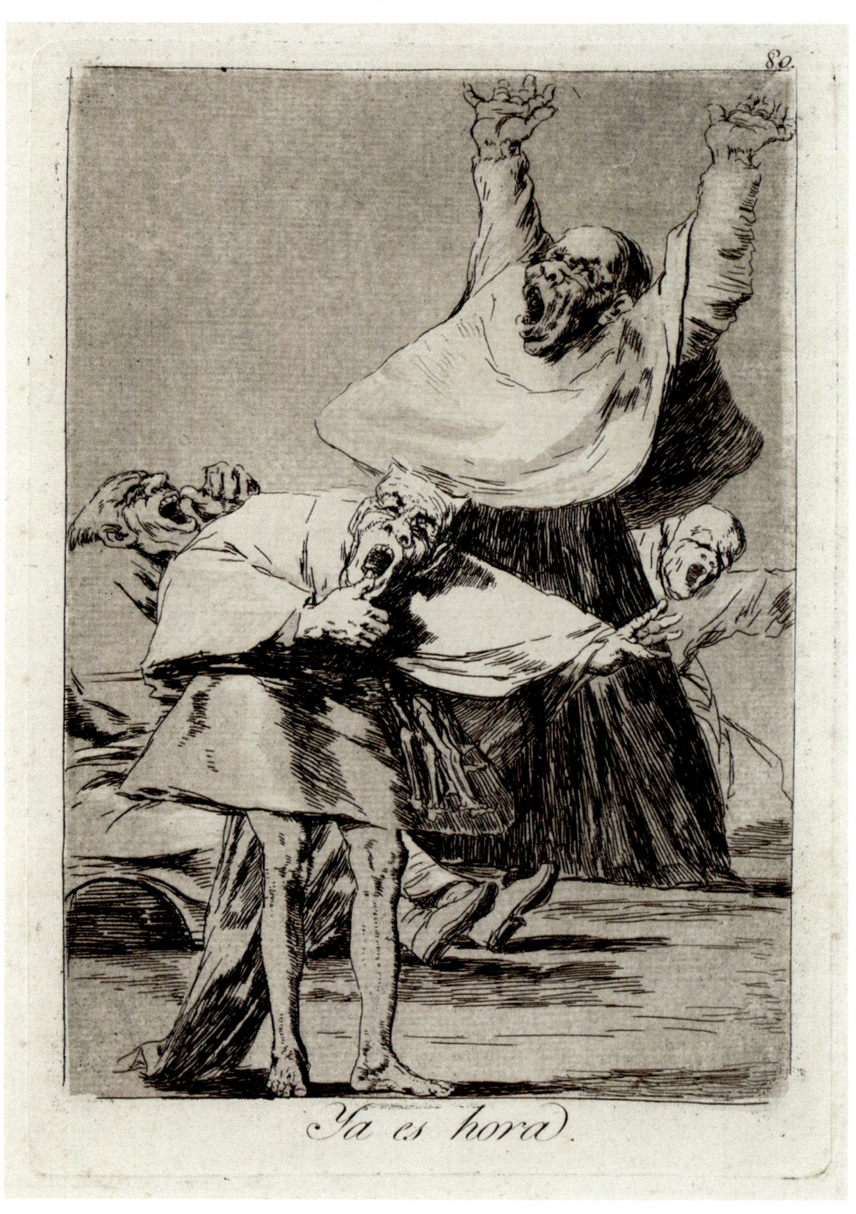

Capricho 80 dürfte den Betrachter wieder einmal eher ratlos zurücklassen. Anhand ihrer Kleidung lassen sich die vier Gestalten vielleicht noch als Kleriker identifizieren, warum sie allerdings ihre Münder so aufreißen, bleibt unklar. Ungewöhnlich ist, dass das Rochett, das der Mann im Vordergrund trägt, bereits über dem Knie endet. Das Rochett ist ein Leinengewand, das normalerweise bis zu den Knien reicht und über einem schwarzen Talar getragen wird. Die Bildlegende lautet „Ya es hora." (Jetzt ist es an der Zeit) und gibt wenig Anhaltspunkte über den Sinn. Die Kommentierungen bieten verschiedene Erklärungen zu *Capricho 80*.

Die erste Interpretation ist eine antiklerikale Kritik: Die Kleriker werden als Bischöfe und Stiftsherren identifiziert, die lange schlafen und gerade aufgewacht sind. Es wird betont, dass sie unnütz seien. Das Kriterium der *utilidad* (Nützlichkeit), insbesondere der Nutzen jedes Einzelnen für die Gesellschaft, war ein besonderes Anliegen der spanischen Aufklärer. Dies manifestiert sich im Ideal des *hombre de bien*, der sich für das Gemeinwohl einsetzt, der Vernunft und Tugend verpflichtet ist und stets die goldene Mitte anstrebt.

Die zweite Interpretation zielt darauf ab, dass des Nachts allerlei Gesindel (Hexen, Gespenster, Erscheinungen und Fantasmen) auftaucht und dunklen Geschäften nachgeht. Derjenige, der sie entlarven und auf der Puerta del Sol öffentlich anprangern würde, bräuchte kein Majorat mehr. Das Majorat war ein traditionelles Recht, nach dem das gesamte Erbe dem Erstgeborenen zugesprochen wurde, um den Besitz einer Familie nicht aufteilen zu müssen. Der Name *Puerta del Sol* kann in diesem Kontext durchaus mehrdeutig verstanden werden: Zum einen ist er als der zentrale Platz Madrids der Versammlungsort für eine größtmögliche Menschenmenge und Öffentlichkeit, zum andern verweist er, wörtlich als *Sonnentor* verstanden, auf die Lichtmetaphorik der Aufklärung.

Doch die brisanteste Lesart bieten die Kommentierungen der Stirling-Maxwell-Linie. Hier wird explizit der Kindesmissbrauch durch die Kleriker angeprangert, der für die Kinder tödlich endet, denn hier wird auf die Kinderknochen am Rochett des Klerikers hingewiesen, die man erst wirklich sieht, wenn man weiß, dass sie hier dargestellt worden sind. Man schaue einmal genau hin, dann wird man verstehen, dass es im letzten *Capricho* 80 um nichts Geringeres geht als um drei Kapitalverbrechen: Kindesmissbrauch, Kindstötung und Kinderleichenschändung.

3 Literaturhinweise zur Vertiefung und weiterführenden Lektüre

Andioc, René (2008): *Goya. Letra y figuras*. Madrid: Casa de Velázquez (= Colección de la Casa de Velázquez, 103).

Calcografía Nacional/Real Academia de Bellas Artes de San Fernando (Hg.) (1996): *Caprichos de Francisco de Goya, una aproximación y tres estudios*. Madrid: Calcografía Nacional/Real Academia de Bellas Artes de San Fernando/Fundació Caixa de Catalunya/Fundación El Monte.

Hennigfeld, Ursula (Hg.) (2013): *Goya im Dialog der Medien, Kulturen und Disziplinen*. Freiburg: Rombach Verlag (= Freiburger Romanistische Arbeiten, 3).

Jacobs, Helmut C. (2006): *Der Schlaf der Vernunft – Goyas ‚Capricho 43' in Bildkunst, Literatur und Musik*. Basel: Schwabe.

Jacobs, Helmut C. (2015): *Die Rezeption und Deutung von Goyas Werk in der Lyrik*. Edition der internationalen Bildgedichte. Unter Mitarbeit von Sonja Bader, Mark Klingenberger und Peter Petrowski. Würzburg: Königshausen & Neumann (= Meisterwerke der spanischen Kunst im Kontext ihrer Zeit, 2).

Jacobs, Helmut C. (2016): „Die Groteske als aufklärerisches Programm in Francisco de Goyas *Capricho 4*", in: Jörg Türschmann/Matthias Hausmann (Hg.): *Das Groteske in der Literatur Spaniens und Lateinamerikas*. Wien: Vienna University Press, S. 39-88.

Jacobs, Helmut C./Mark Klingenberger/Nina Preyer (2017): *Die handschriftlichen Kommentare zu Goyas ‚Caprichos'. Edition, Übersetzung, Deutung*. Würzburg: Königshausen & Neumann (= Meisterwerke der spanischen Kunst im Kontext ihrer Zeit, 4).

Jacobs, Helmut C./Nina Preyer (2019): *Goyas ‚Caprichos' in handkolorierten Radierungen aus dem 19. Jahrhundert. Edition, Analyse, Deutung*. Würzburg: Königshausen & Neumann (= Meisterwerke der spanischen Kunst im Kontext ihrer Zeit, 6).

Kornmeier, Barbara (1999): *Goya und die populäre Bilderwelt*. Frankfurt am Main: Vervuert (= Ars Iberica, 6).

Schlünder, Susanne (2002): *Karnevaleske Körperwelten Francisco Goyas. Zur Intermedialität der ‚Caprichos'*. Tübingen: Stauffenburg Verlag (= Siegener Forschungen zur romanischen Literatur- und Medienwissenschaft, 11).

Meisterwerke der spanischen Kunst im Kontext ihrer Zeit

Band 1: Helmut C. Jacobs: *Joaquín Sorolla (1863–1923). ‚Panorama Spaniens' (‚Visión de España'). Ein Meisterwerk der spanischen Malerei der Jahrhundertwende im Kontext seiner Zeit*. 2012.

Band 2: Helmut C. Jacobs. Unter Mitarbeit von Sonja Bader, Mark Klingenberger und Peter Petrowski: *Die Rezeption und Deutung von Goyas Werk in der Lyrik. Edition der internationalen Bildgedichte*. 2015.

Band 3: Helmut C. Jacobs: *Joan Miró (1893-1983). ‚La masía' (‚Der Bauernhof'). Ein Meisterwerk der spanischen Malerei im Kontext von Surrealismus, magischem Realismus, Neuer Sachlichkeit und Nouvelle figuration*. 2016.

Band 4: Helmut C. Jacobs, Mark Klingenberger, Nina Preyer: *Die handschriftlichen Kommentare zu Goyas ‚Caprichos' – Edition, Übersetzung, Deutung*. 2017.

Band 5: Franz Maciejewski: *Die Torheiten des Francisco Goya – Prosagedichte zu den ‚Disparates'*. Helmut C. Jacobs: *Goyas ‚Disparates' – eine Einführung*. 2019.

Band 6: Helmut C. Jacobs, Nina Preyer: *Goyas ‚Caprichos' in handkolorierten Radierungen aus dem 19. Jahrhundert. Edition, Analyse, Deutung*. 2019.

Band 7: Helmut C. Jacobs: *Salvador Dalí (1904-1989). La persistance de la mémoire (Die Hartnäckigkeit der Erinnerung) – Entstehungsgeschichte, Deutung und Rezeption einer Ikone des 20. Jahrhunderts*. 2019.

Band 8: Helmut C. Jacobs, Nina Preyer: *Goya für alle – Einführung in die ‚Caprichos'*. 2019.